高职高专物业管理专业规划教材

物业服务礼仪

叶秀霜 主编

雷明化 麻惠丹 副主编

清华大学出版社

北 京

内容简介

本书根据物业服务与管理的工作任务及职业要求,主要介绍了物业从业人员在为业主或其他服务对象开展物业服务的过程中,应具备的礼仪知识、交往技能及应养成的职业习惯。本书共包括 6 个项目。项目一,通过对礼仪的含义、起源与物业服务之间关系的剖析,明确了礼仪对物业服务质量所起的重要作用,以及学习、提升从业人员礼仪修养的必要性。项目二,阐述职业形象塑造的重要性、必要性,结合职业特点、服务要求及工作任务,介绍了个人仪容、仪表、仪态等环节的具体要求及修饰、养成方法。项目三,结合物业服务与管理的职业特点,介绍了见面、馈赠、拜访、宴请等社交礼仪的具体要求及实操技巧。项目四,从服务语言的规范要求、具体礼貌用语的使用、交流的技巧、通信工具的正确使用 4 个方面介绍了有效沟通的相关知识和技巧。项目五,从办公环境的布置维护、办公室人际交往的把握、办公室设备的使用、物业服务文书的写作与传递 4 个方面介绍了物业内部服务礼仪的规范与要求,同时依据前台接待服务、会所服务、秩序维护服务、工程维保服务、保洁服务、绿化养护服务等工作岗位,介绍了外部服务礼仪的规范与要求。项目六,主要介绍了国际接待礼仪规范、世界主要国家或地区的习俗礼仪以及我国部分少数民族的习俗礼仪。

本书既可供高职高专、开放教育物业管理专业学生使用,也可以作为物业服务企业开展业务培训或日常工作的指导用书。

图书在版编目(CIP)数据

物业服务礼仪 / 叶秀霜 主编. — 北京:清华大学出版社,2016(2024.9重印)
(高职高专物业管理专业规划教材)
ISBN 978-7-302-45335-2

Ⅰ.①物… Ⅱ.①叶… Ⅲ.①物业管理—商业服务—礼仪—高等职业教育—教材 Ⅳ.①F293.33

中国版本图书馆 CIP 数据核字(2016)第 260892 号

责任编辑:施 猛 王旭阳
封面设计:常雪影
版式设计:方加青
责任校对:曹 阳
责任印制:刘 菲

出版发行:清华大学出版社
   网 址:https://www.tup.com.cn,https://www.wqxuetang.com
   地 址:北京清华大学学研大厦 A 座   邮 编:100084
   社 总 机:010-83470000   邮 购:010-62786544
   投稿与读者服务:010-62776969,c-service@tup.tsinghua.edu.cn
   质 量 反 馈:010-62772015,zhiliang@tup.tsinghua.edu.cn
印 装 者:大厂回族自治县彩虹印刷有限公司
经 销:全国新华书店
开 本:185mm×260mm 印 张:15 字 数:331 千字
版 次:2016 年 12 月第 1 版 印 次:2024 年 9 月第 8 次印刷
定 价:45.00 元

产品编号:070288-02

序

随着物业服务行业的迅速发展，该行业对专业人才在数量和质量上都提出了更高的要求。从现实情况来看，人才已经成为该行业企业发展的主要瓶颈。作为教育机构，为社会、行业、企业培养专门人才并服务社会是义不容辞的责任和义务。要提高人才培养质量，师资队伍建设、实训基地建设、课程和教材建设等就显得尤为重要。其中，教材作为来自实践又能指导实践的理论概括，是完成教学任务的根本载体，是提高人才培养质量的重要保障。基于这样的认识，经清华大学出版社组织，浙江旅游职业学院酒店管理系物业管理教研室与浙江开元物业管理股份有限公司合作，由浙江旅游职业学院叶秀霜副教授、浙江开元物业管理股份有限公司总经理谢建军担任系列教材总主编，编写这套教材，以期为行业、企业、院校提供针对性强、专业水准高、符合现代物业服务需求的教学与培训教材。

本套教材的主要特点：

一、先进性。在编写过程中，我们汲取了大量的国内外物业管理的先进经验，反映了物业服务行业实践和研究的新成果，内容具有较强的前瞻性。

二、针对性。针对高职高专物业管理专业学生培养目标和就业工作需要，强调理论联系实际，在理论上以"必需、够用"为度，在实践上着重培养学生的技术应用能力和创新能力。

三、实用性。在内容安排上结合物业服务的各个环节和管理实际，具有很强的可操作性，内容翔实、要点突出。

由于时间和编者水平有限，本套教材在体系构建、体例设计、内容安排等方面若有不足之处，恳请各位读者提出批评意见和改进建议，以期通过不断的修订进行完善。

2016年10月

人们在社会生活中的交往总是要遵循一定的规范，其中约定俗成的交际应酬规范，就逐渐地演变成礼仪。从伦理道德的角度来看，礼仪是为人处世中行为规范的外在表现。从交际的角度看，礼仪是体现人际关系的一门学问和艺术。随着社会的进步和发展，国内外的交往日益频繁，在物业服务中，讲究礼仪不仅反映了个人的职业素养，更体现了物业服务企业甚至是整个行业的整体形象，是衡量物业服务品质和管理水准的重要因素。

本书主要为大专院校物业管理或相关专业学生及物业服务与管理行业的专业人士学习礼仪规范而编写，本书主要有以下几个特色。

1. 项目模块教学法

根据礼仪的内涵和逻辑结构，本书分为认知礼仪、形象礼仪、社交礼仪、沟通礼仪、服务礼仪、涉外礼仪六大项目，从认知入门开始，到职业形象塑造、社交沟通规范、职业技能掌握、礼仪视野开拓，知识体系编排科学、合理。

2. 学习目标有创新

学习目标分解为知识目标和素质与能力目标两部分，体现了态度、知识、技能三位一体的学习要求。提倡学生和从业人员在掌握扎实的礼仪知识和技能的同时，具备良好的人际交往态度，内化物业服务礼仪修养，提升职业能力和素质，成为彬彬有礼、善于人际交往的职业人。

3. 编写体例更完善

本书编写从学习目标入手，除了常规知识的编排外，还增设了礼仪案例、礼仪故事或相关的知识拓展，遵循知识"够用为主"的原则，有利于学生或读者对知识、技能的理解、掌握，又增强了教材的趣味性、灵活性、实用性。

4. 实操训练求实效

本书提供了大量的图片，每个教学项目均设计了能力训练，有助于学生和读者正确理解礼仪规范及操作要求。结合物业服务工作的实际，引导学生和读者在懂礼的基础上，正确施礼、行礼，不断提升实际操作能力。

本书由浙江旅游职业学院叶秀霜副教授担任主编，浙江旅游职业学院雷明化副教授、浙江开元物业管理股份有限公司人力资源总监麻慧丹共同担任副主编。具体分工如下：叶秀霜副教授负责编写项目一、项目二、项目五；浙江旅游职业学院金琳琳老师负责编写项目三、项目四；雷明化副教授负责编写项目六。

在编写过程中，我们参考了大量的礼仪书籍、文献，吸收了众多专家学者的研究成果；同时也得到了行业企业的大力支持，在此谨向各位表示诚挚的谢意，如有遗漏，敬请谅解。由于编者水平有限，书中一定有不少不足和疏漏之处，敬请各位专家、读者批评指正。反馈邮箱：wkservice@vip.163.com。

编者

2016年10月

物业服务礼仪

目　录

项目一　认知礼仪——一切从礼开始 ………………………… 1

模块一　认知礼仪的内涵 ……………………………… 3

一、礼仪的内涵 …………………………………………… 3

二、礼仪的起源与发展 …………………………………… 5

模块二　认知物业服务礼仪 …………………………… 13

一、物业服务礼仪的概念 ………………………………… 13

二、物业服务礼仪的功能 ………………………………… 13

三、物业从业人员提高礼仪修养的途径 ………………… 15

复习思考题 ………………………………………………… 17

能力训练 …………………………………………………… 18

项目二　形象礼仪——优雅的职业形象 ………………… 19

模块一　仪容 …………………………………………… 20

一、清洁 …………………………………………………… 20

二、化妆 …………………………………………………… 24

三、发型 …………………………………………………… 28

模块二　仪表 …………………………………………… 34

一、制服制作与穿着原则 ………………………………… 35

二、男员工着装规范 ……………………………………… 36

三、女员工着装规范 ……………………………………… 38

模块三　仪态 …………………………………………… 47

一、站姿 …………………………………………………… 47

二、坐姿 …………………………………………………… 50

三、走姿 …………………………………………………… 52

四、蹲姿 …………………………………………………… 54

五、其他 …………………………………………………… 56

复习思考题……………………………………………………………………………… 63

能力训练…………………………………………………………………………………… 65

项目三 社交礼仪——和谐的人际关系………………………… **71**

模块一 见面礼仪……………………………………………………………………… 72

一、称呼礼仪……………………………………………………………………………… 72

二、介绍礼仪……………………………………………………………………………… 74

三、问候致意……………………………………………………………………………… 76

四、握手礼仪……………………………………………………………………………… 79

五、名片礼仪……………………………………………………………………………… 81

六、其他见面礼仪………………………………………………………………………… 83

模块二 馈赠礼仪……………………………………………………………………… 85

一、馈赠的基本原则……………………………………………………………………… 85

二、选择礼品……………………………………………………………………………… 86

三、馈赠技巧……………………………………………………………………………… 87

四、送礼禁忌……………………………………………………………………………… 89

模块三 拜访礼仪……………………………………………………………………… 90

一、拜访前的准备工作…………………………………………………………………… 90

二、拜访中的礼仪………………………………………………………………………… 91

模块四 宴请礼仪……………………………………………………………………… 92

一、宴请的形式…………………………………………………………………………… 92

二、宴会的组织…………………………………………………………………………… 94

三、开宴礼仪……………………………………………………………………………… 97

四、中餐接待礼仪………………………………………………………………………… 98

五、西餐接待礼仪………………………………………………………………………… 103

复习思考题………………………………………………………………………………… 109

能力训练…………………………………………………………………………………… 110

项目四 沟通礼仪——高效的语言艺术………………………… **111**

模块一 服务语言的规范要求………………………………………………………… 112

一、服务语言的特点……………………………………………………………………… 112

二、服务语言的使用原则………………………………………………………………… 115

模块二 礼貌用语……………………………………………………………………… 117

一、迎送语言……………………………………………………………………………… 118

物业服务礼仪

二、交流语言 ……………………………………………………… 119

三、服务忌语 ……………………………………………………… 121

模块三　交流技巧 …………………………………………………… 122

一、学会倾听 ……………………………………………………… 123

二、三思后言 ……………………………………………………… 125

三、善于表达 ……………………………………………………… 126

模块四　通信礼仪 …………………………………………………… 128

一、电话礼仪 ……………………………………………………… 128

二、手机礼仪 ……………………………………………………… 131

三、短信礼仪 ……………………………………………………… 133

四、网络礼仪 ……………………………………………………… 134

五、传真礼仪 ……………………………………………………… 135

复习思考题 ………………………………………………………… 136

能力训练 …………………………………………………………… 137

项目五　服务礼仪——专业的职业技能 …………………… **139**

模块一　内部服务礼仪 ……………………………………………… 140

一、办公环境的布置与维护 ……………………………………… 140

二、办公室人际交往礼仪 ………………………………………… 145

三、办公室公共区域礼仪 ………………………………………… 148

四、办公室设备使用礼仪 ………………………………………… 150

五、物业服务文书礼仪 …………………………………………… 151

模块二　外部服务礼仪 ……………………………………………… 161

一、办公室接待礼仪 ……………………………………………… 162

二、前台接待服务礼仪 …………………………………………… 166

三、会所服务礼仪 ………………………………………………… 168

四、秩序维护员服务礼仪 ………………………………………… 169

五、工程技术员服务礼仪 ………………………………………… 174

六、保洁员服务礼仪 ……………………………………………… 176

七、绿化员服务礼仪 ……………………………………………… 177

八、管理人员服务礼仪 …………………………………………… 178

复习思考题 ………………………………………………………… 178

能力训练 …………………………………………………………… 180

项目六 国际礼仪与我国部分少数民族礼俗——宽阔的视野 … 181

模块一　国际接待礼仪 ……………………………………………… 182

一、国际礼仪 ………………………………………………………… 182

二、迎送礼仪 ………………………………………………………… 187

三、会见、会谈、签字仪式礼仪 …………………………………… 188

四、国旗悬挂、乘车礼仪 …………………………………………… 194

模块二　主要国家或地区习俗礼仪与禁忌 ………………………… 197

一、亚洲主要国家或地区礼仪习俗与禁忌 ………………………… 197

二、欧洲主要国家或地区礼仪习俗与禁忌 ………………………… 204

三、美洲、大洋洲、非洲主要国家或地区礼仪习俗与禁忌 ……… 209

模块三　我国部分少数民族习俗礼仪 ……………………………… 216

一、藏族 ……………………………………………………………… 216

二、维吾尔族 ………………………………………………………… 217

三、蒙古族 …………………………………………………………… 218

四、回族 ……………………………………………………………… 218

五、壮族 ……………………………………………………………… 219

六、满族 ……………………………………………………………… 220

七、朝鲜族 …………………………………………………………… 220

八、其他民族的习俗忌讳 …………………………………………… 221

复习思考题 …………………………………………………………… 226

能力训练 ……………………………………………………………… 227

参考文献 ……………………………………………………………… 228

物业服务礼仪

项目一
认知礼仪——一切从礼开始

学习目标

知识目标

● 知晓礼仪及其相关概念；

● 了解礼仪的起源与发展；

● 明确礼仪对于物业从业人员的重要意义。

素质与能力目标

● 强调知行统一，学以致用，将礼仪规范与日常行为养成相结合；

● 培养学生讲文明、讲礼貌，乐于以礼待人的交往态度和情感态度。

孟子休妻

战国时期的思想家、政治家和教育家孟子，是继孔子之后儒家学派的主要代表人物，被后世尊奉为仅次于孔子的"亚圣"。

有一次，孟子的妻子在房间里休息，因为是独自一人，便无所顾忌地将两腿叉开坐着。这时，孟子推门进来，一看见妻子这样坐着，非常生气。古人称这种双腿向前叉开坐为箕踞，箕踞向人是非常不礼貌的。孟子一声不吭就走出去，看到孟母，便说："我要把妻子休回娘家去。"孟母问他："这是为什么？"孟子说："她既不懂礼貌，又没有仪态。"孟母又问："为什么认为她没有礼貌呢？""她双腿叉开坐着，箕踞向人，"孟子回答道："所以要休她。""那你又是如何知道的呢？"孟母问。孟子便把刚才的一幕说给孟母听，孟母听完后说："没有礼貌的人应该是你，而不是你的妻子。难道你忘了《礼记》上是怎样教人的？进屋前，要先问一下里面是谁；上厅堂时，要高声说话；为避免看见别人的隐私，进房后，眼睛应向下看。你想想，卧室是休息的地方，你不出声、不低头就闯了进去，已经先失了礼，怎么能责备别人没有礼貌呢？没有礼貌的人是你自己呀！"一席话说得孟子心服口服，再也不提什么休妻子回娘家的话了。

中华民族源远流长，在五千年悠久的历史长河中，不但创造了灿烂的文化，而且形成了中华民族的传统美德。礼仪，就是中华传统美德宝库中的一颗璀璨明珠，是中国古代文化的奠基石。从童稚孔融让梨，尊敬长辈，到岳飞问路有礼，校场比武，再到"程门立雪"，尊敬师长，无不体现了中华民族之礼仪美德所在。孟子说："敬人者，人恒敬之，爱人者，人恒爱之。"荀子曰："人无礼则不生，事无礼而不成，国无礼则不宁。"清代思想家颜元曾就礼仪的价值做过如下描述："国尚礼则国昌，家尚礼则家大，身尚礼则身正，心尚礼则心泰。"礼仪作为行为规范模式在人类社会的各个方面都发挥着重要的作用，它不仅是社会生活的要求，也是一个人乃至一个民族文明程度的体现。

模块一 认知礼仪的内涵

一、礼仪的内涵

(一) 礼仪的相关概念

1. 礼

依据《辞海》的解释：礼本谓敬神，后引申为表示敬意的通称。礼的含义比较丰富，它既可指为表示尊重和敬意而隆重举行的仪式，也可泛指社会交往中的礼貌和礼节，是人们在长期的生活实践中约定俗成的行为规范。

人类学家考证，"礼"字古时候通"履"字，即鞋子，意为人穿上了鞋才能更好地走路，但鞋大了不行，小了也不行，因此"礼"一定要适度，正所谓"礼贵从宜，事难泥古"。尽管随着社会的进步，礼的含义、内容、形式在不断延伸、拓展和变化，但究其涵盖的基本上都是很细小的东西，大多是"小节"，但要做到有"礼"，就不能"不拘小节"。

2. 礼貌

古人对礼貌的解释是："礼者，接之以礼；貌者，颜色和顺，有乐贤之容。"就是说，待人处事要文明有礼貌，言语动作要谦虚、恭敬。

礼貌是人与人之间在接触交往中相互表示敬重和友好的行为规范。它体现了时代的风貌与道德品质，体现了人们的文化层次和文明程度。礼貌是一个人在待人接物时的内在品质和外在表现，它通过外在的言谈、表情、姿态等来表示对他人尊重友好的内在思想。如使用敬语、礼貌用语，遇见他人微笑、点头、欠身、鞠躬、握手等都是礼貌。

3. 礼节

礼节是人们在日常生活中，特别是在交际场合相互表示尊敬、致意、问候、祝愿、慰问、哀悼以及给予必要协助和照料时惯用的形式。礼节是礼貌在语言、行为、仪态等方面的具体表现形式，没有礼节就无所谓礼貌，而讲礼貌就必然要伴有具体的礼节。礼节的形式很多，如中国古代的作揖、跪拜，当今的握手、鞠躬、合十、拥抱、亲吻、吻手、吻脚、拍肚皮、碰鼻子等。随着当代国际社会交往的频繁，世界各国各民族的礼节有互相融通的趋势，但又都有自己的礼节。因此，在相互交往中，人们熟知并尊重各国各民族的礼节和风俗是十分必要的。

4. 礼仪

礼仪是对礼节、仪式的统称，是一系列特定的礼节的集合。礼仪通常是指在较大、较隆重的正式场合，为表示敬意、尊重、重视等所举行的合乎社交规范和道德规范的仪式。它往往对服饰、仪表、举止等方面有严格的规范与要求，因此语言、行为表情、服饰器物是构成礼仪最基本的三大要素。一般来说，任何重大的典礼活动都需要同时具备这三种要素才能完成，如大型工程的奠基礼、展览会的开幕式、社交宴请以及迎接国宾鸣放礼炮等均属于礼仪的范畴。

(二) 礼、礼貌、礼节、礼仪之间的关系

礼是一种社会道德规范，是人们在社会交际中应遵循的行为准则。礼貌、礼节、礼仪都属于礼的范畴。礼貌是表示尊重的言行规范。礼节是表示尊重的惯用形式和具体要求。礼仪是由一系列具体表示礼貌的礼节所构成的完整过程。礼貌、礼节、礼仪三者尽管名称不同，但都是人们在相互交往中表示尊敬、友好的行为，其本质都是尊重人、关心人。三者相辅相成，密不可分。有礼貌而不懂礼节，往往容易失礼；谙熟礼节却流于形式，充其量只是客套。礼貌是礼仪的基础，礼节只是一种具体的做法，是礼仪的基本组成部分。礼是仪的本质，而仪则是礼的外在表现。礼仪在层次上要高于礼貌、礼节，其内涵更深、更广，它是由一系列具体的礼貌、礼节所构成，是一个表示礼貌的系统、完整的过程。

(三) 礼仪的特征

礼仪的特征主要表现在规范性、实践性、局限性、传承性、发展性5个方面。

1. 规范性

礼仪，是指人们在交际场合待人接物时必须遵守的行为规范。人们在一切交际场合的言谈话语、行为举止都有其约定俗成的惯用形式和规范，也是人们在一切交际场合必须采用的"通用语言"或"通用行为"，是约束他人、判断自己是否自律、敬人的一种尺度。因此，任何人要想在交际场合表现得合乎礼仪、彬彬有礼，都必须对礼仪无条件地加以遵守，否则就会"失礼"或"无礼"。这就是礼仪规范性的具体体现。

2. 实践性

礼仪的特征还体现在较强的实践性上。礼仪不仅要求人们知晓礼仪的内容、规范等，更要求在人际交往中能将规范要求付诸行动，做到知行统一。因此，礼仪不能只是纸上谈兵或故弄玄虚、夸夸其谈，应规则简明、实用可行、易学易会、便于操作；既有总体上的礼仪原则、礼仪规范，又在具体的细节上以一系列的方式、方法，仔细周详地对礼仪原则、礼仪规范加以贯彻，把它们落到实处，使之"言之有物""行之有礼"，以便广泛地被人们运用于交际实践，得到广大公众的认可。

3. 局限性

礼仪是指人们在交际场合待人接物时必须遵守的行为规范。因此，礼仪的规范要求主要适用于交际场合，适用于普通情况下一般的人际交往与应酬，不能在非交际场合拿礼仪去以不变应万变。在交际场合这个特定的范围之内，礼仪肯定行之有效，离开了这个特定的范围，礼仪则未必适用。礼仪不是放之四海而皆准的标准。即使在交际场合，由于当时所处场合的不同，交往对象的身份及其他情况的不同，所要应用的礼仪往往也会因此而各有不同，有时甚至还会差异很大，这就是礼仪的局限性特征。

4. 传承性

任何国家的礼仪都具有自己鲜明的民族特色，任何国家的当代礼仪都是在本国古代礼仪的基础上继承、发展起来的。离开了对本国、本民族既往礼仪成果的传承、扬弃，就不可能形成当代礼仪。这就是礼仪传承性的特定含义。作为一种人类的文明积累，礼仪将人们在交际应酬中的习惯做法固定下来，流传下去，并逐渐形成自己的民族特色，这不是一种短暂的社会现象，而且不会因为社会制度的更替而消失。对于既往的礼仪遗产，正确的态度不应当是食古不化、全盘沿用，而应当是有扬弃，有继承，更有发展。

5. 发展性

从本质上讲，礼仪可以说是一种社会历史发展的产物，并具有鲜明的时代特点。一方面，它是在人类长期的交际活动实践之中形成、发展、完善起来的，绝不可能凭空杜撰，一蹴而就，完全脱离特定的历史背景。另一方面，由于社会的发展、历史的进步，由此而引起的众多社交活动的新特点、新问题的出现，又要求礼仪有所变化，有所进步，推陈出新，与时代同步，以适应新形势下新的要求。与此同时，随着世界经济的国际化倾向日益明显，各个国家、各个地区、各个民族之间的交往日益密切，礼仪随之也不断地相互影响，相互渗透，相互取长补短，不断地被赋予新的内容。这就使礼仪具有发展性的特征。了解了这一点，就不会把它看作一成不变的东西，而能够更好地以发展、变化的眼光去对待它，也不会对礼仪搞"教条主义"，使其一成不变，脱离生活，脱离时代。

二、礼仪的起源与发展

(一) 中国礼仪的起源与发展

1. 中国礼仪的起源

关于礼的起源，说法不一，归纳起来主要有5种：一是天神生礼仪；二是礼为天、地、人的统一体；三是礼产生于人的自然本性；四是礼为人性和环境矛盾的产物；五是礼生于理，起源于俗。

从理论上说，礼的产生，是人类为了协调主客观矛盾的需要。首先，为了维护自然的"人伦秩序"的需要而产生了礼。人类为了生存和发展，必须与大自然抗争，人们不得不以群居的形式相互依存、相互依赖但又相互制约。在群体生活中，男女有别，老少各异，既是一种天然的人伦秩序，又是一种需要被所有成员共同认定、保证和维护的社会秩序，因此，人们逐步积累和自然约定出一系列"人伦秩序"，这就是最初的礼。其次，人类为寻求满足自身欲望与实现欲望的条件之间保持动态平衡的需要而产生了礼。人对欲望的追求是人的本能，人们在追寻实现欲望的过程中，人与人之间难免会发生矛盾和冲突，为了避免这些矛盾和冲突，就需要为"止欲制乱"而制礼。

从具体的仪式上看，礼产生于原始宗教的祭祀活动。原始宗教的祭祀活动是最早也是最简单的以祭天、敬神为主要内容的"礼"。这些祭祀活动在历史发展中逐步完善，形成了相应的规范和制度，正式成为祭祀礼仪。随着人类对自然与社会各种关系认识的逐步深入，仅仅以祭祀天地、鬼神、祖先为礼，已远不能满足人类日益发展的精神需要和调节日益复杂的现实关系的需要。于是，人们将事神致福活动中的一系列行为，从内容和形式扩展到各种人际交往活动，从最初的祭祀之礼扩展到社会各个领域的各种各样的礼仪。

2. 中国礼仪的发展

中国自古就以礼仪之邦著称于世，礼仪的漫长发展史大致可分为萌芽、草创、形成、发展与变革、强化、衰落、现代礼仪和当代礼仪8个时期。

(1) 礼仪的萌芽时期(公元前5万年—公元前1万年)。礼仪起源于原始社会时期，在长达100多万年的原始社会历史中，人类逐渐进化。在原始社会中期、晚期(约旧石器时期)出现了早期礼仪的萌芽。例如，生活在距今约1.8万年前的北京周口店山顶洞人，就已经知道打扮自己。他们用穿孔的兽齿、石珠作为装饰品，挂在脖子上；他们在去世的族人身旁撒放赤铁矿粉，举行原始宗教仪式，这是迄今为止在中国发现的最早的葬仪。

(2) 礼仪的草创时期(公元前1万年—公元前22世纪)。公元前1万年左右，人类进入新石器时期，不仅能制作精细的磨光石器，并且开始从事农耕和畜牧。在其后数千年的岁月里，原始礼仪渐具雏形。例如，在现今西安附近的半坡遗址中，发现了生活距今约五千年前的半坡村人的公共墓地。墓地中坑位排列有序，死者的身份有所区别，有带殉葬品的仰身葬，还有无殉葬品的俯身葬等。此外，仰韶文化时期的遗址及有关资料表明，当时人们已经注意尊卑有序、男女有别。长辈坐上席，晚辈坐下席；男子坐左边，女子坐右边等礼仪日趋明确。

(3) 礼仪的形成时期(公元前21世纪—公元前771年)。公元前21世纪至公元前771年,中国由金石并用时代进入青铜时代。金属器的使用,使农业、畜牧业、手工业生产跃上一个新台阶。随着生活水平的提高,社会财富除消费外有了剩余并逐渐集中在少数人手里,因而出现阶级对立,原始社会由此解体。

约公元前2070年—公元前1600年的夏代,开始从中国原始社会末期向早期奴隶社会过渡。在此期间,尊神活动升温。由于缺乏科学知识,人们不理解一些自然现象,他们认为照耀大地的太阳是神,风有风神,河有河神……因此,他们敬畏"天神",祭祀"天神"。从某种意义上说,早期礼仪包含原始社会人类生活的若干准则,又是原始社会宗教信仰的产物。礼的繁体字"禮",左边代表神,右边是向神进贡的祭物。因此,汉代学者许慎说:"礼,履也,所以事神致福也。"

以殷墟为中心展开活动的殷人,在公元前1600年—公元前1046年活跃在华夏大地。他们建造了中国第一个古都——地处现今河南安阳的殷都,而他们在婚礼习俗上的建树,被其尊神、信鬼的狂热所掩盖。

殷王朝和取而代之的周朝,对礼仪建树颇多。特别是周武王的兄弟、辅佐周成王的周公,对周代礼制的确立起到了重要的作用。他制作礼乐,将人们的行为举止、心理情操等统统纳入一个尊卑有序的模式之中。

在西周,青铜礼器是个人身份的表征。礼器的多寡代表身份地位的高低,形制的大小显示权力等级。当时,贵族佩戴成组饰玉为风气。而相见礼和婚礼(包括纳采、问名、纳吉、纳征、请期、亲迎"六礼")成为定式,流行于民间。此外,尊老爱幼等礼仪,也已明显被确立。

(4) 礼仪的发展与变革时期(公元前770年—公前221年)。西周末期,王室衰微,诸侯纷起争霸。公元前770年,周平王东迁洛邑,史称东周。承继西周的东周王朝已无力全面恪守传统礼制,出现了所谓"礼崩乐坏"的局面。

春秋战国时期是我国的奴隶社会向封建社会转型的时期。在此期间,相继涌现出孔子、孟子、荀子等思想巨人,发展和革新了礼仪理论。

孔子(公元前551年—公元前479年)是中国古代大思想家、大教育家,他首开私人讲学之风,打破贵族垄断教育的局面。他删《诗》《书》,定《礼》《乐》,赞《周易》,修《春秋》,为历史文化的整理和保存做出了重要贡献。他编订的《仪礼》,详细记录了战国以前贵族生活的各种礼节仪式。《仪礼》与前述《周礼》和孔门后学编的《礼记》,合称"三礼",是中国古代最早、最重要的礼仪著作。

孔子认为,"不学礼,无以立。"(《论语·季氏篇》)"质胜文则野,文胜质则史。文质彬彬,然后君子。"(《论语·雍也》)他要求人们用道德规范约束自己的行为,要做到"非礼勿视,非礼勿听,非礼勿言,非礼勿动。"(《论语·颜渊》)他倡导"仁者爱人",强调人与人之间要有同情心,要互相关心,彼此尊重。总之,孔子较系统地阐述了礼及礼仪的本质与功能，把礼仪理论提高到一个新的高度。

孟子(约公元前372年—公元前289年)是战国时期儒家主要代表人物。在政治思想上，孟子把孔子的"仁学"思想加以发展，提出了"王道""仁政"的学说和"民贵君轻说"，主张"以德服人"。在道德修养方面，他主张"舍生而取义。"(《孟子·告子上》)，讲究"修身"和培养"浩然之气"等。

荀子(约公元前298年—公元前238年)是战国末期的大思想家。他主张"隆礼""重法"，提倡礼法并重。他说："礼者，贵贱有等，长幼有差，贫富轻重皆有称者也。"(《荀子·富国》)荀子指出："礼之于正国家也，如权衡之于轻重也，如绳墨之于曲直也。故人无礼不生，事无礼不成，国家无礼不宁。"(《荀子·大略》)荀子还提出，不仅要有礼治，还要有法治。只有尊崇礼、法制完备，国家才能安宁。荀子重视客观环境对人性的影响，倡导学而至善。

(5) 礼仪的强化时期(公元前221年—公元1796年)。公元前221年，秦王嬴政最终吞并六国，统一中国，建立起中国历史上第一个中央集权的封建王朝。秦始皇在全国推行"书同文""车同轨""行同伦"。秦朝制定的集权制度，成为后来延续两千余年的封建体制的基础。

西汉初期，叔孙通协助汉高帝刘邦制定了朝礼之仪，突出发展了礼的仪式和礼节。而西汉思想家董仲舒(公元前179年—公元前104年)，把封建专制制度的理论系统化，提出"唯天子受命于天，天下受命于天子"的"天人感应"之说。他把儒家礼仪具体概括为"三纲五常"。"三纲"即"君为臣纲，父为子纲，夫为妻纲。""五常"即仁、义、礼、智、信。汉武帝刘彻采纳董仲舒"罢黜百家，独尊儒术"的建议，使儒家礼教成为定制。

汉代时期，孔门后学编撰的《礼记》问世。《礼记》共计49篇，包罗宏富。其中，有讲述古代风俗的《曲礼》(第1篇)；有谈论古代饮食居住进化概况的《礼运》(第9篇)；有记录家庭礼仪的《内则》(第12篇)；有记载服饰制度的《玉藻》(第13篇)；有论述师生关系的《学记》(第18篇)；还有教导人们提高道德修养的途径和方法，即"修身、齐家、治国、平天下"的《大学》(第42篇)等。总之，《礼记》堪称集上古礼仪之大成，上承奴隶社会、下启封建社会的礼仪汇集，是封建时期礼仪的主要源泉。

盛唐时期，《礼记》由"记"上升为"经"，成为"礼经"三书之一(另外两本为《周礼》和《仪礼》)。

宋代时期，出现了以儒家思想为基础，兼容道学、佛学思想的理学，程颢(公元1032年—1085年)、程颐(公元1033年—1107年)兄弟和朱熹(公元1130年—1200年)为其主要代表人物。程氏兄弟认为，"父子君臣，天下之定理，无所逃于天地之间。""礼即是理也。"朱熹进一步指出，"仁莫大于父子，义莫大于君臣，是谓三纲之要，五常之本。人伦天理之至，无所逃于天地间。"朱熹的论述使程氏兄弟的"天理说"更加严密、精致。

家庭礼仪研究硕果累累，是宋代礼仪发展的另一个特点。在大量的家庭礼仪著作中，以撰写《资治通鉴》而名垂青史的北宋史学家司马光(公元1019年—1086年)的《涑水家仪》和以《四书集注》名扬天下的南宋理学家朱熹的《朱子家礼》最为著名。

明代时期，交友之礼更加完善，而忠、孝、节、义等礼仪日趋繁多。

(6) 礼仪的衰落时期(公元1796年—1911年)。满族入关后，虽逐渐接受了汉族的礼制，但也使其变得复杂化，导致一些礼仪烦琐、虚浮。例如，清代的品官相见礼，当品级低者向品级高者行礼时，动辄一跪三叩，重则三跪九叩。清代后期，清王朝政权腐败，民不聊生，礼仪盛极而衰。伴随着当时的西学东渐，一些西方礼仪传入中国，例如，北洋新军时期的陆军便采用西方军队的举手礼等，以代替不合时宜的打千礼等。

(7) 现代礼仪时期(公元1911年—1949年)。1911年年末，清王朝土崩瓦解，当时远在美国的孙中山先生(公元1866年—1925年)火速赶回祖国，于1912年1月1日在南京就任中华民国临时大总统。孙中山先生和战友们破旧立新，用民权代替君权，用自由、平等取代宗法等级制；普及教育，废除祭孔读经；改易陋俗，剪辫子、禁缠足等，从而正式拉开现代礼仪的帷幕。

民国期间，由西方传入中国的握手礼开始流行于上层社会，后逐渐普及民间。

二十世纪三四十年代，中国共产党领导的苏区、解放区，重视文化教育事业及移风易俗，进而谱写了现代礼仪的新篇章。

(8) 当代礼仪时期(1949年—至今)。1949年10月1日，中华人民共和国宣告成立，中国的礼仪建设从此进入一个崭新的历史时期。新中国成立以来，礼仪的发展大致可以分为三个阶段：

一是礼仪革新阶段(1949年—1966年)。1949年至1966年，是中国当代礼仪发展史上的革新阶段。在这期间，中国摒弃了"神权天命""愚忠愚孝""三从四德"等封建礼教，确立了同志式的合作互助关系和男女平等的新型社会关系，而尊老爱幼、讲究信义、以诚待人、先人后己、礼尚往来等中国传统礼仪中的精华，则得到了继承和发扬。

二是礼仪退化阶段(1966年—1976年)。1966年至1976年，中国进行了"文化大革命"。十年期间使中国遭受了难以弥补的损失，也给礼仪带来了一场"浩劫"。许多优良的传统礼仪，被当作"封资修"横加批判并被扫进垃圾堆。礼仪受到摧残，社会风气逆转。

三是礼仪复兴阶段(1977年至今)。1978年党的十一届三中全会以来，改革开放的春风吹遍了祖国大地，中国的礼仪建设进入新的全面复兴时期。从推行文明礼貌用语到积极树立行业新风，从开展"成人仪式教育活动"到制定市民文明公约，各行各业的礼仪规范纷纷出台，岗位培训、礼仪教育日趋红火，讲文明、重礼仪蔚然成风。

《公共关系报》《现代交际》等一批涉及礼仪的报刊应运而生，《中国应用礼仪大全》《市民礼仪》《外国习俗与礼仪》等相关图书、辞典、教材、网络、视频等不断问世。广阔的华夏大地上再度兴起重礼仪、学礼仪、用礼仪的新型文化热潮。

(二) 西方礼仪的起源与发展

在西方，"礼仪"一词，最早见于法语的Etiquette，原意为"法庭上的通行证"，但它一进入英文后，就有了礼仪的含义，即"人际交往的通行证"。西方的文明史，同样在很大程度上体现着人类对礼仪的追求及其演进的历史。人类为了维持与发展血缘亲情以外的各种人际关系，避免"格斗"或"战争"，逐步形成各种与"格斗""战争"有关的动态礼仪。例如，为了表示自己的友好与尊重，愿在对方面前"丢盔卸甲"，于是创造了脱帽礼；为了表示自己手里没有武器，让对方感觉到自己没有恶意而创造了举手礼，后来演变为握手礼等。

1. 萌芽期

爱琴海地区和希腊是亚欧大陆西方古典文明的发源地。约自公元前六千年起，爱琴海诸岛居民开始从事农业生产，此后，相继产生了克里特文化和迈锡尼文化。公元前11世纪，古希腊进入因《荷马史诗》而得名的"荷马时代"。《荷马史诗》(包括《伊里亚特》和《奥德赛》两部分)这部著名的叙事诗，主要描写特洛伊战役和希腊英雄奥德赛的故事，其中也有关于礼仪的论述，如讲礼貌、守信用的人才受人尊重。

古希腊哲学家对礼仪有许多精彩的论述。例如，毕达哥拉斯(公元前580年—公元前500年)率先提出了"美德即是一种和谐与秩序"的观点。苏格拉底(公元前469年—公元前399年)认为，哲学的任务不在于谈天说地，而在于认识人的内心世界，培植人的道德观念。他不仅教导人们要待人以礼，而且在生活中身体力行，为人师表。柏拉图(公元前427年—公元前347年)强调教育的重要性。他指出理想的四大道德目标：智慧、勇敢、节制、公正。亚里士多德(公元前384年—公元前322年)指出，德行就是公正。他在《政治学》中说："人类由于志趣善良而有所成就，成为最优良的动物，如果不讲礼法、违背正义，他就堕落为最恶劣的动物。"

公元1世纪末至公元5世纪，是罗马帝国统治西欧的时期。在此期间，教育理论家昆体良撰写了《雄辩术原理》一书。书中论及罗马帝国的教育情况，认为一个人的道德、礼仪教育应从幼儿时期开始。而诗人奥维德通过诗作《爱的艺术》，告诫青年朋友不要贪杯，用餐不可狼吞虎咽。

2. 发展期

公元476年，西罗马帝国灭亡，欧洲开始封建化过程。12世纪至17世纪，是欧洲封建社会的鼎盛时期。中世纪欧洲形成的封建等级制，以土地关系为纽带，将封建主与附庸联系在一起，制定了严格而烦琐的贵族礼仪、宫廷礼仪等，是礼仪发展的鼎盛时代。例如，于12世纪写定的冰岛诗集《埃达》，就详尽地叙述了当时用餐的规矩，嘉宾贵客居上座、举杯祝酒有讲究。

14世纪至16世纪，欧洲进入文艺复兴时代。该时期出版的涉及礼仪的名著有：意大利作家加斯梯良编著的《朝臣》，论述了从政的成功之道和礼仪规范及其重要性；尼德兰人文主义学者伊拉斯谟(公元1466年—1536年)撰写的《礼貌》，着重论述了个人礼仪和进餐礼仪等，提醒人们遵守道德规范、讲究清洁卫生和注重仪容仪表。英国哲学家弗兰西斯·培根(公元1561年—1626年)指出：“一个人若有好的仪容，那对他的名声大有裨益，正如女王伊莎伯拉所说，‘那就好像一封永久的推荐书一样’。”

3. 成熟期

文艺复兴以后，欧美的礼仪有了新的发展，从上层社会对遵循礼节的烦琐要求到20世纪中期对优美举止的赞赏，一直到适应社会平等关系的比较简单的礼仪规则。17、18世纪是欧洲资产阶级革命浪潮兴起的时代，尼德兰革命、英国革命和法国大革命相继爆发。随着资本主义制度在欧洲的确立和发展，资本主义社会的礼仪逐渐取代封建社会的礼仪。资本主义社会奉行“一切人生而自由、平等”的原则，但由于社会各阶层在经济上、政治上、法律上的不平等，因此未能做到真正的自由、平等。不过，资本主义时代编撰了大量的礼仪著作。例如，捷克资产阶级教育家夸美纽斯(公元1592年—1670年)编撰了《青年行为手册》等；英国资产阶级教育思想家约翰·洛克于公元1693年撰写了《教育漫话》，系统、深入地论述了礼仪的地位、作用以及礼仪教育的意义和方法；德国学者缅南杰斯的礼仪专著《论接待权贵和女士的礼仪·兼论女士如何对男士保持雍容态度》，于1716年在汉堡问世；英国政治家切斯特·菲尔德勋爵(公元1694年—1773年)在其著名教子书《一生的忠告》中指出：“世间最低微、最贫穷的人都期待从一个绅士身上看到良好的教养，他们有此权利，因为他们在本性上是和你相等的，并不因为教育和财富的缘故而比你低劣。同他们说话时，要非常谦虚、温和，否则他们会以为你骄傲，而憎恨你。”

西方现代学者编撰、出版了不少礼仪书籍，其中比较著名的有：法国学者让·赛尔著的《西方礼节与习俗》；英国学者埃尔西·伯奇·唐纳德著的《现代西方礼仪》；德国作家卡尔·斯莫卡尔著的《请注意您的风度》；美国礼仪专家伊丽莎白·波斯特著的《西方礼仪集萃》以及美国教育家卡耐基编撰的“成功之路丛书”等。

拓展知识一 **有关礼仪的典籍描述**

《释名》曰：“礼，体也。言得事之体也。”

《庄子》曰：“三王、五帝之礼义法度，其犹楂梨橘柚，虽其味相反，而皆可于口也。”

《太公六韬》曰："礼者，天理之粉泽。"

《论语》曰："不学礼，无以立。"

《诗》曰："相鼠有体，人而无礼；人而无礼，胡不遄死？"

《礼记·乐记》曰："簠簋俎豆，制度文章，礼之器也。升降上下，周还裼袭，礼之文也。"

《礼记·促尼燕居》曰："礼者何也？即事之治也。君子有其事，必有其治。治国而无礼，譬犹瞽之无相与？伥伥乎其何之？譬如终夜有求於幽室之中，非烛何见？若无礼，则手足无所措，耳目无所加，进退揖让无所制。"

《礼记·曲礼上》曰："道德仁义，非礼不成，教训正俗，非礼不备。分争辩讼，非礼不决。君臣上下父子兄弟，非礼不定。宦学事师，非礼不亲。班朝治军，莅官行法，非礼威严不行。祷祠祭祀，供给鬼神，非礼不诚不庄。是以君子恭敬撙节退让以明礼。鹦鹉能言，不离飞鸟；猩猩能言，不离禽兽。今人而无礼，虽能言，不亦禽兽之心乎？"

《礼记·礼运》曰："故礼之於人也，犹酒之有糵也。君子以厚，小人以薄。"

《礼记·礼器》曰："君子之行礼也，不可不慎也，众之纪也，纪散而众乱。"

《礼记·经解》曰："夫礼，禁乱之所由生，犹坊止水之自来也。故以旧坊为无所用而坏之者，必有水败；以旧礼而无所用而去之者，必有乱患。"

《春秋说题辞》曰："礼者，体也。人情有哀乐，五行有兴灭，故立乡饮之礼，终始之哀，婚姻之宜，朝聘之表，尊卑有序，上下有体。王者行礼得天中和，礼得，则天下咸得厥宜。阴阳滋液万物，调四时，和动静，常用，不可须臾惰也。"

拓展知识二

《周礼》——中国第一部礼仪专著

《周礼》是中国流传至今的第一部礼仪专著。《周礼》(又名《周官》)，本为一官职表，后经整理，成为讲述周朝典章制度的书。《周礼》原有六篇，详介六类官名及其职权，现存五篇，第六篇用《考工记》弥补。六官分别称为天官、地官、春官、夏官、秋官、冬官。其中，天官主管宫事、财货等；地官主管教育、市政等；春官主管五礼、乐舞等；夏官主管军旅、边防等；秋官主管刑法、外交等；冬官主管土木、建筑等。

春官主管的五礼即吉礼、凶礼、宾礼、军礼、嘉礼，是周朝礼仪制度的重要方面。吉礼，是指祭祀的典礼；凶礼，主要是指丧葬礼仪；宾礼，是指诸侯对天子的朝觐及诸侯之间的会盟等礼节；军礼，主要包括阅兵、出师等仪式；嘉礼，包括冠礼、婚礼、乡饮酒礼等。由此可见，许多基本礼仪在商末周初已基本形成。此外，成书于商周之际的《易经》和在周代大体定型的《诗经》，也有一些涉及礼仪的内容。

模块二 认知物业服务礼仪

一、物业服务礼仪的概念

(一) 物业

物业是指已经建成并投入使用的房屋及与之相配套的设备、设施和相关场地。

(二) 物业服务与物业管理

物业服务是指物业服务企业接受物业所有人的委托,依据物业服务委托合同,对物业的房屋建筑及公共设备、市政公用设施、绿化、卫生、交通、治安和环境容貌等项目进行维护、修缮和整治,并向物业所有人和使用人提供综合性有偿服务的活动。

2007年,国务院发布了修改《中国物业管理条例》的决定,将物业管理企业和物业管理行业的概念改为物业服务企业和物业服务行业,旨在加强对社会及公众的科学引导,转变观念,通过对建筑物、设施设备、环境等"物"的管理,实现对业主、使用人的"人"的服务,寓管理于服务中。

(三) 物业服务礼仪

物业服务礼仪是指在物业服务活动中,物业从业人员与业主或物业使用人在交往过程中应该遵循的行为规范。随着社会的发展,人们与物业服务的关系越来越密切,物业服务对象和服务内容更加多样化。礼仪贯穿物业服务的始终,是物业服务工作的重要组成部分,物业服务礼仪对改变员工服务形象、提高员工服务水平有着决定性的作用,是物业服务质量的直接表现,关系到企业的形象和品牌,也可以为物业服务企业赢得良好的经济效益和社会效益。

二、物业服务礼仪的功能

物业服务礼仪的功能主要体现在以下几方面。

(一) 物业服务礼仪是处理好人际关系、做好服务工作的基本条件

物业服务活动离不开与人的接触交往。随着社会的发展,人与人之间的接触交

往日趋频繁，竞争日趋激烈。人际交往的过程实际上是人与人彼此观察和了解的过程，这种观察和了解往往从对方的礼仪修养开始。从心理学的角度来说，每个人都有获得他人尊重的心理需求，但人们在交往之初难免会产生一定的戒备心理和距离感。在交往中如果双方都能注重礼仪、相互尊重，可以使对方增加好感，消除彼此的心理隔阂，拉近彼此间的距离，使交往得以顺利进行。在物业服务活动中的人际交往也是如此。由于涉及各方的人际关系日益复杂或由于利益的冲突，在人际交往中出现一些矛盾和纷争不可避免。讲究礼节礼貌，不仅有助于建立相互尊重和友好合作的新型关系，而且能缓解和避免某些不必要的冲突。如果双方能发扬"礼让"的精神，相互谦让以平息事态，即使是原则性问题，也能以理服人、以情感人，就能化解矛盾、取得谅解、彼此信任。所以，讲究礼仪是营造企业和谐有序的内外部环境的需要，是人际交往的润滑剂，也是做好服务工作的基本条件。

(二) 物业服务礼仪是提高服务质量和企业效益的重要保证

服务质量就是供应方利用设施、设备、产品和劳务所开展的活动，在使用价值方面迎合、满足消费方需要的物质和心理上的满意程度。它包括两个方面：一是物质上的满足程度；二是心理上的满意程度，两者相互依存，互为条件。对物业服务企业来说，仅有一流的硬件是远远不够的，还要加强自身的形象建设，树立企业的品牌，提高企业的美誉度，扩大企业的影响力。每位员工的言谈举止都会折射出企业形象和企业文化，其形象、言谈、举止、态度、效率直接影响服务对象的决策，决定其是否愿意接受服务和接受服务后的满意程度。从某种意义上说，在现代市场经济中，礼仪作为现代文明素养的重要组成部分和外在表现，正在创造价值和利润，礼仪已经成为提高服务质量和企业竞争力的重要手段，是衡量服务质量高低的重要标志之一。

(三) 物业服务礼仪是社会主义精神文明建设的需要

讲究礼仪是文明的行为，是人类历史发展的产物和需要，它反映了人类的发展和进步，标志着人类生活摆脱了野蛮和愚昧，同时也反映了社会的文明程度和公民的精神风貌。礼貌不仅是我们现实生活中每个人的个性特征，而且也是中华民族精神文明的具体体现。讲究礼貌是人类社会发展的客观要求，是人们正常地进行社会生产和社会生活的起码条件。当前，我国正大力推进社会主义核心价值观，加强公民道德建设。服务行业是一个展现社会文明礼貌程度的重要窗口。在物业服务活动中，服务人员的礼貌修养既代表着企业的形象、行业的作风，也代表着民族的文明程度和国家的精神风貌。物业服务人员自觉运用服务礼仪，将有助于净化社会风气，提升个人、企业、行业乃至全社会的精神品位。所以，在物业服务中讲究礼仪是社会主义精神文明建设的需要，对推进社会主义核心价值观具有十分重要的现实意义和深远的历史意义。

三、物业从业人员提高礼仪修养的途径

社会对物业服务人员的素质要求越来越高，从标准服务到定制服务，从大众化服务到个性化服务，从传统服务到创新服务，所有这一切都是以从业人员的高素质为基础的。在服务过程中从业人员运用礼仪的能力、技巧，对物业企业的发展有至关重要的影响和意义。物业从业人员要从知识积累、社交实践等方面出发，不断提升自身礼仪修养，成为高素质的现代物业人。

(一) 自觉接受学习礼仪教育，从思想上提高礼仪修养水平

在人际交往中，礼仪不仅仅反映一个人的交际技巧和能力，更反映一个人的气质、风度和教养。通过学习礼仪，可以提高自身的道德修养和文明程度，更好地显示自身的优雅风度和良好形象。良好的礼仪修养不是一蹴而就，首先要对礼仪有全面、客观、正确的认识，要在思想上主动接受礼仪教育。礼仪教育是使礼仪修养充实、完美的先决条件。通过礼仪教育，可以使人们明辨是非、分清美丑、懂得规范，使人们对礼仪有科学的认识，为礼仪行为创造出外因条件，同时也为进一步提高自我修养——内因创造了条件。曾子曰："吾三日醒吾身"，说明提高个人修养必须注意反躬自省。同样，学习礼仪也应处处时时注意自我检查，这样有助于分析缺点、找出不足，不断总结技巧进而掌握提高。

(二) 广泛阅读各类作品，广泛学习礼仪及相关文化知识

开卷有益，通过不断学习来加强自身各方面的修养，对提高礼仪素质大有裨益。一般来说，讲文明、懂礼貌、有教养的大多数是科学文化知识丰富的人。这种人逻辑思维能力强，考虑问题周密，分析事物较为透彻，处理事件较为得当，在人际交往中能显示出独有的魅力而不显得呆板。在学习礼仪的过程中，不仅要学习我国古代、近代、现代的礼仪典籍，还必须广泛地阅读其他作品；不仅要学习我国各民族的礼仪规范和习俗，还必须收集、整理、学习和领会世界各国的礼仪风俗，只有这样才能不断增加知识储备，为礼仪修养打下坚实的理论基础。

(三) 积极参加社交实践活动，逐渐提高礼仪修养

在现代社会，人际交往越来越广泛，仅从理论上弄清礼仪的含义和内容，而不在实践中运用是远远不够的。礼仪修养的关键在于实践。所谓修养，既要修炼又要培养，离开实践，修养就成为无源之水、无本之木。在培养礼仪修养时，要以主动、积极的态度，坚持理论联系实际，将自己学到的礼貌礼节知识积极地应用于社会生活实践的各个方面。要在企业、家庭、社会等场合中，时时处处自觉地以礼仪

的准则来规范自己的言谈举止，并持之以恒，久而久之养成良好的行为习惯。礼仪实践中，既要克服妄自尊大的毛病，也要克服自卑自怯、不敢涉足的心理，不能怕出洋相，要通过各种人际交往的机会强化、固化自身的言谈举止，以锻炼与提高礼仪修养。

拓展知识

物业服务礼仪自检自查

1. 你每天到岗前都照镜子吗？

2. 你每天到岗前都化妆吗？

3. 你每天到岗前都检查头发梳理整齐了吗？

4. 你的头发干净吗？

5. 你注意修剪指甲了吗？

6. 你按规定穿着工作服了吗？

7. 你的工作服整洁吗？

8. 你的工作制服有破损、开线、掉扣吗？

9. 你按规定系好领带、领结、领花了吗？

10. 你按规定佩戴名牌了吗？

11. 你穿的鞋子、袜子干净吗？

12. 你穿的鞋子、袜子有破损、跳丝吗？

13. 你接待业主或其他服务对象时微笑了吗？

14. 你主动问候业主或其他服务对象吗？

15. 你经常说"请""您好""谢谢"等礼貌用语吗？

16. 你经常说"请问我能为您做些什么"等服务用语吗？

17. 你主动与同事打招呼吗？

18. 当业主或其他服务对象提问，你不懂时是说"不知道"吗？

19. 你经常说"对不起"吗？

20. 当班期间你的走姿正确且轻快吗？

21. 你能记住业主或其他服务对象的名字并能尊称他们吗？

22. 繁忙的时候，你会对业主或其他服务对象不耐烦吗？

23. 遇到暴躁的业主或其他服务对象时你会争执或不理睬吗？

24. 当班期间你的站姿(坐姿、走姿)规范吗？

25. 当班期间你有时会和你的同事一起闲谈吗？

26. 你有在业主或其他服务对象面前打哈欠、伸懒腰吗？

27. 当你走来走去时，你会留心业主在注视你吗？

28. 当班期间你会主动注意你服务的业主或其他服务对象吗?

29. 会漫不经心地对待业主或其他服务对象吗?

30. 在你情绪不佳的时候,你会以良好的态度对待业主或其他服务对象吗?

31. 你会长时间和熟客闲谈吗?

32. 你时常注意你的工作环境的安全吗?

复习思考题

一、名词解释

礼节 礼貌 礼仪 物业服务礼仪

二、判断题

1. 礼貌是表示尊重的言行规范。礼节是表示尊重的惯用形式和具体要求。"礼貌""礼节""礼仪"三者尽管名称不同,但都是人们在相互交往中表示尊敬、友好的行为,其本质都是尊重人、关心人。三者相辅相成,密不可分。(　　)

2. 礼仪不仅要求人们知晓礼仪的内容、规范等,更要求在人际交往中能将规范要求付诸行动,做到知行统一。(　　)

3. 礼仪是处理好人际关系、做好服务工作的基本条件,因此物业服务从业人员必须提升自身的礼仪修养,提高职业素养。(　　)

三、多项选择题

1. 礼仪具有规范性、实践性、_____等基本特征。

A. 包容性　　　　B. 局限性　　　　C. 传承性

D. 发展性　　　　E. 先进性

2. 我国礼仪的发展大致经历了萌芽、草创、_____、现代及当代时期。

A. 形成　　　　B. 发展与变革　　　　C. 强化

D. 衰落　　　　E. 创新

3. 西方礼仪的发展大致经历了_____时期。

A. 萌芽　　　　B. 形成　　　　C. 发展

D. 成熟　　　　E. 衰落

4. _____合称"三礼",是中国古代最早、最重要的礼仪著作。

A.《周礼》　　　B.《仪礼》　　　C.《礼记》

D.《诗经》　　　E.《三字经》

四、思考题

1. 物业从业人员为什么要学习礼仪知识?

2. 物业从业人员应具备哪些礼仪基础知识?

3. 为什么"知礼、懂礼"才能恰当"行礼"？

4. 如何才能更好地做到礼仪的知行统一？

能力训练

小论文：结合你所学的礼仪知识，通过观察身边遵守或违反礼仪规范的人和事，谈谈你对"人无礼不生，事无礼不成，国家无礼不宁"这句话的认识，以及学习本课程的真实体会。要求不少于800字。

物业服务礼仪

项目二
形象礼仪——优雅的职业形象

知识目标

● 了解职业形象的构成要素及相关的概念；

● 掌握仪表、仪容、仪态等方面的礼仪规范要求；

● 理解职业形象塑造对于物业从业人员的重要意义。

素质与能力目标

● 强调学以致用，要求将仪容修饰、着装打扮、仪态养成等基本方法和技巧与日常行为养成相结合；

● 具备一定的职业形象塑造技能，能根据工作岗位的职业要求塑造职业形象。

美中不足

一天，黄先生与两位好友小聚，来到某酒店，接待他们的是一位五官清秀的服务员，接待服务工作做得很好，可是她面无血色，显得无精打采。黄先生一看到她就心情欠佳，仔细留意才发现，这位服务员没有化工作淡妆，在餐厅昏黄的灯光下显得有些病态。上菜时，黄先生突然看到传菜员涂的指甲油缺了一块，其第一反应就是想"不知是不是掉我的菜里了"。但为了不惊扰其他客人用餐，黄先生没有将其疑虑说出。用餐结束后，黄先生请柜台服务人员结账，而服务员却一直对着反光玻璃墙面修饰妆容，丝毫未注意客人的需要。自此以后，黄先生再也没有去过这家酒店。

形象是指在社交活动中，参与交往的各方相互在对方心目中的整体评价和基本印象。在物业服务工作中，服务人员的个人形象往往成为其服务对象的直接评判内容，尤其是在双方初次接触时，被服务对象往往通过服务人员的形象来判断其个人性格、能力等方面的特质，同时也会通过服务人员的个人形象来初步判断物业企业的服务品质与管理水平。良好的职业形象可以为组织、个人带来无穷的益处，因此作为物业服务人员应牢固树立形象意识，在职业活动中塑造优秀的职业形象。

模块一　仪容

仪容一般是指一个人的容貌。现代物业服务人员在职业活动中的仪容是指经过修饰并符合社会审美及行业要求的容貌，包括头发、面部、肢体等方面的修饰。仪容往往传达出最直接、最生动的第一信息，它反映了一个人的精神面貌，在个人的职业形象中居于显著地位。个人仪容一般受两方面因素的影响：一是个人的先天条件；二是后天的保养和修饰。个人容貌是父母给予的，相对定型，但可以通过后天的保养、修饰、装扮，使自己容光焕发、神采飞扬。

一、清洁

要想拥有容光焕发、神采飞扬的仪容，对头发、面部、肢体等做好清洁保养是第一步，也是非常重要的一步。

(一) 头发

1. 头发的清洗

经常洗发可以洗去头发上堆积的尘埃、污垢和油脂，减少头发受损的机会，保持头发健康。特别是在环境污染严重的当下，清洗对头发的养护有着重要的作用，然而掌握科学的洗发方法则是至关重要的。

(1) 合理安排洗发周期。洗发周期不能过长也不能过短。油性头发一般在冬季3～4天洗一次，干性头发一周洗一次；夏季一般1天洗一次或2天洗一次。

(2) 注意水温。洗发要用舒适的热水，冲洗宜用温水，水温一般以38℃～40℃为宜，水太烫会刺激头皮、损伤头发；水太凉，则洗过的头发无光泽。

(3) 合理选择、使用洗发水。应根据个人的发质来选择合适的洗发水，而且不能长时间使用同一品牌的洗发水。使用洗发水时应先在手心揉开，不能直接将洗发水倒在头发上，也不能用护发素取代洗发水，要彻底冲洗干净洗发水。

(4) 注意清洗方法。头皮是头发的"土壤"，有健康的头皮才会有健康的头发。因此，洗发时要注意清洗头皮，第一遍最好先洗头皮，按摩3分钟左右冲掉洗发水；第二遍从发根洗到发梢，起泡后一两分钟内尽快冲洗掉，避免洗发水在头发上停留过长时间，但洗发时间也不能过短；在洗发时切忌用力过猛，不要用指甲刮擦头皮；护发素最好不要全部冲洗掉，如果能在头发上保留大约25%的护发素，会对头发做一个延续的保养和保护，防止水分过快蒸发，防止外在环境对头发的直接伤害；洗完头发后宜自然风干，必须使用吹风机时，吹风机至少要离开头发20厘米，头发由湿到干，吹风机距离也要由近到远，而且要不时地变换吹风区。

2. 头发的养护

健康、秀美的头发需要平时的保养和护理，一般可从梳理、按摩、护理、定期修剪等几方面入手。

(1) 梳理。经常梳头除了可以理顺头发外，还可以刺激头部神经，促进血液循环和皮脂分泌，促进头发的生长。梳理的具体方法是：应使用梳齿稀疏而秃短的牛角或木梳子，梳齿紧贴头皮，着力适中，从前额开始向后梳，一直梳到枕部，顺着头发平梳，每次梳5～8分钟不等，以舒适为度，当头皮有热、胀、麻的感觉，说明已达到要求，可停止梳头。梳头最好在早晨起床或白天进行，入睡前不宜梳头。平时可用双手十指梳头，自额部前发际开始，由前向后梳到后发际。动作以缓慢柔和为佳，最好边梳边揉擦按摩头皮，次数不限，每次10分钟左右。

(2) 按摩。按摩可以促进头皮的健康。按摩的方法是：伸开手指沿着发际线从前额向头顶再到脑后做环状揉动，然后再由两鬓向头顶按摩，用力要均匀。如果是油性头发，按摩时用力要轻，以免过分刺激头皮，使油脂分泌增多。

(3) 护理。除了经常清洗、梳理、按摩头发外，平时应注意个人的饮食，多进食高蛋白质、富含矿物质碘与锌及维生素的食物；养成良好的个人生活习惯，少烟酒、少熬夜、多运动等；必要时可通过其他方法进行必要的护理。

(4) 定期修剪。人的头发每天都在生长，为了使自己始终保持一个健康、完美的形象，需要定期修剪头发。男性一般可安排半个月或一个月修剪一次；女性可根据自身情况安排修剪周期，如果留有刘海要注意不能让刘海遮住眉毛和眼睛。

(二) 面容

面容，是指物业从业人员在服务过程中被他人注视的重点部位，因此必须十分关注自身的面部状况。在职业形象塑造中，面容的清洁、修饰是非常重要的部分。

1. 脸部的清洁与保养

(1) 脸部的清洁。通过洗脸，可以使脸部皮肤处于尽可能无污染和无侵害的状态，为皮肤提供良好的生理条件；可以对脸部进行调整和放松，可以有效地激发皮肤活力，使得毛孔充分通透，充分发挥皮肤健康和正常的呼吸、吸收、排泄功能，保持皮肤良好的新陈代谢状态；可以避免因使用化妆品带来的负面作用。洗脸可以说是生活中极普通的事情，对于职业形象塑造而言，洗脸是最基本的要求。

正确的洗脸方法如下：首先应洗净双手。因为手容易接触污垢，上面带有很多细菌，如果不洗手就直接用手来洗脸，一方面会浪费洗面奶，另一方面很可能使皮肤沾上细菌和灰尘。所以，洗脸之前，要先把手洗干净。其次，要按正确的步骤洗脸。第一步，用温水湿润脸部；第二步，把洗面奶倒(挤)在手掌上，揉搓使洁面乳充分起沫；第三步，用中指和无名指将泡沫抹在面部，用指腹顺着毛孔打开的方向轻轻按摩打圈，即两颊由下往上轻轻按摩，从下巴揉到耳根，两鼻翼处由里向外，从眉心到鼻梁，额头从中部向两侧，按摩时力度要轻柔一些，揉搓大约一分钟；第四步，用温水洗净洗面奶；第五步，检查发际是否有残留的洗面奶；第六步，将冷水拍到脸上，使面部温度降低，毛孔收缩，以增强皮肤的弹性。为了确保洗面奶不残留，一定要用爽肤水进行二次清洁。洗脸时要特别注意：不能长期使用单一过冷或过热的水，不能长期只用清水洗脸而不使用任何碱性物质，特别是油性皮肤，不能洗完脸后不擦干。

(2) 脸部的保养。脸部的养护是通过内养和外护来完成的。内养是指身体内部的调养，主要通过合理的饮食结构、适当的运动、充足的睡眠、愉悦的心情来实现；外护则可以通过有效清洁皮肤、尽可能避免日晒、科学选用护肤品等环节来实现。

2. 五官的清洁与保养

(1) 眼部。眼睛是"心灵的窗户"，是面部区域被他人注视最多的部位。眼睛有时会有分泌物产生，如果不及时清洁会使自己的个人形象大打折扣，因此不论是在平时生活还是在职业活动中都应养成以下习惯：经常检查眼睛并及时清理；科学用眼，注意眼睛的保护，一旦发现患有眼疾，应及时治疗、休息。服务工作中如果需要佩戴近视镜或太阳镜时，应根据自身的脸型、气质、工作环境和岗位要求来选择，不能一味追求时尚，同时眼镜要保持清洁卫生，使用一定周期后应及时更换。

(2) 眉部。眉毛虽然不像眼睛那样引人注意，但也是面部不可忽视的重要组成部分。对物业服务人员来讲，不管是男性员工还是女性员工平时都要注意对眉毛的清洁、修理，养成梳理眉毛的习惯，防止眉毛出现灰尘、皮屑等。

(3) 鼻部。物业服务人员平时要注意鼻子及周围的皮肤清洁、鼻毛的修剪。鼻子及周围的皮肤毛孔一般都比较粗大，应重点进行清理。鼻孔内侧也要经常清理，鼻毛要定期修剪，以免鼻毛外露，影响形象。此外，在公共场所不能有挖鼻孔、擤鼻涕、拔鼻毛、剪鼻毛等不雅动作。

(4) 口部。语言是人们进行沟通交流必不可少的工具，因此口部清洁对一个人的整体形象相当重要。具体要求有：一是要确保牙齿的清洁与健康。整齐、洁白、干净的牙齿非常重要，无论是讲话还是微笑，牙齿都会暴露在他人的视线下。因此，作为一名物业服务人员应养成勤刷牙、勤漱口、定期护理的习惯，保持口腔健康卫生。二是要确保口气的清新。在物业服务工作中，服务人员为了保持清新的口气，应当适禁食，如不吃葱、蒜、韭菜等有刺激性气味的食物，如果不小心吃了这些食物，应及时采取补救措施；工作期间禁酒禁烟；有胃疾的人，应尽量少吃易产生胃气的食物，等等。三是确保口部的美观。美观的口部应该是"唇红齿白"，即做到唇部滋润、红润，无脱皮、开裂、溃烂等情况，如图2-1所示。

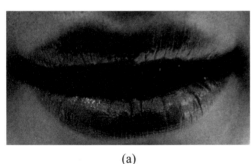
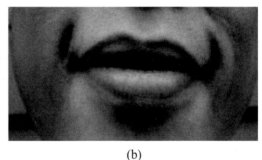

(a) (b)

图2-1　口部

(5) 耳部。人体耳部会产生一定的分泌物，因此物业服务人员应及时清理耳垢。如果耳孔内生长了耳毛，应及时进行修剪。

(二) 肢体

物业服务人员在服务活动中，经常会运用肢体动作，有时人们对服务人员肢体的重视不亚于对面部的重视程度。因此在做好头发、面部等清洁保养的同时，也应关注自身肢体的清洁保养。

1. 手臂的修饰

手臂被服务行业称为服务人员的"第二张名片",是服务人员使用最多的肢体部位。无论是指示方向还是递送物品都必须使用手臂。因此,手臂不仅影响服务人员的个人形象,也影响物业企业的整体形象,体现了企业的整体服务管理水准。

(1) 及时清洁。要求物业服务人员随时保持手臂的干净卫生,特别是手臂裸露部分,如胳膊、手指等部位。平时要养成勤洗手、勤剪指甲的好习惯。一般指甲的长度从手心看不长过指尖2毫米为宜,如图2-2所示。

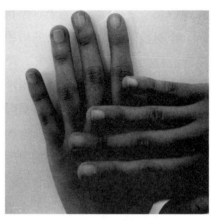

图2-2　手部

(2) 科学护理。在保洁的基础上,物业服务人员应在秋冬较为干燥的季节或对敏感肤质的手臂及时做好护理工作,特别是经常使用清洁剂从事保洁工作或室外工作的员工,更要养成戴橡胶手套、使用护肤品的习惯。

2. 下肢

虽然下肢常被服装、鞋袜包裹起来,往往容易被人们忽视,但服务人员应时刻注意对它的保洁和美化。

(1) 随时保洁。下肢的污垢常常躲在不易被发现的角落,容易被忽视,因此物业服务人员应认真对待,要勤洗澡、勤洗脚、勤换洗裤子和鞋袜。

(2) 合理美化。下肢的美化主要是指鞋袜的选择和体毛的处理。在物业服务工作中,要依据岗位的性质和要求按规范穿着裙、裤和鞋袜。如果有的岗位需要裸露下肢,应适当修整、遮掩体毛。

二、化妆

化妆的实际意义是使自己更加美丽,更加光彩照人。化妆之后,人们可以拥有更好的自我感觉,更加自尊自信,在生活工作中表现得更为洒脱自如。同时,在物业服务行业,服务人员通过化妆美化自己,也是尊重服务对象的表现,是工作场合的重要礼仪要求。

(一) 皮肤

皮肤一般可分为干性、中性、油性、混合性、敏感性5种类型。干性皮肤一般毛孔细小，皮脂分泌少，皮肤表面缺少弹性和光泽，容易产生细小皱纹；中性皮肤皮脂分泌适中，皮肤表面光滑、润泽；油性皮肤皮脂分泌多，毛孔较大，纹理较粗，不易产生皱纹，但容易生粉刺；混合性皮肤是一种表现多种性质特征的皮肤，往往在额头、鼻子、下巴部位分泌的油脂较多，形成T形皮脂带，这些部位属油性皮肤性质，其他部位则呈中性或干性皮肤；敏感性皮肤容易对光照、某些化妆品或食物有过敏反应。

(二) 化妆品

1. 认识化妆品

根据功能的不同，化妆品可分为以下四大类型。

(1) 润肤类化妆品。用于护理面部、手部、身体等部位皮肤的化妆品为润肤类化妆品，主要为皮肤护理提供基本的保障。常见的有洁面乳、香脂、润肤露、润肤霜等。

(2) 美发类化妆品。用于头发的护理、保养、造型的化妆品为美发类化妆品，主要有洗发水、护发素、啫喱水、烫发水、染发膏、发胶、发蜡、发膜等。

(3) 芳香类化妆品。用于溢香去臭、芳香宜人、防虫叮咬的化妆品为芳香类化妆品，常见的有香水、香粉、花露水等。

(4) 修饰类化妆品。修饰类化妆品主要用于修饰肤色，用来搭配服饰，做造型，改善面部某些部位的着色，使化妆者更加靓丽，常见的有粉底、粉饼、眼影、眉笔、胭脂、口红等。

2. 选择化妆品

皮肤的性质不是一成不变的，往往会随着年龄、季节、生活环境的变化而变化。因此，应根据每个人皮肤的特点并综合考虑质价等多种因素，来选用合适的护肤品和化妆品。

(1) 质量。选择化妆品时，名厂、名牌只是参考因素，关键要看产品是否含有香精、防腐剂、色素、金属成分，是否经过相关的测试、鉴定。同时要注意产品有无检验合格证书和生产许可证，以防假冒。具体可从以下环节来识别护肤品和化妆品的质量：第一，从外观上识别。质量好的化妆品应该颜色鲜明、清雅柔和。如果发现颜色灰暗污浊、深浅不一，说明质量有问题；如果外观浑浊、油水分离或出现絮状物、膏体干缩或有裂纹，则不能使用。第二，从气味上识别。化妆品的气味有的浓烈，有的淡雅，如果闻起来有刺鼻的异味，就说明是变质产品或伪劣产品。第三，从感觉上识别。取少许化妆品轻轻地涂抹在皮肤上，如果能均匀紧致地附着于肌肤而且有舒适的感觉，就表明质地良好；如果涂抹后有粗糙、发黏感，甚至皮肤刺痒、干涩，则是劣质产品。

(2) 个人和环境因素。除化妆品的质量外，还要考虑使用者的个人和环境因素：第一，考虑肌肤类型。油性肌肤的人，应选用爽净型的乳液类护肤品；干性肌肤的人，应选用富有营养的润泽型护肤品；中性肌肤的人，应选用性质温和的护肤品；敏感性肌肤的人，应选用防过敏的护肤品。护肤品和化妆品在初次使用时必须仔细试用，也不能经常换用。第二，考虑年龄和性别。如儿童皮肤幼嫩，皮脂分泌少，应选用儿童专用的护肤品；老年人皮肤萎缩，偏干偏薄，则应选用含油分、保湿因子及维生素E等成分的护肤品；男性宜选用男士专用护肤品。第三，考虑肤色。选用化妆品色系时应考虑使用者个人的肤色，应选用与自己肤色相近而不是反差太大的色系。第四，考虑季节。季节不同使用的护肤品和化妆品也有所不同。在夏季，多选用乳液类的护肤品或化妆品；在冬季，则多选用滋润、保湿性强的护肤品。

(三) 化妆

1. 化妆的原则

不论是日常生活还是职业场合，化妆时都应遵循以下基本原则。

(1) 扬长避短。化妆的目的，是通过化妆力求突出自己面部最美的部分，使自己变得更美；遮掩不足部分，使其不大引人注意，巧妙地弥补缺陷，从而在人际交往中显得更为自尊、自信、自爱。物业服务人员要使化妆达到美的效果，首先要了解自己容貌的特点，明白自己容貌的优点和不足；其次要通过化妆品、化妆技巧、化妆方法等的合理选择与搭配运用，达到化妆的目的。注意任何化妆品或化妆技巧都不能改变自身容貌上存在的不足或缺陷，因为它不是整容，化妆的重点是突出面部最美的部分，掩饰和校正不足，扬长避短。

(2) 自然和谐。化妆的最高境界可以用两个词形容，就是"自然""和谐"。自然是指化妆时虽追求刻意雕琢，但结果却又不露痕迹且给人赏心悦目的美感。和谐是指化好的妆容与自身的性别、年龄、容貌、肤色、身材、体型、个性、气质、服装饰物及职业身份、工作环境等相协调；面部各部位的色彩搭配应协调，浓淡相宜。

(3) 科学化妆。物业服务人员化妆时要讲究科学方法。第一，要科学地选择化妆品，应根据个人不同的肤质选择合适的化妆品，尽量选择天然且对人体无害的原料生产的化妆品，不能使用含有过多香料、酒精且不带卫妆准字的劣质化妆品；第二，讲究专用原则，不随意借用他人化妆品；第三，要讲究化妆方法与技巧，不同的化妆品有不同的使用技巧和方法，必须熟练掌握，使化妆成为有效的修饰手段。

(4) 修饰避人。物业服务人员应处处维护自身的职业形象，不能素面朝天，也不能以残妆示人，但这并不意味着随时随地都可以化妆和补妆。化妆实际上属于个人隐私，原则上只能在家中进行，如果事出有因，在其他场合需要临时化妆和补妆时，应选择隐蔽或无人之处进行，做到修饰避人。平时不能非议他人化妆，尤其不能对服务对象的妆容指指点点。

(5) 遵从礼仪。物业服务人员在进入工作场合前(特殊场合，如吊唁、丧礼等哀伤、沉痛的场合除外)，无论男女都应进行面容的适当修饰，做到整洁、美观，但要避免"奇、新、残"。男士如需化妆，注意使用化妆品不宜过多，色彩尽量接近原肤色，不能暴露化妆痕迹。睡觉前应卸妆，注意皮肤的保养。

2. 化妆的程序与技巧

(1) 洁面与护肤。化妆前首先要用洗面奶或清洁霜彻底清洁面部、颈部，然后选用合适的营养液护肤，使用时应用手掌由里向外、由下往上均匀涂抹。

(2) 底色、高光色。洁面护肤后，用粉底液(霜)给面部做底色，底色一定要与皮肤服帖，做好底色可从视觉上改善皮肤质感与肤色明度。选用接近自己肤色或明度比肤色高一度的粉底做内轮廓，选用比肤色低一度或两度的粉底做外轮廓，选用比基础底色更高度数的粉底或专业高光色为面部突出部位，如鼻梁和眼袋阴影处提亮。

(3) 眉眼部化妆。眉眼部化妆是指眉毛和眼睛包括眼影、眼线、睫毛等处的修饰。化妆时应结合自身眉型特点对眉毛进行修理，特别对"杂乱不堪"的眉毛要及时修整，除去多余的杂毛，做到正常、大方、优美。眉毛的最高点应在眉峰处，最浓处应在眉腰，眉头和眉梢应渐淡；眉毛要有透隙感，画眉时应用毛刷笔沾眉粉或用眉笔从眉腰处向外向内轻刷，不能用力过猛画到皮肤上；眉粉或眉笔的颜色要与发色相同，如图2-3所示。

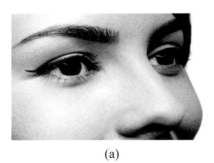 

(a)   (b)

图2-3 眼部

眼影是用来强调眼部结构和神韵的，应根据工作场合、个人性格、服饰搭配等元素来选择眼影的颜色，一般职场中以稳重大方的咖啡色系为主。画眼影分两步完成：先用结构色眼影从睫毛处开始自下而上在眼球处晕染开，然后用提亮色或与服装呼应的颜色从睫毛线向上晕染开，也可用眼影在下眼线处呼应一下。

眼线也叫睫毛线，眼线应由外向内紧贴睫毛根部渐弱，画的时候要尽量细致。睫毛的修饰可先用睫毛夹将睫毛卷起，再用睫毛膏由下往上将睫毛均匀刷开，注意不要刷到睫毛根部或脸上。

(4) 胭脂。胭脂又叫腮红，有改善肤色、修正面型的作用。选择胭脂时应考虑个人的职业、肤色、年龄、性格等因素，在工作场所一般选用橘色和粉色较多。刷胭脂要从颧下弓处开始逐渐向颧骨处过度，并要结合脸型特点，窄脸横向刷、宽脸纵向刷，如图2-4所示。

| (a) 瓜子脸 | (b) 圆脸 | (c) 方脸 |

图2-4 胭脂的刷法

(5) 唇部。先用唇膏打底，再用唇线笔由外向里勾出唇形，最后用唇彩在唇部均匀涂开。

(6) 颈部。化妆结束后，可用与面部底色一致的粉底或细干粉轻轻擦拭，确保面部底色与颈部自然衔接。

(7) 定妆。全部化妆步骤结束后，最后用少量浅深两色干细粉分别为内、外轮廓定妆，这样可使皮肤看起来更明亮、更富有弹性，妆面更持久。

每个人可根据自身特点及出席场合的性质简化上述程序。总之，化妆的重点是要突出自身的优势部位，因此化妆时可对自己最美的部位进行重点修饰，其他不足或有缺陷的部位则不宜过多涂抹。

三、发型

与他人接触时，双方最先关注的是头部。头发的修饰往往会给对方产生非常重要的"第一印象"。除了头发清洁这一要素外，发型的选择也是头发修饰尤为重要的一环。发型是指头发经过修饰后所呈现的整体形状。优美的发型是展示个人良好形象的前提，仪容修饰应当"从头开始"。对物业服务人员来说，发型的选择直接影响一个人的职业形象，因此除了可适当兼顾个人偏好外，最重要的是要考虑自身条件、工作性质、工作环境与要求等因素，总体上要求庄重、大方、整洁。

(一) 发型选择的总体要求

1. 男性员工发型的选择

男性服务人员的头发，要做到定期清洗修剪，发际线清晰；前不过眉，不能影响为业主的服务；后不过领，侧不过耳，鬓角不可短于耳廓顶部，也不能长过耳垂；脑后及两侧的头发应修剪有型，不得过于浓密；不得留长发，但也不得剃光头；穿制服时不能梳理夸张的发型，如图2-5所示。

图2-5　男员工发型示范图

2. 女性员工发型的选择

女性的发型变化多种多样，但对女性服务人员来讲，发型的选择应结合自己的气质、脸型和工作的要求，原则上要求简约、大方、明快。具体来说，前面头发不能过双眉，不能影响为业主的服务；短发的长度后不过领，最短不低于双耳底部，侧不过耳；头发及肩或过肩都应将头发扎起或盘起；不论短、中、长发都应定期修剪，如图2-6所示。

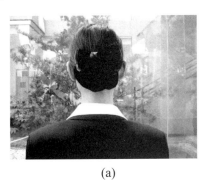 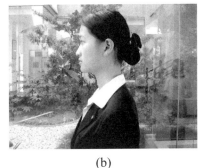

　　　　(a)　　　　　　　　　　　　　　(b)

图2-6　女员工发型示范图

(二) 头发的美化

1. 烫发染发

物业服务人员除了选择既符合职业要求又能使自己更美的发型外，也可以通过烫发或染发的方法将自己的头发进一步美化。烫发时，一要考虑自己的职业、岗位、年龄、发质、身体等是否适合；二要注意烫发之后，不论男女员工，发型都要符合岗位要求，不得披头散发，过于新奇、怪异。

如果需要染发，最好选择自然色或与本人头发色差不太明显的颜色，染发以后必须使得自己更健康、美丽，凡是让人变得脸色苍白、与自己的眉毛颜色有冲突、让自己的眼睛黯然失色的颜色，无论多么新潮、多么时髦都不可取。

2. 发饰的佩戴

发饰的选择与佩戴，目的是"管束"自己的头发而不是刻意打扮。因此，物业女性服务人员宜选择黑色、藏青色或褐色且无花色图案的发饰、头花、发卡、发带等，佩戴时要根据个人的脸型、头型、发型去合理搭配。

拓展知识一 🔟

发型选择

一、脸型正面特征与发型选择

每个人的脸型轮廓、五官特征都不尽相同。所以在选择发型时就要扬长避短。分析脸型时最好用毛巾或发带把所有的头发都梳到脑后，面对镜子，仔细端详自己。人的脸型大致可以分为7种：椭圆形(鸭蛋脸)，圆脸型，方脸型(国字脸)，长形脸，申字脸(枣核形)，心形脸以及由字形脸(鸭梨形)。

(一) 椭圆形

椭圆形脸型又称鸭蛋脸，一般来说这是最理想的脸型。它的特点是：从额上发际到眉毛的水平线之间的距离约占整个脸的三分之一；从眉毛到鼻尖又占三分之一；从鼻尖到下巴的距离也是三分之一。脸长约是脸宽的1.5倍，额头宽于下巴。这种脸型一般来说可以配任何一种发型。但是，选择最佳发型时要考虑其他因素，如年龄、侧面轮廓、两眼之间的距离以及是否戴眼镜。

(二) 圆脸型

圆形脸的特征为圆弧形发际，圆下巴，脸较宽。圆脸型的人最好选择头顶较高的发型，留一侧刘海，宜佩戴长坠形耳环。圆脸型男士的发型最好是两边很短，顶部和发冠稍长一点儿，侧分头。吹风时将头顶的头发吹得蓬松一点儿，显得脸长一些。女短发则可以是不对称或对称式，侧刘海，或者留一些头发在前侧吹成半遮半掩脸腮，头顶的头发吹得高一些。

(三) 方脸型

方形脸又称国字脸，特征为方额头，方下巴，脸较宽。设计发型时要设法从视觉上拉长脸型。对于女士来说，最好是剪成不对称式中长发，即一边头发多、一边头发少，或者一边长一边短。把头发多的一边往上往前吹风，形成大波浪以柔和脸的曲线。还有一种方法是剪两边对称的短发，把两边的发梢往前拉到腮帮，以遮盖方下巴，造成椭圆形脸型的视觉效果。

(四) 长形脸

长形脸的特征是脸窄而长，颊下陷，有些人前额比例过大，有些人鼻子过长，有些人下巴过长。为了给人以椭圆形脸的视觉效果，长形脸人的发型设计应当着重缩短脸长，增加脸宽的效果。女发以齐下巴长的中长发式为宜，前额多留些刘海，两边发型丰满蓬松，不要紧贴脸颊。男发宜留分头，略盖前额。

(五) 申字脸(枣核形或菱形)

申字脸又叫枣核形脸或菱形脸，特征为前额与下巴较尖窄，颧骨较宽。发型设计应当着重缩小颧骨宽度。女发最好烫发，然后在做发型时，将靠近颧骨的头发做前倾波浪，以掩盖宽颧骨。将下巴部分的头发吹得蓬松些。应该避免露脑门，也不要把两边头发紧紧地梳在脑后，如扎马尾辫或高盘头顶。

(六) 心形脸

心形脸的特征为宽额头，窄下巴。发型设计应当着重缩小额宽，并增加脸下部的宽度。具体来说，头发长度以中长或垂肩长发为宜，发型适合中分刘海或稍侧分刘海。发梢蓬松柔软的大波浪可以达到增宽下巴的视觉效果，并更添几分魅力。

(七) 由字形脸

由字形脸又称鸭梨形脸，特征为额头窄小，下巴宽大。为了掩盖其缺陷，应当增加头顶头发的高度和蓬松，留侧分刘海，以改变额头窄小的视觉。头发长度要超过下巴，避免短发型。如果烫一下更好，容易做出大波浪，发梢柔软地附在脸腮。

此外，从正面看，鼻梁不直的人则适宜梳不对称式的发型，可以分散人们对鼻子的注意力；扁宽的鼻头趋向于把脸拉宽，如果不是长形脸，就不适合齐刘海式齐耳短发，头发往后梳或高盘的发型可以改善脸型；眼距特宽者不适合将头发平平地梳在脑后，这样会突出眼距宽的特点，留蓬松的侧刘海效果会更好一些；窄眼距者，为了改善脸型，应该尽量将两侧头发向斜后方向吹风成型，露出前额头，以产生眼宽的感觉。

二、脸型侧面特征与发型选择

上文所讨论的是脸型的正面。设计发型时还要考虑脸型的侧面特征，如鼻子形状，眼睛距离，后脑勺的形状，颈部长短以及是否戴眼镜等。脸型的侧面轮廓有以下几种：垂直侧面、凹月形侧面、凸月形侧面及斜下前倾侧面。基本垂直的侧面轮廓是最理想的，可以梳任意发型；小翘鼻子者适宜将头发往后梳理。具体的发型设计应该请教专业的美发师。

戴眼镜的圆脸型、椭圆形脸和方脸型，都比较适合留短发，削薄齐头发帘，佩戴长耳坠，但不适合戴宽边圆形眼镜。心形脸和菱形脸的人，头发不要理得太短，适合戴细边或中等粗的大眼镜框。脸型瘦小的人，宜梳丰满蓬松的中短发型，戴大镜框，以增加脸宽的视觉效果。由字形(鸭梨形)脸的人，要避免戴方形眼镜框，梳垂直短发，留整齐的刘海，建议戴大的椭圆形眼镜框，发型要露前额头，发梢微微向前拉，以便遮盖一部分突出的腮帮。

每个人的头型及大小各不相同，总之，选择发型时要尽量使脸型和头型向椭圆形靠拢。身材短小、体型丰满者不适合留长发，尤其是烫得蓬松的长发，因为这样会更加突出矮胖的形象；身材与头颈都颀长的人比较适合披肩长发，蓬松些更好。

自然美容——洗脸新概念

一、超级配方——小苏打

小苏打又名碳酸氢钠，呈弱碱性，可中和皮肤表面的酸性物质，水溶后能释放出二氧化碳，浸透并穿过毛孔及皮肤角质层，促进皮肤的血液循环，使细胞新陈代谢旺盛。小苏打与水的配制比例为1：5000，即用5000毫升的水来溶解1克小苏打。用这种配方的水洗面后可使毛细血管扩张，令肌肤有光泽、红润、有弹性。

二、超级配方——蒸汽

蒸汽可使面部皮肤毛孔扩张，排除淤积于毛孔内的污垢，同时，补充细胞新陈代谢所需要的水分，使干燥、粗糙的皮肤变得细嫩。具体操作方法：先用中性香皂洗净脸部，然后在盆中倒入80℃～90℃的热水，脸部在距水面5～10厘米处保持平行，持续10分钟左右后用40℃左右的水洗面，再用冷水浸透毛巾擦脸几次，让皮肤毛孔收缩。干性皮肤可以每周做一次，油性皮肤可以每隔一天做一次。

三、超级配方——双氧水

双氧水含有高浓度的氧气，穿透细胞的能力很强，既有去除污垢的良好效果，又能直接给皮肤提供充足的氧气，有利于增强表皮细胞活性，因而用双氧水敷面有娇嫩、美白皮肤的作用。具体操作方法：将脸洗干净后，用干净的毛巾蘸上30%的双氧水敷于面部，每次3～5分钟，每日1～2次，连用7～10天，效果会非常好！

四、超级配方——凉开水

开水自然冷却到20℃～25℃时，溶解在其中的气体比沸腾前减少了1/2左右，水质也随之发生变化，内聚力增大，分子与分子之间更加紧密，表面张力加强。这样的水质与皮肤细胞内的水分很接近，因此容易浸透到皮肤里，从而使皮肤更加细腻、红润、有光泽。

皮肤性质的检测及护肤品的选择

一、皮肤性质的检测

晚上睡觉前把脸洗干净，不擦任何护肤品睡觉，到次日早上洗脸前，准备三张干纸片，分别贴在额头、鼻子、面颊上，两分钟后揭下，放在亮处观察，如果满纸油迹则是油性皮肤；如果极少油迹则是干性皮肤；若是额头、鼻子有油迹，脸颊处几乎没有油迹则是中性皮肤；若是额头、鼻子有较多油迹，脸颊处几乎没有油迹则是混合中性皮肤；或用指腹触摸脸部，有粗糙感的是干性皮肤，感觉光滑的是中性皮肤，感觉油腻的则是油性皮肤。

二、护肤品的选择

针对不同的肤质，护肤品的选择如表2-1所示。

表2-1　护肤品的选择

护肤品类型 ＼ 肤质	干性皮肤	中性皮肤	油性皮肤	敏感性皮肤
洗脸用品	滋润洗面乳	中性保湿洁面乳	富含柠檬、矿物质的尤佳，或抑制油脂分泌的	中药、含维生素E成分的、草本的
化妆水	营养、滋润型，保湿、碱性化妆水	营养、平衡保湿型化妆水碱性化妆水	清爽型化妆水酸性化妆水	中药抗过敏的化妆水
乳液	含动植物精华的高保湿乳液	中性乳液	不含油脂或油脂含量低的营养霜	营养霜
滋润营养霜	加强保护型，抗干燥、抗老化型	营养日霜	不需用	不需用

拓展知识四 🖙

不同脸型的化妆技巧

一、圆脸的化妆技巧

圆脸给人玲珑、可爱之感。圆脸的化妆技巧主要有：选用暗色调粉底，沿额头靠近发际线向下涂抹，至颧骨下部加宽涂抹面积，造成脸部亮度自颧骨以下逐步集中于鼻子、嘴唇、下巴等部位；也可用粉底在两颊造阴影，使圆脸看起来消瘦一点儿。眉毛可修成自然的弧形，不可太过平直或有棱角，也不可过于弯曲。胭脂(腮红)可从颧骨开始涂至下颌，但不能简单地在颧骨突出部位涂成圆形。唇膏可在上嘴唇涂成浅浅的弓形。

二、椭圆脸的化妆技巧

椭圆脸是公认的理想脸型，不必通过化妆去改变脸型，只要保持自然形状，突出可爱之处即可。眉毛可顺着眼睛的轮廓修成弧形，眉头与内眼角对齐，眉梢可稍长于外眼角。胭脂(腮红)应涂在颧骨的最高处，再向上向外揉化开去。唇膏尽量按自然唇形涂抹，除非嘴唇的唇形有缺陷。

三、长脸的化妆技巧

长脸可通过增加面部宽度的技巧来达到化妆的效果。若双颊下陷或额头偏窄，应在双颊或额头部位涂以浅色调的粉底，造成光影使之变得丰满一些。眉毛的位置不宜太高，尾部切忌高翘，眉毛的形状尽量修成弧形，切不可有棱有角。胭脂(腮红)应离鼻子稍远，涂抹时可沿颧骨的最高处与太阳穴下方所构成的曲线部位，向外向上抹开去。

四、方脸的化妆技巧

方脸的特点是双颧骨突出，因此在化妆时，要设法增加面部的柔和感。可用暗色粉底在颧骨最宽处造成阴影，下颚部可用大面积暗色粉底造阴影以改变面部轮廓。眉毛可稍带弯曲，但不可有棱角。涂抹胭脂(腮红)时应与眼部平行，切忌涂抹在颧骨最高处，可在颧骨稍下处往外涂开。唇膏可涂丰满些，强调柔和感。

五、三角脸的化妆技巧

额部较窄、下部较宽、整个脸部上窄下宽是三角脸的特点。化妆时应将下部宽角"削"去，把脸型变为椭圆脸。化妆时可用较深色调的粉底在两腮部位涂抹、掩饰。眉毛宜保持自然状态，不可太平直也不可太弯曲。可由外眼角处开始向下涂抹腮红，可使脸部上半部分拉宽一些。

六、倒三角脸的化妆技巧

倒三角脸也叫"瓜子脸""心形脸"，这种脸型额部较宽大两腮较窄小，呈上阔下狭窄状。化妆技巧的运用刚好和三角脸相似，但需要修饰的部位恰恰相反。化妆时可用深色调的粉底涂抹在额头的两侧，用较浅色的粉底涂抹在两腮及下巴处，造成掩饰上部突出下部的效果。眉毛应顺着眼部轮廓修成自然的形状，眉梢不可上翘，眉毛应从眉心到眉梢处由深渐浅描画。胭脂(腮红)应从颧骨最高处向上向外揉开。嘴唇宜用稍亮的唇膏涂抹，唇形可以宽厚些。

模块二　仪表

礼仪故事

"雾水"风波

一个外商考察团来某企业考察投资事宜，企业领导高度重视，亲自挑选了庆典公司的几位漂亮女模特来做接待工作，并特别指示她们身着紧身上衣、黑色短皮裙，领导说这样才显示出对外商的重视。但考察团上午见了面，还没有开始座谈，外商就找借口匆匆离开了，工作人员被弄得一头雾水。后来通过翻译才知道，他们说通过接待人员的着装，认为这是个工作及管理制度极不严谨的企业，完全没有合作的必要。原来，该企业接待人员在着装上犯了大忌。根据着装礼仪的要求，在工作场合女性穿着过紧、过薄的服装是工作态度极不严谨的表现。另外，外国人普遍认为黑色短皮裙是"街头女郎"的工作服，不能当正装来穿着，职业女性尤其要慎穿。

仪表就是人的外表，一般是指一个人在服饰方面应达到现代礼仪的要求。服饰是装饰人体的物品总称，包括服装、鞋、帽、袜子、手套、围巾、领带、提包、阳伞、发饰等。"金无足赤，人无完人"，人的体态少有十全十美，但一个人如果掌握了服装穿着、修饰的方法与技巧，就可以通过巧妙的装扮使自己的外表趋于完美。

在物业服务过程中，作为一名服务人员不仅在容貌上要经过修饰，以符合社会审美及行业的要求，更应该在个人的服饰方面达到职业的标准，从而体现个人的职业气质、职业修养、精神面貌及良好的形象，在外表上充分反映出对服务对象的尊重与友好。

一、制服制作与穿着原则

职业服饰也称制服或工装，它的选配影响着公众的心理，在一定程度上也影响着对物业服务质量的评价。因此，制服在设计、制作、穿着等方面应遵循下列基本原则。

1. T.O.P.原则

T.O.P.是"Time、Objective、Place"这三个英语单词的首个字母，分别代表时间、目的、地点，即着装应与参与活动的时间、参与活动的目的、参与活动所处的地点相协调。

(1) 时间原则。时间原则是指在员工制服的设计、制作、穿着方面要考虑两点：第一，要考虑时代特征，具有时代气息，既要符合通行的道德传统和常规做法，又要符合当下时代的发展需求，尽可能做到与时代合拍或适当超前，在行业里能起到引领的作用，不能落伍。第二，要考虑服务项目所处区域的季节性，服饰要符合不同季节的气候特征，做到应时、应景、应人。如海南三亚地处热带，常年无四季之分，只有雨季和旱季，因此员工制服只要制作夏装即可，并多以凉爽、简洁为基本格调，可较多选择轻薄透气的面料、简洁的款式、淡雅的色彩；而在四季分明的地区，物业企业在制服的设计、选择、穿着方面，至少应有夏装和冬装之分，夏装以轻薄、透气、淡雅为主，冬装则可选用较为厚重的面料、相对浓重明艳的色彩。

(2) 目的原则。制服不仅具有展示员工职业形象的功能，更重要的是还必须具备实用功能，即员工穿着制服能顺利、有效地完成各自承担的服务职责和任务。因此，制服在设计、制作、穿着等环节都必须充分考虑到服务工作的实际需要，在考虑服饰美观性的同时充分考虑到服饰的实用性，选用适合的质地、色彩与款式，方便员工工作，不喧宾夺主，不过分张扬，不妖艳，不花哨。

(3) 地点原则。地点原则是指根据地方、场所、位置的不同，着装也应有所区别。物业企业一般设有客服部、保洁部、工程部、保安部、人力资源部、品质部、市场部等，有的部门属前台一线部门，员工每天要和业主或其他服务对象直接打交道，有的部门属于后台部门，一般不会和业主直接接触；同时各个部门的服务内容和要求也不尽相同，因此物业服务企业应根据部门和岗位的工作要求，在关注员工制服"四长"(衣长、袖长、裤长、裙长)和"四围"(领围、胸围、腰围、臀围)的基础上，提供和穿着能体现岗位气质的制服。

2. 遵守常规原则

物业服务人员在穿着制服时，首先要符合礼仪的要求，体现出对他人的尊重，也体现出对自己的尊重，做到整洁、大方、干净、无破损，不得根据自己的喜好或为了追求时髦在制服穿着上"画蛇添足"，擅自改变其穿着形式，或私自增减饰物。例如，有的岗位会选择西服作为员工的职业服饰，因此员工就应遵循国际上有关正式场合西服的穿着规范。

3. 整洁、美观原则

制服一旦穿在员工身上，都必须做到整齐、干净、挺括，不能有褶皱，不能有污渍、破损、开线、掉扣等现象。要适合穿着者的岗位身份，以穿在身上满意、舒服为好。员工制服既要体现含蓄美，但也不能墨守成规，既要体现时尚美，又不能怪异轻浮，应根据物业服务企业的文化、服务项目的特色、服务对象的需求及员工的实际情况进行设计、制作，做到扬长避短、彰显企业个性，尽可能体现端庄大方、修饰适度、充满活力、朝气蓬勃的职业风度。

二、男员工着装规范

物业男员工在工作中，根据部门、岗位的不同，可以选择西服或其他类型的制服，但不论穿着何种服装，都应符合着装的礼仪规范。

(一) 西装穿着规范

西装是目前全世界男士在正式场合最流行的服装之一。很久以来，西装作为许多国家男士的正式服装，已经形成一定的穿着规范，故有西装"七分在做，三分在穿"之说。男士在物业服务过程中，若是其制服为西装，则应在个人穿着上符合西装特定的模式和要求，这样才能被认为是合乎礼仪的，才会显得庄重有风度、整洁有品位。

1. 西装

从数量上西装可分为两件套和三件套，两件套包括上衣和裤子，三件套包括上衣、马甲和裤子；标准的西装应保持面料、色彩、质地完全一致。从板型上西装可分为英式西装、美式西装和欧式西装。

(1) 西装的选择。在选择西装时要注意色彩、面料、款式、做工、大小等要素。一般来说，作为企业员工制服的西装，色彩以单色、深色为主，宜选深蓝色、黑色、灰色等，面料应精致，一般选用精纺毛料，款式要适合大多数员工的实际情况，做工要精良，大小要合体。西装上衣的长度应过臀部，手臂伸直时袖子长度到手的虎口处；在穿好西裤拉上拉链、扣好裤扣后，能将五指并拢的手掌伸进裤腰，穿好西裤后人站正时裤脚的下沿盖住鞋背的1/3或1/2处。

(2) 西装的穿着。西装穿着要遵守特定的礼仪规范，具体要求有：第一，拆除新西装袖口的商标、羊毛标签等，做到制服商标不外露。第二，确保西装外观整洁、挺括、完好无脱线破损。第三，扣好纽扣。西装有双排扣和单排扣之分，穿双排扣西装时，必须将扣子全部扣上；穿单排扣西装时，遵循扣上不扣下的原则扣好相应的纽扣，如单排三粒扣西装，扣上面两粒或只扣中间一粒；单排两粒扣西装，只扣上面一粒。第四，配好衬衫和领带，内衣不露出制服外。第五，慎穿毛衣。如果非穿不可，应选单色薄型"V"领羊毛衫，羊毛衫应放在西裤外面。第六，做到不卷衣袖，不挽裤管。第七，少装或不装东西。西装上衣左胸口袋只能放装饰手帕，不可以放其他物品；下方口袋除临时放置单张名片外，不宜放置其他物品；裤袋与上衣口袋一样不宜装物，以保证服装整体美观、不变形。

2. 衬衫

在服务场合，与西装搭配的衬衫最好是单一色彩，白色衬衫的适用面最广，另外蓝色、灰色衬衫也可以考虑，但花色衬衫一般不宜选用。衬衫大小以扣好扣子领口处能伸进一小手指为合适，衬衫袖口比西装袖口长1～2cm，衬衫领子比西装领子高出1cm左右。衬衫穿着时要做到整洁、挺括、无褶皱，下摆应塞进西裤裤腰中，衬衫袖子要扣上。

3. 领带

领带是男士衣着品位和绅士风度的象征。男性服务人员穿西装一般均要求系领带。一般适合系单色领带，选用与制服颜色相称、光泽柔和、典雅朴素的领带为宜，颜色以蓝色、黑色、紫红色、灰色为好；领带的质地以丝质类为佳；注意领带的宽度和长度与身高成正比，不要反差太大，一般领带宽度与西装领襟一致，领带的长度以140～150cm最为标准。

领带一般有平结、双环结、交叉结、双交叉结、温莎结、四手结等系法。系好的领结要饱满，与衬衣领口要吻合紧凑且不歪斜；两端自然下垂，宽片略长于窄片，领带的长度以系好后大箭头垂直到皮带扣处或皮带扣中间为佳，置放于西装和衬衫之间。如果穿有马甲，领带应在马甲和衬衫之间，并且在马甲下端看不到领带尖。领带的翩翩风度在于灵动之美，故一般不戴领带夹。如要佩戴领带夹，则应夹在衬衣从上往下数的第4～5粒扣子处，西装系好扣子后，应该看不到领带夹。如果有些岗位的男员工穿西装可以不系领带时，衬衫的第一个扣子则必须解开。

4. 鞋袜

穿西装须穿皮鞋，一般以无花纹的黑色平跟皮鞋为宜；皮鞋、皮带、皮包的颜色最好一致，以黑色、棕色最为常见。男士穿皮鞋时应配上深色丝袜，不能穿浅色丝袜或棉袜子。皮鞋和袜子应保持干净，无异味、无破损。

5. 名牌与饰物

(1) 名牌。员工名牌不仅是物业企业部门、岗位、职位的标志，不仅体现了对服务对象的尊重，使其容易辨认区分服务人员，以便获得应有的服务，更体现了对服务人员的尊重。服务人员佩戴名牌上岗是对自身职业的肯定，能增强工作责任感和义务感。名牌应端正地佩戴在左胸上方，每日上岗前自觉戴好；名牌有损坏时或岗位有变化时，应及时更换。

(2) 饰物。饰物佩戴是一门大学问，很多时候它甚至比服装本身还重要，佩戴得体则有画龙点睛之作用。由于物业服务工作的性质，员工除手表、结婚戒指外，一般不允许佩戴珠宝或其他小饰品。

(二) 其他制服穿着规范

由于工作的需要，有些工作岗位的员工无须穿着西服，只要穿着符合岗位性质的制服即可。在穿着其他制服时，可以参考西服的穿着规范，做到服装干净无污渍、熨烫平整、无开线、无破损、无掉扣，鞋袜搭配合理，按规定佩戴名牌，不戴过多的饰物，等等。

三、女员工着装规范

物业女员工在工作中，根据部门、岗位的不同，可以选择西服或其他类型的制服，但不论穿着哪种服装，都应符合着装的基本礼仪规范。

(一) 正装

物业女员工的正装一般首选套装，视工作需要套装可以是裙装也可以是裤装，可以是两件套，也可以是三件套，即上衣、裙子(裤子)和马甲。女士套装在穿着时不仅要体现出岗位特点、岗位气质，更应遵守女士正装穿着的礼仪规范。

1. 服装

在物业服务工作中，女员工选择套装要适当，上衣和裙子、裤子的颜色应相同，以素色、无光泽为好；上衣一般应有袖子，裙子的长度应到膝盖，裤子的裤脚下沿应盖住鞋背的1/3或1/2；巧配衬衫内衣，衬衫以素色为主，内衣应当柔软贴身、大小合适；套裙一般要配以衬裙，特别是穿着丝、棉、麻等薄型面料或浅色套装时，衬裙以单色为好，大小长短要合适。如果穿着西服，一般不佩戴领带，可用领花或丝巾等其他饰物替代，以体现女士的阴柔之美。

2. 鞋袜

女员工穿着套装时应注意鞋袜的搭配。皮鞋一般以黑色为主，鞋跟不能太细太高，以方便工作为主，坡跟或半高跟正装皮鞋为好。如果穿着浅色套装也可以选用浅色皮鞋，但要注意鞋子和服装的色彩要和谐美观。穿深色套装时可配穿深色或浅色丝袜，穿浅色套装则应配穿浅色丝袜。袜子一般选用无图案的。裙装应配连裤袜，裤装可以配短袜，但袜口不能暴露在外，也不能有破损。

3. 饰物

女员工在工作中穿着套装时，均应按要求化妆，并选戴适当的饰物，以体现完整、优美的职业形象，但饰物的选用以少为佳，以不妨碍工作为前提，做到得体、大方、美观，一般不宜佩戴珠宝饰品，也不宜佩戴工艺饰品，只允许佩戴简单大方的耳钉、结婚戒指、手表等。

(二) 其他制服的穿着

由于工作的需要，物业服务中有些工作岗位的女员工无须穿着正装，只要穿着符合岗位性质的制服即可。在穿着其他制服时，与男员工一样，应做到服装干净无污渍，无异味，熨烫平整，勤换勤洗；无开线、无破损、无掉扣；鞋袜搭配合理，经常洗刷，保持洁净，皮鞋要光亮，布鞋不能有破损；切忌为赶时髦而穿彩色、网状类或其他有图案的丝袜，袜口不可露在裙子或裤口外面，丝袜有跳丝或破损的要立即更换；按规定佩戴名牌，不戴过多的饰物，如岗位需要还应戴好手套与帽子等，如图2-7所示。

(a)　　　　　　(b)

图2-7　着装示范图

领带的系法

一、平结

平结(Plain Knot)(见图2-8)是选用最多的领带打法之一，几乎适用于各种材质的领带。打法完成后领带呈斜三角形，适合窄领衬衫。

要诀：宽边在左手边，也可换右手边系；在选择"男人的酒窝"(在领带的结头下形成小凹状)情况下，尽量让两边均匀且对称。

图2-8　平结

二、双环结

一条质地细致的领带再搭配上双环结(Double Knot)(见图2-9)颇能营造时尚感。这一打法适合年轻的上班族选用。

要诀：该系法完成后的特色就是领带的第一圈会稍露出第二圈之外，千万别刻意给遮盖住了。

图2-9　双环结

三、交叉结

交叉结(Cross Knot)(见图2-10)的特点在于打出的结有一道分割线，适用于颜色素雅且质地较薄的领带，感觉非常时髦。

要诀：注意按步骤打完领带是背面朝前。喜欢展现流行感的服务人员不妨多加使用"交叉结"。

图2-10　交叉结

四、双交叉结

双交叉结(Double Cross Knot)(见图2-11)很容易体现高雅且隆重的气质,适合正式活动场合选用。该领带打法应多运用在素色且丝质领带上,适合搭配大翻领的衬衫,有尊贵感。

要诀:宽边从第一圈与第二圈之间穿出,完成后的领带结充实饱满。

图2-11　双交叉结

五、温莎结

温莎结(Windsor Knot)(见图2-12)是因温莎公爵而得名的领带结,是最正统的领带系法之一。完成后的结成正三角形,饱满有力,适合搭配宽领衬衫。温莎结应多往横向发展,避免材质过厚,集结过大。

要诀:宽边先预留较长的空间,绕带时的松、紧会影响领带结的大小。

图2-12　温莎结

六、半温莎结(十字结)

半温莎结(十字结)(The Half-Windsor Knot)(见图2-13),最适合搭配在浪漫的尖领及标准式领口系列衬衣。半温莎结是一个形状对称的领带结,它看似有很多步骤,做起来却不难,系好后的领结通常位置很正。

要诀:使用细款领带较容易上手,适合不经常打领带的人。

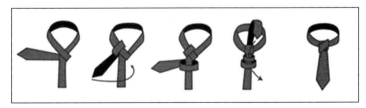

图2-13　半温莎结(十字结)

七、亚伯特王子结

亚伯特王子结(The Prince Albert Knot)(见图2-14)适用于浪漫扣领及尖领系列衬

衫，搭配浪漫且质地柔软的细款领带。

要诀：宽边先预留较长的空间，在绕第二圈时尽量贴合在一起，即可完成此结型。

图2-14　亚伯特王子结

八、四手结

四手结(The Four-In-Hand)(见图2-15)是所有领带结中最容易上手的，适用于各种款式的浪漫系列衬衫及领带。通过4个步骤就能完成打结，故名为"四手结"。它是最便捷的领带系法，适合宽度较窄的领带，搭配窄领衬衫，风格休闲，适用于普通场合。

要诀：类同平结。

图2-15　四手结

九、简式结(马车夫结)

简式结(马车夫结)(The Simple Knot)(见图2-16)适用于质地较厚的领带，最适合打在标准式及扣式领口衬衫上。简单易打，非常适合在商务旅行时使用。它的特点在于先将宽端以180度由上往下扭转，并将折叠处隐藏于后方完成打结。这种领带结非常紧，流行于18世纪末的英国马夫中。待完成后可再调整其领带长度，在外出整装时方便快捷。

要诀：常见的马车夫结在所有领带的打法中最为简单，尤其适合厚面料的领带，不会造成领带结过于臃肿、累赘。

图2-16　简式结(马车夫结)

丝巾的系法

系法一　小蝴蝶结

A.丝巾类型： 小方巾

B.小技巧：

① 因为要用长度较短的丝巾系出小巧的蝴蝶结，所以第一个单结要系得稍微紧一些。

② 作为发带时，要留一点儿刘海在前面，让脸型不至于过大，不适合方形脸和大圆脸。

C.步骤：

1. 丝巾折成合适宽度，围在脖子上　　2. 系成小巧简单的蝴蝶结即可
系一个单结

系法二　小平结

A.丝巾类型： 小方巾

B.小技巧：

想要给人留下鲜明的印象，最好不要将丝巾折得过细，要把丝巾折得稍微宽一些。

C.步骤：

1.将小方巾对折　　2.折成合适的宽度　　3.围在脖子上系一个　　4.再系一活结，成为
活结　　平结，整理好即可

项目二　形象礼仪——优雅的职业形象

系法三　小领带结

A. 丝巾类型：小方巾

B. 小技巧：

内侧应比外侧短1～2cm，避免露在外而影响整体美观。

C. 步骤：

| 1. 丝巾折成合适的宽度，挂在脖子上，长的一端放在下面 | 2. 绕一次，包住短的一端，形成结眼 | 3. 长的一端由内至外从脖子前面的环穿出来 | 4. 塞进结眼，整理好即可 |

系法四　花冠结

A. 丝巾类型：小方巾

B. 小技巧：

① 最好选择色彩明艳、带花边的丝巾，更能突出美感和青春气息。

② 方巾折叠宽度可根据颈部比例而定，以达到最佳效果。

C. 步骤：

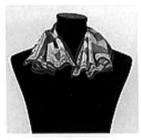

| 1. 将丝巾折成百褶状 | 2. 将百褶状的丝巾绕在脖子上 | 3. 系一个活结，两端整理好，呈花冠形状 |

系法五　心形结

A. 丝巾类型：小方巾

B. 小技巧：

① 适合温婉的女士，用以搭配低领上衣。

② 不适合圆脸的女士，不能与方领搭配。

C. 步骤：

| 1. 丝巾折成长条状，拿在手上 | 2. 系一个死结，整理成正三角形，便成为心形结 | 3. 围在脖子上，将心形结戴在颈中间位置，颈后以固定 | 4. 若感觉单调，可以用心形丝巾扣加以点缀 |

系法六　蔷薇花结

A.丝巾类型：小方巾

B.小技巧：

① 蔷薇结方巾的材质不可太硬、太厚。

② 适合颈部修长的女性，颈部较短可以系在胸前。

③ 与V领搭配时可柔化V领的线条，选用鲜艳的丝巾更具女人味。

C.步骤：

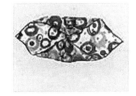

| 1. 将丝巾两个对角打平结，尽量打小一点 | 2. 右边的丝巾角从结下穿过去 | 3. 和左边的丝巾角一起扭转一下 | 4. 把左边的丝巾角从结下穿回右边 |

系法七　金鱼结

A.丝巾类型：小方巾

B.小技巧：

① 选择带有镶边的轻薄柔软的丝巾，微微翘起的丝巾角可以增加活力动感。

② 丝巾的尾端长度要对称，对称会让造型看起来简单利落。

C.步骤：

| 1. 将丝巾折至合适的宽度围在脖子上，一端长一端短 | 2. 将长的一端绕过短的一端，向上拉出一半，形成一个环 | 3. 将两个丝巾角一起穿过预留的环，调整好结的形状即可 |

丝巾与职业装的搭配

模块三　仪态

"总统"的仪态

　　曾任美国总统的老布什，能够坐上总统宝座，成为美国"第一公民"，与其仪态表现分不开。1988年的总统选举中，布什的对手杜卡基斯猛烈抨击布什是里根的影子，没有独立政见。布什在选民眼中的形象也的确不佳，民意调查中一度落后于杜卡基斯10多个百分点。未料两个月后，布什以光彩照人的形象扭转劣势，反而领先10多个百分点，创造了奇迹。原来，布什有个小毛病，他的演讲不太好，嗓音又尖又细，手势及手臂动作总是显得死板，身体动作不美。后来，布什接受了专家指导，纠正了尖细嗓音、生硬手势和不够灵活的摆臂动作，结果就有了新颖独特的魅力。后来的竞选中，布什竭力表现出强烈的自我意识，配以卡其布蓝色条子厚衬衫，显示"平民化"，改变了原来人们对他的评价，获得了最后的胜利。

　　仪态是指人身体所呈现出来的姿态，包括站、坐、走、蹲等。美国心理学家艾帕尔·梅拉比恩认为：信息的总效果=7%的文字+38%的言语+55%的表情动作。而美国心理学家艾德华·霍尔曼十分肯定地说："无声语言所显示的意义要比有声语言多得多。"体现在仪态上的体态语言因其独特的可视性、直接性，在服务工作中具有不可低估的重要作用。因此，仪态和仪容、仪表一样，是物业服务人员职业形象塑造不可或缺的重要环节。

一、站姿

　　站姿是指人的双腿在直立静止状态下身体所呈现出的姿势，它是一切姿态的基础。正确的站姿会给人以挺拔劲秀、舒展俊美、庄重大方、精力充沛、积极向上、充满自信等感觉。男女站姿应形成不同的风格，一般男士站姿应刚毅俊朗、挺拔向上，给人以"劲、挺"的壮美感；女士站姿应体现亭亭玉立、高雅大方，给人以"静、雅"的柔美感。站姿的总体要求是"站如松"，即站立时身体姿势要像青松一样端正挺拔，要有直立感。

(一) 基本站姿

基本站姿的具体动作要领：目平视，头放正，嘴微闭，面带微笑，颈直，下颌微收；肩平，挺胸，收腹，立腰；双臂自然下垂，虎口向前，手指自然弯曲，中指贴裤缝；脚跟靠拢，脚尖分开45度至60度，呈小八字开立，两腿用力，双膝并拢，收紧臀部，身体重心在两脚之间。

(二) 服务站姿

在服务过程中员工的站姿是否规范优美，不仅关系员工个人的职业形象和企业的整体形象，还能够改善员工的血液循环，有利呼吸、减轻疲劳。在服务活动中，员工可以根据实际情况采用以下站姿。

1. 垂手式

垂手式站姿(见图2-17)与基本站姿大体相同，双手在体侧自然下垂，男士一般双脚分开与肩同宽，但女士不宜双脚分开，女士双脚可站成丁字步。

(a)　　　　　　　　　　　(b)

图2-17　垂手式站姿

2. 握手式

在基本站姿的基础上，双手虎口交叉，右手在上握住左手的手指部分，使左手四指不外露，左右手大拇指内收在手心处，双手置于身前小腹部，即握手式站姿(见图2-18)。右手可放在左手上，以表示谦恭、有礼，也方便为业主提供服务。女员工在服务场所采用此站姿，显得亲和稳重、优雅；男员工如果选用此站姿，左脚(右脚)应向左(向右)跨一步，两脚分开保持与肩同宽的距离，但身体重心仍在两脚之间，两手相握放在前腹部。在实际工作中，此站姿一般女员工采用居多。

(a)   (b)

图2-18　握手式站姿

3. 背手式

员工在站立时常采用背手式站姿(见图2-19)。背手有双背手和单背手之分，一般男员工宜采用双背手，女员工宜采用单背手。双背手站姿：在基本站姿的基础上，双手在背后交叉，左手轻握住右手手指；若员工个子较高，也可用左手握住右手手腕处；两脚可分开也可并拢。分开时，两脚距离不超过肩宽。这种姿势优美中略带威严，容易产生距离感。两脚并拢，双手背后站立，则显得较谦恭，突出对对方的尊重。单背手站姿：在基本站姿的基础上，一手背在背后，贴在臀部，另一手自然下垂，中指对裤缝，两脚可以并拢也可以成丁字步(分为左丁字步和右丁字步，一只脚的脚跟靠在另一只脚内侧的中间位置，两脚尖展开成90度)，显得端庄、大方、优雅。

图2-19　背手式站姿

(三) 站姿的注意事项

服务人员在站立时一定要正面对着服务对象，切不可将背部对着他们。在工作中，为了维持较长时间的站立或稍稍休息，标准站姿的脚姿可稍做变化，如身体重心偏移到其中一只脚上，另一只脚稍曲以休息，然后轮换，但上身仍须挺直，伸出的脚不可太远，双脚不可叉开过大，变换不可过于频繁，要注意伸直膝部。不论站立时摆何种姿势，只有脚的姿势、角度和手的位置在变，而身体一定要保持绝对挺直，应避免躬背，躬背会给人以病态之感；不要双手叉腰及两手插入口袋，也不要双臂抱于胸前，使人觉得傲慢无礼；不要依靠在其他物件上，这样会显得松懈、懒散。物业服务人员应在日常生活中养成落落大方、自然得体、彬彬有礼的姿态和举止。

二、坐姿

坐姿是指一个人落座时的姿态。物业服务工作中有些岗位是可以坐着为业主提供服务的，比如客服人员等。在服务过程中有两点应明确：第一，必须明确自己的岗位是允许采用坐姿开展服务工作的；第二，在服务对象面前就座必须自觉采用正确的坐姿，要端正稳重，即通常所说的"坐如钟"，给人文雅稳重、自然大方、安详舒适的美感。

(一) 入座

入座时应讲究先后顺序，礼让尊长。在正式场合遵守以右为尊的国际礼仪原则，通常应从左侧一方走向自己的座位，从左侧一方离开自己的座位。男士应主动为女士拉椅让座，服务人员应主动为服务对象提供服务。入座时一要做到轻稳；二要做到优雅。一般要求走到距离座位半步左右的地方提前站住，慢慢转身背对座位，右脚向后退半步，待腿部接触到座位边缘后，再轻稳地坐下；入座和调整坐姿时，应不慌不忙，轻稳无声；女士穿裙装入座时应将裙子向前拢一下，做到文静、娴雅；上身要尽量保持挺直。

(二) 就座

就座时根据个人的实际情况，可以采用以下不同的坐姿。

1. 标准式坐姿

上身保持与基本站姿相同的姿态，做到目平，头正，颈直，颌收，肩平，挺胸，收腹，立腰，面带微笑；两臂自然弯曲内收，双手呈握指式，右手在上，手指自然弯曲放在膝上，或放在椅子、沙发扶手上；可以坐满椅子，但一般坐满沙发或椅子的2/3为最佳；就座时女士双膝并拢，男士双腿可分开与肩同宽，小腿与地面垂直。标准式坐姿，如图2-20所示。

(a)　　　　　　　　　　　(b)

图2-20　标准式坐姿

2. 双腿斜放式坐姿

双腿斜放式坐姿也称侧点式坐姿。它比较适合个子较高或穿裙子在低处就座的女士。个子较高的或穿着裙子在较低沙发、椅子上就座的女士，若双脚垂直放置，膝盖可能会高过腰，较不雅观。这时最好采用双腿斜放式，即双腿并拢后，双脚同时向左侧或右侧斜放，与地面形成45度左右的夹角。注意两膝不能分开，小腿之间不要有缝隙。双手的摆放与标准式坐姿相同。双腿斜放式坐姿，如图2-21所示。

图2-21　双腿斜放式坐姿

3. 双腿叠放式坐姿

双腿叠放式坐姿适合穿短裙的女士在就座时采用。这种坐姿造型优雅、高贵大方。在基本坐姿的基础上，将双腿上下叠放，交叠后两腿之间不能留有缝隙。双脚的放置可根据座椅的高低来确定，可以垂直于地面，也可以与地面形成45度左右的夹角斜放。叠在上面的脚尖应压向地面，不能跷起，更不能指向他人。采用这种坐姿，不能双手抱膝，更不能将两膝分开，双手的摆放仍与标准式坐姿相同。双腿叠放式坐姿，如图2-22所示。

图2-22　双腿叠放式坐姿

(三) 离座

离开座椅时，如果身边有人在座，应先向对方示意，随后再站起身来。和别人同时离座时要注意先后顺序。地位高于对方时可先离座，地位低于对方时应后离座，与他人身份相当可同时离座。为了体现对他人的尊重，物业服务人员应养成礼让他人的习惯。起立时，先将右脚向前伸半步，双脚稍用力蹬地从座椅上站起来，右脚再后收半步，站稳后从左侧离开。整个过程中动作要轻缓，不要弄响座椅，或将椅垫、椅罩等弄掉在地。

(四) 坐姿的注意事项

员工就座时应根据椅子的高低及有无扶手、靠背等，注意身体的自然协调，坐下后不要前仰后合、左右摇晃，避免"二郎腿"，不要抖腿，不要将脚底板对向他人，坐着交谈时要将身体略微转向对方，正视服务对象。

三、走姿

走姿是指人在行走时的姿态，也可称为步态。走姿以人的站姿为基础，是站姿的延续动作，体现的是人的动态美。物业服务人员在工作中离不开空间移动，离不开走动，因此员工的走姿往往是最引人注意的身体语言，也最能表现一个人的风度和活力。

(一) 基本要领

古人说："行如风"，是指在行走时行动敏捷、轻盈，如行云流水般自然得体。物业服务人员在走动时应做到轻巧稳健、从容大方、协调优美。一般男员工应做到步伐雄健有力、潇洒豪迈，展现阳刚之美；女员工的步伐则应轻盈、含蓄，显示阴柔之姿。行走时头放正，双目平视前方，下颌微收，面带微笑，上身挺直，挺胸收腹，重心可以适当前倾；肩臂自然放松，手指自然弯曲，两臂自然下垂，手心向内，手臂以身体为中心前后摆动，摆幅不超过30度，前后摆幅为30～40cm。手臂摆动时应以肩关节为轴，大臂带动小臂向前，手臂要摆成直线，肘关节略微弯曲，小臂不要向上甩动，如图2-23所示。

(a)   (b)

图2-23 走姿

(二) 优美走姿的三要素

走路姿势是否优美，一般取决于步幅、步位和步速三个要素。

1. 步幅

步幅也称步度，是指行走时两脚之间的距离，即一脚踩出落地后，脚后跟与后面未踩出一脚脚尖的距离。步幅的一般标准是一个至一个半脚长，一般的人步幅为一个脚长，身材高大者步幅可以为一个半脚长。

2. 步位

步位是指行走时脚落在地上的位置。走路最好的步位是脚印内侧基本落在同一条线上，而不是成平行线。

3. 步速

步速是指行走的速度。男士每分钟108～110步，女士每分钟118～120步为宜。如遇紧急情况，可以加快步速，但在服务过程中不宜奔跑；如果要超越前行者，应先道歉并快速通过。行走时应使用腰力，在下肢有节奏运动的同时保持上身的稳定，出步、落地时脚尖朝前，眼睛平视，抬头挺胸，就能确保走姿的优雅，体现个人的风度。

(三) 走姿的注意事项

物业服务人员在走动过程中应注意以下几方面。

1. 正确引领

物业服务人员引领业主一起前行时，应走侧行步，即在业主侧前方1m左右处，髋部朝前行的方向，上身稍微侧向业主，一般保持45度左右的角度，可边走边向业主介绍或回答他们的问题，并配上恰当、合适的手势。上楼时应让业主走在前面，员工走在后面，下楼时员工应走在业主的前面，上下楼时与业主均保持一二个台阶的距离；在通道等场合，如遇业主、领导及其他人，都应主动站立一旁，以手示意，让其先走。

2. 有序进出电梯

物业服务人员在服务过程中需要乘坐电梯时，应注意电梯乘坐的礼仪规范并为业主或其他客人做好相应的服务工作。

3. 注意安全

物业服务人员在上下楼梯时，要注意挺直身体，不要弯腰弓背、手撑大腿，要逐个台阶上下楼梯，不能一步踏两三级楼梯；遇到尊者、业主时，应主动将靠墙等安全的一边让出；前方有岔口时，必须走在第一位；遇到紧急情况时，可加快步伐快步走动，但不能把危险留给业主，不能惊慌失措，更不能临阵脱逃。

4. 注意禁忌

物业服务人员在行走时不能把手插在裤袋里，也不能自顾自闷头走路，除非遇到障碍物，不能忽左忽右、方向不定，不能用力过猛，不能拖泥带水、脚不离地，不能走内外八字、摇头晃脑、低头驼背、左顾右盼、瞻前顾后、扭腰摆臀等，行走时应辅以一定的面部表情，遇到业主或同事应主动打招呼、问候。

5. 礼貌道别

与他人告别时，物业服务人员应采用后退步，即先向后退两步或三步，然后再转身离开。转体时要先转身，头应稍后再转，步幅不宜太大。

四、蹲姿

物业服务人员在服务过程中，有时需要拿取低处的物品或拾起落在地上的物品，需要正确使用蹲姿。

(一) 基本要领

走到要捡或拿取的物品旁边，应屈膝蹲下拿取物品，尽量保持脊背的挺直，不能弯腰撅臀，臀部应向下，两腿合力支撑身体，下蹲时注意掌控好身体的重心，不能过急过快。

(二) 蹲姿的类型

1. 高低式蹲姿

一般情况下高低式蹲姿被广大服务人员采用，男员工尤其方便。下蹲时，左脚在前，右脚稍后，不重叠，左脚完全着地，小腿基本垂直于地面，右脚脚掌着地，脚跟提起，右膝须低于左膝，右膝内侧可靠于左小腿的内侧，形成左膝高、右膝低的姿态，女员工应靠紧两腿，男性则可适度分开，臀部向下，身体应形成两个重心，即腰部和右大腿，应以右腿来支撑身体，如图2-24所示。

 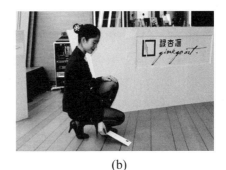

(a)   (b)

图2-24　高低式蹲姿

2. 交叉式蹲姿

交叉式蹲姿通常适用于女士，尤其适用穿短裙的女士。它的基本特征是蹲下后双腿交叉在一起：下蹲时，右脚在前在上，左脚在后在下，两腿交叉重叠，左膝由后下方伸向右侧，右小腿垂直于地面，全脚着地，左脚脚掌着地、脚跟抬起，臀部向下，上身略向前倾，两腿前后靠紧，合力支撑身体，如图2-25所示。

图2-25　交叉式蹲姿

(三) 蹲姿的注意事项

物业服务过程中注意不要突然下蹲，行进过程中要察看周围情况，蹲下来的时候，不要速度过快，下蹲时应和身边的人保持一定的距离，最好和他人侧身相向，避免面对或背对他人下蹲，在与他人同时下蹲时，要注意彼此的距离，以防"迎头相撞"或发生其他误会。

五、其他

(一) 手势

手是人体最富灵性的器官，被称为心灵的触角，是人的第二双眼睛。手势是指通过手臂挥动、手掌摆动和手指弯曲来表达语义和传播信息的一种态势，它是传递信息最有效的方式，在物业服务工作中运用得极为普遍和频繁。得体适度的手势不仅能给宾客以肯定、明确的信息和优雅、大方的感觉，还可以表现出对宾客的尊重和欢迎。

1. 基本要领

手势的基本要领：四指并拢、大拇指自然向里靠，掌心向上，手掌与前臂成一条直线，肘关节自然弯曲。做手势时应用右手或双手，一般不能单用左手，掌心不能向下，不能握紧拳头等，要遵循"欲扬先抑、欲上先下、欲左先右"的原则，手势不能过大过多。基本手势，如图2-26所示。

图2-26　基本手势

2. 手势的类型

物业服务中常用的手势有以下几种(见图2-27)。

(a)   (b)   (c)

(d)   (e)

图2-27　服务手势

(1) 横摆式。这是在迎接服务对象表示"请进""请"等常用的谦让礼或为他人介绍时常用的手势。根据手势的基本要领，从腹部之前抬起，以肘为轴向一旁摆出，到腰部并与身体正面成45度时停止；头部和上身微向伸手一侧倾斜，另一只手下垂或放在背后；目视服务对象，面带微笑，表现出对他们的尊重和欢迎，同时加上礼貌用语，如"欢迎光临""请跟我来""里边请""这边请"等。

(2) 斜摆式。请服务对象落座时，手势应摆向斜下方并指向座位。做法是：手要先从身体的一侧抬起，到高于腰部后，再向下摆动到距离身体45度处，手臂向下形成一条斜线，并微笑点头示意来宾。

(3) 直臂式。需要给服务对象指引行进方向或做"请往前走"手势时，采用直臂式。手掌自然伸直，掌心斜向上方，手指并拢拇指自然稍微分开，手腕与手臂成一条直线，将右手由前抬与肩同高的位置，前臂伸直，倾斜角度不超过15度，用手指向他们要去的方向，指示方向后手臂不可马上放下，要保持手势顺势送出几步，体现对他人的关怀和尊重。

(4) 双臂侧摆式。当举行重大庆典活动，接待众多来宾做"诸位请"手势或指示方向时可采用双臂侧摆式手势。动作要领是：服务人员面向来宾，将双手由前抬起到腹部再向左侧或右侧摆到身体的侧前方。指向前进方向一侧的手臂应抬高一些，伸直一些，另一只手则应稍低、弯曲一些。

(5) 双臂横摆式。当示意"请起立""大家请"时，可采用此种手势。双臂从身体两侧抬起，至大臂与身体形成45度夹角，手掌自然伸直，掌心向上，手指并拢拇指自然稍微分开。

此外，为来宾指示方向还可以采用曲臂式手势，为其提醒事情时可采用提醒手势，向宗教人士介绍自己时可采用自谦的手势。

3. 手势的注意事项

为避免产生负面影响，任何情况下物业服务人员使用手势时，应给人庄重含蓄、彬彬有礼、自然优雅及规范舒适的感觉。具体应注意以下几点：一要遵循规范，尽量采用约定俗成的手势语言，不要别出心裁、标新立异，以免引起误会与歧义；二要灵活多变，充分搜集服务对象的信息资料，了解不同服务对象的文化差异，掌握多种手势，在实践中有针对性地加以综合运用；三要使用恰当，在使用手势过程中要注意幅度、频率等，应避免手势幅度过小、过大或使用过滥，以免影响信息的传递效果；四要注意避讳、杜绝举止不雅、含义粗俗的手势。

(二) 表情

人都有自己的思想感情，表情就是人们思想感情在面部的主要表现，它主要通过眉、眼、鼻、口的动作而引起面部肌肉的舒张和收缩来表现思想感情。面部表情超越了地域文化的界限，成为一种"世界性"语言，在全世界几乎都可以通用，而其他举止则做不到这一点。面部表情主要包括眼神和微笑两个方面。

1. 眼神

人们常说："眼睛是心灵的窗户"。眼神是面部表情的核心，透过这扇窗户，可以观察到人们心灵深处的各种情感。相对于其他体态，目光是一种更复杂、更微妙且更富表现力的体态语言。物业服务人员与服务对象之间常常需要通过"视觉交往"的面对面互动，因此要懂得合理、恰当地运用眼神来表达情感，促进双方的有效沟通。眼神的运用包括目光要求、注视方位、注视区域、注视时间等方面。

(1) 目光要求。物业服务人员的目光，应该做到和蔼可亲、安详宁静、坦荡端正、炯炯有神，让宾客感到温暖、舒服、顺眼，使宾客产生信赖感，从而使宾客愿意与其接近交流。同时各位员工也要学会从服务对象的眼神中读取信息，根据其眼球的转动、眼皮的张合、视线的转移速度和方向、眼与头部动作的配合等细节来判断其真正所需的服务。

(2) 注视方位。不同的注视方位表达了不同的含义。一般情况下，仰视即抬眼向上注视他人，表示注视者主动居于低位，表示对对方的尊重；俯视即抬眼向下注视他人，表示注视者居于高位，如果是长辈使用这种视角，可以表示对晚辈的宽容、怜爱，如果是平辈或平级之间使用，则表示对他人的蔑视、轻视；平视即视线呈水平状态，表示相互之间的尊重、平等、友好等。因此，物业服务人员在服务工作中，其目光应以正视方式接触服务对象，传达亲切、友善、平等、自信、坦诚、认真、理智、庄重及谦和等信息。

(3) 注视区域。在人际沟通中，运用眼神要注意根据双方关系的亲密程度、语境、场合来确定视线停留的部位。视线停留一般有三个不同区域：一是两眼与额头之间的三角区域，这个区域被称为严肃注视区域，当有公务或其他正事要商谈时采用此方式比较合适；二是两眼与嘴部之间的三角区域，这被称为社交区域，物业服务人员在面对服务对象时，应注视对方的这个区域，它传达的是一种礼貌、友好、庄重的信息；三是两眼与胸部之间的三角区域，这个区域被称为亲密注视区域。在物业服务场合，员工与服务对象之间的交流不适合采用这种注视方式。如果服务过程中需要与对方进行深层次交流，如接受投诉、表达谢意等，目光以聚集为佳；如果与对方只是进行浅层次交流，如日常寒暄、问候等，目光则以散射为好。

(4) 注视时间。根据调查，物业服务人员与服务对象进行交流时，双方视线接触的时间占全部时间的40%左右比较合适，如果时间过长，超过60%，会令对方局促不安，是一种失礼行为；假如时间过短，少于20%，会使对方觉得服务者心不在焉，不被重视，但也不能老是盯着一个人，更不能老盯着一个人的眼睛，尤其是异性，否则会使人反感或使人不自在。

2. 微笑

俗话说得好"一笑泯恩仇"，因为微笑表示自己尊重、谦恭、友善等情感因素，是向他人发出理解、信任、宽容等信号，微笑是人际交往的"润滑剂"。物业服务人员在服务工作中保持微笑，不仅可以美化本人的职业形象，也是服务行业的一条基本服务准则，说明他(她)热爱本职工作，乐于恪尽职守，展示良好的职业素养，也能表明他(她)的真情实意、善良友好，有利于创造和谐融洽的气氛，让服务对象倍感温暖愉快。因此，微笑是物业服务人员最有利的表情武器之一，被视为"拨动顾客心弦的最美好的语言"。

1) 微笑的基本要求

微笑的作用虽然很大，但必须要注意礼仪要求。微笑通常要由眼神、眉毛、嘴巴、表情等方面来协调完成。微笑时，眉毛舒展，眼睛微眯，略启上唇，面部两侧笑肌适当收缩且咀嚼肌放松，嘴角上翘，露出8颗牙齿，嘴唇略呈弧形，气息平缓地从胸腔吐出，在不牵动鼻子、不发出声音、不露出牙龈的前提下，面含笑意，如图2-28所示。

图2-28　微笑

2) 微笑的注意事项

(1) 发自内心。微笑的真谛是发自内心，即应当是内心真、善、美的自然流露。物业服务人员表现自己心灵之美的微笑，应笑得温柔友善、自然亲切、恰到好处，给人一种愉快、舒适、甜美的好感。

(2) 表现和谐。从直观上看，微笑是人们的眉、眼、鼻、口、齿及面部肌肉和声音所进行的协调性活动，必须做到4个结合：口眼结合、笑神结合、笑语结合、笑形结合。

(3) 始终如一。人们往往会因情绪的波动、客观环境的变化而影响微笑的效果。因此，为保证物业服务工作的良好效应，微笑应贯穿服务工作的全过程及各环节，做到5个一样：领导在与不在一样，男女老少一样，业主与其他服务对象外宾一样，本地人与外地人一样，生人与熟人一样。

(4) 注意禁忌。物业服务人员在工作中杜绝呆板的傻笑、皮笑肉不笑的假笑、嗤之以鼻的冷笑、幸灾乐祸的嘲笑及卑躬屈膝的媚笑等。

(三) 服务距离

根据社会学和心理学的相关研究表明，每个人都有属于自身的人际空间距离和心理距离。在拥挤环境中，每个人的个人空间是0.6～0.8m²；在不拥挤的环境中，个人空间会扩大到1m²。与他人距离的远近也传递着一些信息。物业服务工作中，员工应与服务对象保持合适的距离，以免造成不必要的尴尬和麻烦。根据双方距离的远近，物业服务人员与服务对象之间的空间可以分为以下4个区域。

1. 亲密距离

亲密距离是指距离在0～46cm的区域，一般适用于亲人、恋人和密友之间。一般人对亲密距离十分敏感，随便进入会招来强烈反感。物业服务人员与服务对象之间的关系是服务和被服务的关系，因此不要轻易进入亲密距离。尤其在接待外宾时，更不要随便触碰对方的身体。

2. 私人距离

私人距离也称交际距离，是指距离在46～122cm的区域，双方很少或无肢体接触。业主及其他服务对象一般对于进入私人距离没有太多厌恶，不太反感，但还有一定保留。物业服务人员在大多数情况下均采取此距离。员工获准进入业主私人距离的时间长短与其工作质量密切相关，越早赢得业主的认可和好感，就能尽快进入其私人距离。

3. 社交距离

社交距离也叫尊重距离，是指距离在122～360cm的区域，适用于感情基础薄弱且交情尚浅、长辈与晚辈及上级与下级的交际双方。业主与物业服务人员接触之初，对他们的认识仅仅是知道其身份，对其服务水平、工作能力等尚处于观望状态，这时便会不自觉地选择此距离。因此，物业服务人员应当努力树立良好的职业形象，塑造独特的个人魅力，展示娴熟的业务技能，尽快熟悉并缩短与服务对象之间的距离。

4. 公众距离

公众距离也称有距离的距离，是指距离在360cm以上的区域。这是双方毫无关系或关系破裂的常见距离。物业服务人员要避免与服务对象之间处于此界域，即使与其发生不快也不要有意躲避，而应主动与其修复关系，重新拉近彼此间的距离。

拓展知识一  　　　　　　　　**观仪态知心理**

一、观站姿知个性

◆ 站立得笔直如雕像般的人，个性刚强、外向、内心火热，但由于直言直语，有时会得罪人；

◆ 站立时两边肩膀一高一低的人，大多比较"小气"，且报复心理极强；

◆ 站立时两脚叉开的人，表现得极有优越感，其实其内心十分彷徨；

◆ 站立时喜欢将双臂抱在胸前的人，大多内心缺乏安全感；

◆ 那些喜欢站立时将双手"藏"入口袋内的人，对前途毫无信心，总是找不到自己的人生方向；

◆ 站立时低着头的人，大多较有思考能力，但心事较多。

二、据坐姿析心理

◆ 在椅子上深坐且姿势很放松的人，有居高临下的心理；

◆ 只坐了椅子的一小部分且上身向前倾的人，对对方很有好感，想巴结对方；

◆ 坐在椅子上动来动去的人，其内心很不安定，毫无安全感；

◆ 坐在椅子上跷起二郎腿的人，有对抗意识和优越感；

◆ 坐在椅子上用脚尖打拍子的人，大多随遇而安，适应性强；

◆ 坐在沙发上喜欢脱鞋盘腿的人，比较自私，一般听不进别人的谈话；

◆ 坐在椅子上将双手放在椅背上的人，比较拘谨；

◆ 坐在椅子上喜欢双手交叉枕于脑后的人，热情，乐于助人。

三、从走姿判性格

◆ 走起路来沉稳有力的人，个性稳健，行事也大多安全、可靠；

◆ 走起路来半身无力、步伐沉重的人，精神不安定，心事重重；

◆ 低头走路的人，大多对现实不满，满腹牢骚；

◆ 跳跃式的步伐，表示内心焦躁，这种人一般难有成就；

◆ 边走路边东张西望的人，猜疑心和嫉妒心很强，这种人一般朋友较多却无知交；

◆ 走路匆匆忙忙，脚步声很大的人，比较热心助人，性格乐观；

◆ 走起路来爱扭动腰身的人，大多虚荣心极重，十分重视物质；

◆ 走路时抬头看天的人，城府很深，防范心理极强，与这种人交友要有耐心；

◆ 走路时背着双手的人，其内心平静，但这种人一般不轻易相信别人；

◆ 走路弯着腰的人，对前途茫然无措，内心封闭。

拓展知识二

不同手势的含义

不同国家、不同地区、不同民族，由于文化习俗的不同，不同的手势表达不同的含义，甚至同一手势也有不同的意思，物业服务人员应了解不同手势的含义，并在职业活动中熟练加以运用。

一、OK手势

◆ OK手势，在美国表示满意、友好或平安；

◆ 在法国南部意味着零或一无所有；

◆ 在巴西、俄罗斯、土耳其、突尼斯及地中海沿岸国家表示侮辱；

◆ 在马耳他表示无声的咒骂；

◆ 在日本表示钱。

二、V手势

◆ 用右手的食指和中指构成的V手势，在英、美等国，如果掌心向外表示胜利、成功的意思，若掌心向内则有"伤风败俗"的含义；

◆ 在非洲国家，这种手势一般表示两样东西或两件事情；

◆ 在中国，一般表示胜利、成功的意思，但有时也表示"二"的意思。

三、竖大拇指

◆ 在中国，竖大拇指通常表示高度的赞赏、夸奖，有很好、了不起等意思；

◆ 在美国、英国、澳大利亚、新西兰等国，是示意搭车的手势，是一种善意的信号；

◆ 在德国表示数字"1"；

◆ 英美人士习惯将两个大拇指不停地有规律地互相绕转来表示自己目前无所事事、无聊之极；

◆ 在希腊，急剧地竖起大拇指，则表示要对方滚蛋；

◆ 在日本，女士向男士伸出大拇指是在问对方是否有女朋友，如果男士向女士伸出大拇指则是在邀请她出去玩；

◆ 在澳大利亚，如果横着大拇指则表示侮辱。

◆ 西方人还常以大拇指指尖向下表示坏、不好或差；和别人谈话时将拇指跷起来反向指向第三者，即以拇指指腹的反面指向除交谈者之外的另一人，这是对第三者的嘲讽。

四、掌心向下，手指向内勾动

◆ 在中国、日本是招呼别人过来；

◆ 在美国则表示招呼小动物。

在物业服务过程中，尽量不要使用这一手势，以免引起误解和不愉快。

复习思考题

一、名词解释

仪容　仪表　仪态　表情

二、判断题

1. 选择化妆品不仅要考虑价格因素，更应考虑质量和个人、环境等因素。（　）

2. 服务人员在工作中既要做好头发、面容的清洁保养，也应关注自身肢体的清洁保养。（　）

3. 物业服务人员在服务过程中，需要拿取低处的物品或拾起落在地上的物品时，必须使用蹲姿。（　）

4. 洗发要用适宜的温水，一般以38℃～40℃为宜。（　）

5. 亲密距离是指距离在0～46cm的区域，一般适用于亲人、恋人和密友之间。物业服务人员与服务对象之间的关系是服务和被服务的关系，因此不要轻易进入亲密距离。（　）

6. 私人距离也称交际距离，是指距离在46～122cm的区域，业主及其他服务对象通常对于进入私人距离没有太多厌恶，不太反感，但还有一定保留。物业服务人员在大多数情况下均采取此距离。（　　）

7. 微笑是物业服务人员最有利的表情武器之一，被视为"拨动顾客心弦的最美好的语言"。因此服务人员在任何时候都必须保持微笑。（　　）

8. 两眼与胸部之间的三角区域被称为亲密注视区域。在物业服务场合，员工与服务对象之间的交流不能采用这种注视方式。（　　）

9. 走路最好的步位是脚印内侧基本落在同一条线上，而不是成平行线。（　　）

10. 步幅也称步度，是指行走时两脚之间的距离，一般标准的步幅是自身的一个至一个半脚长。（　　）

三、多项选择题

1. 要想拥有容光焕发、神采飞扬的仪容，对自身的_____等做好清洁保养是非常重要的第一步。

A. 服装　　　　　B. 头发　　　　　C. 面部

D. 肢体　　　　　E. 全身

2. 健康、秀美的头发可以从_____等环节进行保养和护理。

A. 梳理　　　　　B. 按摩　　　　　C. 护理

D. 定期修剪　　　E. 染烫

3. 化妆品可以分成_____4类。

A. 美体类　　　　B. 润肤类　　　　C. 美发类

D. 芳香类　　　　E. 修饰类

4. 制服制作与穿着T.O.P.原则是指制服应与参与活动的_____等相协调。

A. 时间　　　　　B. 目的　　　　　C. 价格

D. 地点　　　　　E. 类型

5. 服务人员在工作过程中，一般可采用基本站姿，也可采用_____等站姿。

A. 垂手式　　　　B. 握手式　　　　C. 背手式

D. 服务式　　　　E. 休息式

6. 服务人员在工作过程中，一般可采用_____等坐姿。

A. 标准式　　　　B. 双腿斜放式　　C. 双腿叠放式

D. 二郎腿式　　　E. 随意

7. 服务人员在工作过程中要想走姿优美，就要注意_____等要素。

A. 态度　　　　　B. 表情　　　　　C. 步幅

D. 步位　　　　　E. 步速

物业服务礼仪

8. 服务过程中，员工常用的手势有_____等。

A. 横摆式　　　　　B. 斜摆式　　　　　C. 直臂式

D. 双臂侧摆式　　　E. 双臂横摆式

9. 服务过程中，眼神的运用主要包括_____等方面。

A. 眼睛大小　　　　B. 目光要求　　　　C. 注视方位

D. 注视区域　　　　E. 注视时间

10. 人的面部表情往往超越了地域文化的界限，成为一种"世界性"语言，在全世界几乎都可以通用，它主要包括_____两个方面。

A. 态度　　　　　　B. 表情　　　　　　C. 眼神

D. 微笑　　　　　　E. 其他

11. 社会学和心理学的相关研究表明，每个人都有自我感觉舒适的人际空间距离和心理距离。根据双方距离的远近，物业服务人员与服务对象之间的空间可以分为以下_____4个区域。

A. 亲密距离　　　　B. 私人距离　　　　C. 社交距离

D. 公众距离　　　　E. 其他距离

四、思考题

1. 化妆的基本原则。

2. 物业男、女服务员在发型选择上的基本要求。

3. 物业服务人员制服设计、制作与穿着的基本原则。

4. 西服穿着的基本规范与要求。

5. 服务站姿的不同类型及动作要领。

6. 服务过程中服务人员的正确坐姿。

7. 走姿的动作要领和注意事项。

8. 蹲姿的动作要领。

9. 服务过程中手势使用的基本方法和要求。

10. 微笑的基本要求。

能力训练

一、发型设计

(一) 训练时间：1课时

(二) 训练目的：能根据脸型特征设计适合自身特点和职业需求的发型

(三) 训练要求

(1) 能分析自己的脸型特征。

(2) 能判断自己的发质，能选择合适的洗发护发用品。

(3) 能设计适合自身特点和职业要求的发型。

(四) 训练步骤

1. 发质分析

要求每位同学分析判断自己的头发性质，并据此来选择合适的洗发护发用品。(这部分可以要求学生提前做好，以书面结果的形式交给授课老师，以便节约课堂时间。)

2. 训练准备

准备好梳子、发卡、发带、发饰等物品。

3. 发型设计打理

(1) 先由学生对自己的发型进行设计、打理。

(2) 结束后将学生分成两人一组，相互进行评价，然后再由教师进行点评，指出需要改进的地方及改进的方法。

二、职业妆化妆

(一) 训练时间：2课时

(二) 训练目的：掌握皮肤护理和化妆的基本方法和技巧

(三) 训练要求

(1) 掌握皮肤测试的基本方法。

(2) 掌握皮肤护理的基本程序和方法。

(3) 能根据职业岗位的要求化好淡妆。

(四) 训练步骤

1. 训练准备

准备好小脸盆、小毛巾、纸巾、棉球、洗面奶、化妆水、乳液、粉底(液)霜、腮红、眼影、眼线笔、眉笔、口红等。

2. 皮肤测试

要求在早晨起床前进行，每位同学根据测试结果得出各自的皮肤类型。

3. 化妆训练

(1) 由教师选一名学生作为模特，按职业妆的化妆步骤和要求进行化妆操作示范，同时进行讲解。

(2) 由学生按照"洁面—护肤—打底色—眉毛—眼睛(眼影、眼线、睫毛)—胭脂(腮红)—唇部—颈部—定妆"的步骤进行练习。

(3) 教师在一旁对学生的操作进行纠正、辅导。

(4) 化妆结束后先由学生进行自我评价，然后由教师进行点评。

三、领带与丝巾的系法

(一) 训练时间：1课时

(二) 训练目的：男、女同学学会领带和丝巾的系法

(三) 训练要求

(1) 能根据工作岗位的要求和服装的特点选用领带、丝巾。

(2) 会系领带及丝巾，达到物业服务人员仪表规范要求。

(四) 训练步骤

(1) 训练准备。由学生自带领带、丝巾(可以多准备几种款式)。

(2) 教师按讲解—示范—学生练习—教师辅导的程序，分别进行系领带和丝巾的练习。

(3) 每位同学系好领带或丝巾后，教师进行打分和点评，指出练习过程中的优点和存在的不足，并帮助同学们分析原因，告知改进的方法与技巧。

四、职业服饰选择与搭配

(一) 训练时间：1课时

(二) 训练目的：男、女同学能根据工作岗位特点合理选择、搭配服饰

(三) 训练要求

(1) 能分析物业服务不同部门、不同岗位的仪表要求。

(2) 掌握不同岗位服饰选择、搭配的基本思路与方法。

(3) 能根据岗位特点选择服装，并进行合理搭配。

(四) 训练步骤

1. 训练准备

(1) 准备好多套男士西装、女士套装、职业工装、鞋、袜、领带、丝巾、胸针、名牌等物品。

(2) 将全班同学按5～7人分组，每组设定为某一工作岗位。

2. 学生根据设定的工作岗位选择、搭配服饰(各小组选一名同学做模特)

3. 各小组介绍本组服饰选配的思路与技巧

4. 教师和其他小组同学一起对该组的训练结果进行评分

5. 由教师进行最后点评

五、站姿、微笑训练

(一) 训练时间：1课时

(二) 训练目的：能塑造符合物业服务岗位要求、合乎礼仪规范的仪态

(三) 训练要求

(1) 明确站姿、坐姿、走姿、蹲姿、微笑的基本要求及具体规范。

(2) 能根据服务对象、工作场合正确站立、微笑。

(四) 训练步骤

1. 标准站姿训练

(1) 教师先讲解标准站姿的动作要领，并进行现场示范。

(2) 学生练习。

第一步，靠墙站立练习。要求后脑勺、背、臀、脚后跟紧贴墙，腰直、腿直，腰和墙之间的距离不能太大，最多只能容许侧放自己的一只手，两小腿之间夹一张纸，头顶一本书，保证纸和头顶的书不掉到地上。

第二步，背靠背站立练习。两位同学一组，背靠背站立，脚跟、脚肚、臀部、双肩和后脑勺贴紧。两小腿之间夹一张纸，头顶一本书，保证纸和头顶的书不掉到地上。

第三步，单独站立练习。每位同学按标准站姿的基本要求单独站立，两小腿之间夹一张纸，头顶一本书，保证纸和头顶的书不掉到地上。

(3) 学生站立练习时，教师在一旁进行纠正指导。

(4) 学生总结训练的感受和体会，指出掌握标准站姿动作要领的难点和重点。

(5) 推选表现最佳者展示站姿风采。

(6) 教师对训练情况进行点评。

2. 其他服务站姿的训练

模拟不同场景，严格按照操作标准，协调脸部表情，着重练习垂手式、握手式、背手式站姿。

3. 在站姿练习的同时进行微笑训练

六、走姿、微笑训练

(一) 训练时间：1课时

(二) 训练目的：能塑造符合物业服务岗位要求、合乎礼仪规范的仪态

(三) 训练要求

(1) 明确走姿、微笑的基本要求及具体规范。

(2) 能根据工作场合、岗位要求正确行走、微笑。

(四) 训练步骤

1. 标准走姿训练

(1) 教师先讲解标准走姿的动作要领，并进行现场示范。

(2) 学生练习。在地上用粉笔画一条直线，行走时双脚内侧稍稍碰到这条线，配上节奏明快的音乐，训练行走的节奏感。

(3) 学生行走练习时，教师在一旁进行纠正指导。

(4) 学生总结训练的感受和体会，指出掌握标准走姿动作要领的难点和重点。

(5) 推选表现最佳者展示走姿风采。

(6) 教师对训练情况进行点评。

2. 其他走姿的训练

根据物业服务不同岗位的要求并结合相应的手势进行走姿训练。

3. 在走姿练习的同时进行微笑训练

七、坐姿、手势训练

(一) 训练时间：1课时

(二) 训练目的：能塑造符合物业服务岗位要求、合乎礼仪规范的仪态

(三) 训练要求

(1) 明确坐姿、手势的基本要求及具体规范。

(2) 能根据要求正确就座、使用各种手势，体现酒店员工的仪态礼仪。

(四) 训练步骤

(1) 教师先讲解坐姿、手势的动作要领，并进行现场示范。

(2) 学生两人一组进行组合练习，一人练习坐姿，另一人练习手势。

(3) 学生练习时，教师在一旁进行纠正指导。

(4) 学生总结训练的感受和体会，指出掌握坐姿动作要领的难点和重点。

(5) 推选表现最佳者组合展示坐姿和手势使用的风采。

(6) 教师对训练情况进行点评。

八、仪态综合训练

(一) 训练时间：2课时

(二) 训练目的：能塑造符合物业服务岗位要求、合乎礼仪规范的仪态

(三) 训练要求

(1) 明确站、坐、走、蹲、手势等姿势和表情的基本要求及具体规范。

(2) 能根据情景和场合采用正确的姿势和表情，体现符合身份特征的仪态礼仪。

(四) 训练步骤

(1) 学生两人一组进行情景模拟练习，一人扮演物业服务人员，另一人扮演业主，从初次见面到引领入座整个过程综合运用各种正确的姿态和表情。

(2) 学生练习时，教师和其他同学在一旁观察、记录、考评打分。

(3) 先由学生对结对小组进行总结考评，后由教师进行点评，指出优点和不足之处。

(4) 推选表现最佳组合进行展示表演。

(5) 教师对训练情况进行点评。

项目三
社交礼仪——和谐的人际关系

学习目标

知识目标

- 掌握日常见面应遵循的礼仪规范，熟悉称呼、介绍、问候、致意、握手、名片使用等礼仪要求和行礼方法；
- 了解馈赠礼仪的注意事项，掌握礼品挑选与礼尚往来的技巧；
- 掌握位次安排的原则，拜访与接待中的礼仪规范；
- 了解宴请的形式与宴会的组织，掌握中西餐进餐礼仪与服务技巧。

素质与能力目标

- 能正确运用称呼、介绍、问候、握手、名片使用等日常见面礼仪，并学以致用；
- 能自觉遵守拜访与接待礼仪的规范；
- 能按礼宾次序安排座位，能准确使用中西餐各种餐具，能正确进餐，能根据不同场合熟练运用礼宾礼仪与餐饮礼仪；
- 具备综合社交礼仪素养，能为人际交往创造出友善融洽的气氛，能建立、保持和改善对客服务关系。

社交礼仪作为一种文化，是人们在社会生活中处理人际关系，对他人表达友谊和好感的符号。学礼、懂礼、讲礼有助于提升一个人的内在素质，塑造良好的服务人员形象，保证物业服务公司的日常运营更加有效，也可以使得社区或邻里相处更加安定和谐。同时，礼仪是个人乃至一个民族素质的重要组成，社交礼仪是在社会交往中使用频率较高的日常礼节，要想别人尊重自己，首先要学会尊重别人。

模块一　见面礼仪

礼仪故事　　　**流浪汉的尊严**

一位穷困潦倒的诗人，在街上碰到一个流浪汉伸手向他乞讨。诗人身上没有一文钱可以用来施舍。情急之下，诗人也伸出手去，两双手紧紧地握在了一起。诗人说："对不起，朋友，我实在没有什么能送给你。"流浪汉却眼含热泪地说："不，朋友，你给了我世界上最宝贵的东西——尊严！真是太感谢你了。"是啊，再平常不过的握手，对一个沦落到乞讨境地的流浪汉来说却是奢侈，是尊严的维护！

一、称呼礼仪

称呼是人们在日常交往过程中，彼此之间所采用的称谓语。它不仅反映了一个人的身份、性别、社会地位和婚姻状况，而且反映出交往双方的态度及亲疏关系。交谈始于称呼，称呼被看作是交际的先行官，所以选择正确、文雅、适当的称呼，不仅反映了自身的教养与对对方尊敬的程度，而且使对方感到愉快、亲切，也易于增进双方的情感，为深层交际打下基础。

美国著名的心理学家、社会学家卡内基说过："一个人的姓名是他自己最熟悉、最甜美、最妙不可言的声音。在交际中，最明显、最简单、最重要、最能得到好感的方法，就是记住人家的名字。"在服务工作中，称呼要正式、规范、恰当，能够做到分别对待，因人而异，让关系亲近者感到亲切，让关系疏远者感到受尊重。要根据不同场合，因时、因地去称呼，充分考虑服务对象的语言习惯、文化层次等因素。

(一) 常用的称呼方式

1. 姓名性称呼

在工作岗位上直呼其姓名，一般限于同事、熟人之间。姓名性称呼可分为三种情况：一是全姓名称呼，显得规范、严肃；二是只称其名、不呼其姓，显得亲密，尤其是上司称呼下级、长辈称呼晚辈、亲朋好友之间可使用这种方式；三是姓氏加修饰称呼，即在姓前加上"老""大""小"等前缀，显得亲切，熟悉的朋友之间，在一起工作、劳动和生活的同事之间可使用这种称呼。

2. 职务性称呼

以交往对象的职务相称，表示身份有别、敬意有加，并且就高不就低，这是一种最常见的称呼，将职务与姓或姓名合并使用，如"张总经理""张三总经理""张总"等。

3. 职称性称呼

对于具有专业技术职称者，尤其是具有中高级职称者，可直接以其职称相称，将职称与姓或姓名合并使用，如"李教授""李四教授""张工程师""张工"等。

4. 行业性称呼

按行业进行称呼，对于从事某些特定行业的人，可直接称呼对方的职业，例如老师、医生、会计、律师等，也可以在职业前加上姓或姓名，如"金老师""陈医生""王五律师"等。

5. 性别称呼

性别称呼是最常用的称呼方式，一般约定俗成地按性别的不同称呼小姐、女士、夫人或先生。"先生"用于称呼成年男子(在美国特指12岁以上的男子)，"小姐"是称未婚女性，"太太"是称已婚女性，未婚或已婚女性都可以统称为"女士"。

(二) 称呼的禁忌

1. 错误的称呼

误读，念错名字；误会，主要是对被称呼者的年纪、辈分、婚否以及与他人的关系做出了错误的判断。

2. 无称呼

不能用"喂""哎""下一个""那个人"等来称呼他人。

3. 不适当的地方性称呼

带有明显的地方特色、地域局限性很强的称呼，如伙计、堂客、婆姨、师傅、龟儿子等。

4. 庸俗的称呼

有些称呼在正式场合不适合使用，例如"兄弟""哥们儿""老大""小姐妹"等一类的称呼，虽然听起来亲切，但显得档次不高。

5. 称呼绰号

不要擅自给他人起外号，不能用道听途说的外号去称呼对方，不要随意拿别人的姓名开玩笑。尊重一个人，必须首先学会尊重他的姓名，因为每个人都极为看重自己的姓名。

6.容易产生歧义的简称

在使用职务性和职称性称呼时可以用简称的方式表达，但要特别注意，使用简称时不能产生歧义，如范局(饭局)、隋处(随处)、吴工(蜈蚣)等。

二、介绍礼仪

介绍是社交和接待活动中普遍使用的礼节，是与他人进行沟通、增进了解、建立联系的一种最基本、最常规的方式，是建立人际交往关系的起点，没有介绍的见面就像观看演出没有入场券一样。正确地利用介绍，就会消除交往中的误会，减少麻烦。根据对象和方式不同，介绍可分为自我介绍和为他人做介绍两种，在介绍时要注意举止得体、顺序准确、称谓得当、语气谦恭。

(一) 自我介绍

在人际交往中，由于希望结识他人、希望他人了解自己、他人希望结识自己等原因，自我介绍成为十分有效的沟通途径。恰当的自我介绍可以给对方留下深刻的印象，体现一个人良好的气质、修养、思维和口才等，还可以树立自信、大方的个人形象。

1.介绍的形式

根据交往目的不同，常用以下4种方式进行自我介绍。

(1) 应酬式。这种介绍方式适用于某些公共场合和一般性社交场合。这种自我介绍最为简洁，往往只包含姓名一项，从侧面反映出没有深入交往的意愿。例如，"您好，我叫李四。"

(2) 公务式。这种方式适用于工作场合，包括姓名、单位、部门、职务等工作交往中所需的基本信息。例如，"您好，我叫李四，是××物业服务公司的维修主管。"

(3) 交流式。这种方式适用于希望跟对方进行深入的交流与沟通，它包括介绍者的姓名、职业、籍贯、兴趣爱好以及与交往对象某些熟人的关系。例如，"您好，我叫李四，是××物业服务公司的维修主管，前台小王说你家阳台有些漏水，现在情况怎么样？"

(4) 礼仪式。这种方式适用于演出活动、庆典仪式等一些正规隆重的场合，介绍内容可包括姓名、单位、职务等，还应多加入一些适宜的谦辞、敬语，以示礼待交往对象。例如，"各位业主，大家周末好！我叫李四，是××物业服务公司的维修主管。很荣幸，今天能够参加业主联谊会。"

2. 介绍的原则

(1) 简明扼要。自我介绍所用时间越短越好，一般控制在30秒钟为佳。这30秒钟的"自我推销"包含足够的有关你自己的信息，以及与接下去的谈话相关的内容。如无特殊情况，最好不要超过3分钟。

(2) 基本程序。介绍之前可以先向对方问好或点头示意，得到回应后再介绍自己的姓名、身份、单位等信息，同时可以递上事先准备好的名片。一般情况下，地位低者应先做介绍，表达对位高者的尊重。

(3) 时机选择。自我介绍应及时、明确，选择对方相对专注或空闲时，并在幽静的环境下进行介绍。介绍时要面带微笑，充满自信和热情，善于用眼神表达自己的友善与关切，做到语气自然，从容不迫，让对方产生好感。

(4) 实事求是。介绍时要做到表达清晰、风趣、真实、流畅；态度真实诚恳、彬彬有礼，不能唯唯诺诺、虚张声势、轻浮夸张。

(二) 介绍他人

在人际交往活动中，经常需要有人为交往双方架起人际沟通的桥梁。为他人做介绍，又称第三者介绍，是经第三者为彼此不相识的双方引见、介绍的一种交际方式。他人介绍通常是双向的，即对被介绍的双方各自做一番介绍。

1. 介绍人的确定

(1) 家庭式的社交活动中，一般由女主人充当介绍人；

(2) 公务或商务交往中一般是专职的公关人员或秘书充当介绍人；

(3) 一般社会交往中，由双方的熟人充当介绍人；

(4) 重要的公务活动或国际接待中，往往由职务或地位最高的人员担任介绍人。

2. 介绍的顺序及原则

在为他人介绍时，先要征求意见，确定双方是否有结识的意愿，不可贸然介绍。必须准确了解被介绍双方的相关信息，遵守"尊者居先"的原则，即身份较高一方有优先了解对方情况的权利。介绍顺序一般为：先介绍下级，后介绍上级；先介绍晚辈，后介绍长辈；先介绍男士，后介绍女士；先介绍家人，后介绍同事、朋友；先介绍来宾，后介绍主人；等等。

3. 注意事项

(1) 仪态准备。介绍一方时，介绍人应以微笑的目光把另一方的注意力吸引过来，运用标准的手势，五指并拢，手心斜向上方，前臂略向外伸，指向被介绍者。不可以用食指点指他人，也不可以用手拍、摸被介绍者的肩、头、背等部位。介绍人与被介绍人之间应成三角之势，三方都应起身站立，以示尊重和礼貌，如图3-1所示。

图3-1　介绍人与被介绍人的站位方式

(2) 介绍清楚。应介绍清楚被介绍者的同音不同字的姓氏或名字中生僻的字，必要时加以补充说明。当被介绍人具有一定身份时最好连同单位一起介绍，但要避免过分吹捧颂扬，否则介绍人容易给人留下"吹牛拍马"的不良印象。

(3) 后续交往。待介绍人介绍完毕后，被介绍双方应微笑点头示意、握手致意、彼此问候，必要时还可以进一步做自我介绍并交换名片。

三、问候致意

(一) 问候

问候也就是问好、打招呼，在和别人相见时，以语言向对方致意的一种方式。将问候他人作为一种习惯，使用时应注意顺序、态度、内容三个方面。

1. 问候的先后顺序

(1) 一对一的问候。两人之间的问候，应遵守"尊者居后"的原则，即位低者先行问候身份地位较高者。会面时，物业服务人员应主动问候业主或其他服务对象，以示尊重、关切与友善。

(2) 一对多的问候。如果同时遇到多人，特别在正式会面的时候，既可以笼统地加以问候，比如说"大家好"，也可以逐个加以问候。当一个人逐一问候多人时，既可以由"尊"而"卑"、由"长"而"幼"地依次进行，也可以由"近"而"远"依次进行。

2. 问候时的态度

(1) 主动热情。无论认识与否，物业服务人员都应积极主动地问候他人，若业主或其他服务对象首先问候自己之后，要立即予以回应，不要置之不理或摆架子。问候时要专注且面带微笑，不能毫无表情或者表情冷漠地问候，也不能如同鹦鹉学舌一般机械刻板地问候。

(2) 自然专注。问候他人时应自然大方，矫揉造作、神态夸张、扭扭捏捏反而会给人留下虚情假意的不好印象。问候时应双目注视对方的眼睛，表示口到、眼到、意到，专心致志。不要在问候对方的时候，眼睛看别处，让对方不知所措。

3. 问候方式及内容

问候内容可分为两种，分别适用于不同场合。

(1) 直接式。它是指直接以问好作为问候的主要内容。它适用于正式的交往场合，特别是初次见面或公务场合，如"您好""大家好""早上好"等。

(2) 间接式。它是指某些约定俗成的寒暄语、打招呼方式，或者在当时条件下可以引起话题的有关内容，主要适用于非正式、熟人之间的交往，如"您今天出门真早。""您的新发型很不错。""好久不见，您去哪里玩了？"等，来替代直接式问好。物业服务人员可根据与业主或其他服务对象的熟悉程度，选择较亲密或生活化的问候语，有利于维护双方良好的关系。

(二) 致意

致意是一种无声的问候方式，往往用于不宜大声喧哗的场合。当物业服务人员看到业主或其他服务对象，但又不方便与其进行语言交流的时候，致意是传达问候的一种最好的方式。根据所处的情况不同，致意可有6种不同的形式。

1. 微笑致意

微笑致意是指面带浅浅的笑容向对方致意，适用于与陌生人或相识不深者打招呼，可以是因为彼此距离较远不可高声打招呼，或是因为彼此距离较近却又不便交谈的场合，也适用于在同一场合多次遇见相识者的相互问候。

2. 点头致意

点头致意是指目光注视对方，头微微向下一动的致意形式，适用于不便交谈的场合，如在会议、会谈进行中，与相识者在同一场合多次见面或不相识者在社交场合见面。

3. 举手致意

举手致意是指将右手举起，掌心朝向对方，可分为远距离致意(见图3-2)与近距离致意(见图3-3)两种方式。远距离举手致意是将右手高举过头顶，并用目光示意，往往是向远距离的业主或其他服务对象表示"我在这里"或"我看到你了"；右手略前伸并左右摆动，常用于表示"再见"。近距离举手致意是将后手举起与耳齐，掌心向前，往往适用于与中近距离或行进中的人打招呼，表示"你好"。

图3-2　远距离的举手致意

图3-3　近距离的举手致意

4. 起立致意

起立致意是指从坐姿变为站姿的一种致意方式，较为正式，一般有尊者、长者到来或离开时，其他在场者为表示敬意应起立表示欢迎或道别。

5. 欠身致意

欠身致意是指身体的上部稍微向前倾斜，表示对他人恭敬的致意形式，通常欠身幅度在15度以内，在递接物品、行握手礼的同时应采用欠身致意。

6. 脱帽致意

脱帽致意是指微微欠身，用右手脱下帽子，同时目视对方并采用微笑致意。

四、握手礼仪

由于文化背景、风俗习惯以及沟通场合、熟识程度等的不同，人们见面致意的礼节是丰富多样的，如点头、鞠躬、握手、亲吻、拥抱等。其中，握手礼是我国最通行、国际交往中最常用的见面礼，是人类在长期的交往中逐渐形成的礼仪方式。相传在刀耕火种的年代，人们经常持有石块或棍棒等武器，陌生人相遇时，为表示没有敌意，双方便放下手中的武器，并伸出手掌，让对方抚摸掌心，是信任的象征。今天，握手通常是人与人之间第一次身体接触，它给人一种什么感觉以及由此引发的认识评价，与握手礼仪直接相关。

(一) 握手的时机

看起来简单的握手，却蕴含着很多的礼仪细节，承载着丰富的交际信息：友好、欢迎、感激、慰问、理解、信任、谅解、鼓励，人们可以在见面、分别、问候、祝贺、表示友好、获得成功等时候行握手礼，握手还见证了许多历史性时刻。

(二) 握手的动作要领

握手时应起身站立，上身微微前倾；距离对方约一步左右伸出右手，四指并拢、拇指张开，右手掌与地面垂直，指尖稍稍向下；握住对方的右手手掌，上下晃动三次，时间3~5秒为宜。初次见面，握手时间不可过长，以不超过3秒钟为宜。与女士握手可只握住四指位置，时间不宜过长，握住女士的手不放，是很不礼貌的。握手时，双方应热情友好地注视对方，用力适度且均匀。

(三) 握手的顺序

一般情况下，讲究"尊者居先"，即由身份较高者首先伸手。具体而言，握手时双方伸手的先后顺序大体包括以下几种情况：一是身份有高低之分时，是否握手由尊者决定。如女士同男士握手时，应由女士先伸手；长辈同晚辈握手时，应由长辈先伸手；上级同下级握手时，应由上级先伸手。二是迎来送往，主客有序。当客人抵达时，应由主人先伸手，以示欢迎；客人告辞时，应由客人先伸手，以示请主人就此留步。同时主客双方都要注意，不能跨门槛或隔着门槛与对方握手。三是一人与多人握手时，既可按照"尊者居先"的顺序，也可按照由近而远的顺序。

礼节性握手应对等、同步，即一方伸出手来，另一方应及时回握，若有明显的迟疑，或者没有反应，拒绝握手，都会使对方陷入尴尬境地。以上是一般性原则，物业服务人员可根据具体情况和交往对象灵活应对。

(四) 握手禁忌

与他人握手时应注意以下禁忌(见图3-4)，否则就容易失礼。

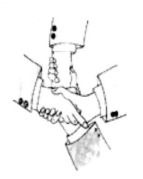
(a) 交叉握手

(b) 与第三者说话(目视他人)

(c) 摆动幅度过大

(d) 戴手套或手不清洁

图3-4　握手的禁忌

1. 忌心不在焉

握手时不要东张西望、心不在焉、上下打量，也不能嘴叼香烟或一只手插在口袋里，尤其是对待女性。

2. 忌伸出左手

很多国家，如新加坡、马来西亚、泰国、阿拉伯地区或印度等，人们的左右两只手有明确的分工，右手一般是做清洁、友善之事，如递东西、手抓饭或行礼，而左手则是做所谓的不洁之事，如沐浴更衣、去卫生间方便等。

3. 忌戴手套或墨镜

摘掉手套、墨镜握手，表示尊重对方。根据国际惯例，只有女士在社交场合可以不摘薄纱手套，因为女士所戴的薄纱高袖手套跟无袖礼服配套，属于礼节性着装，可以不摘手套。

4. 忌交叉握手

尤其是与西方人握手时，应力戒交叉握手。两人握手时与另外两人相握的手形成交叉状，这种类似十字架的形状被西方人视为不吉利。

5.忌脏手相握

不要以肮脏不洁或患有传染性疾病的手与他人相握，要态度诚恳地向对方说明："对不起，我的手现在不方便"，以免造成不必要的误会；不可在与人握手之后，立即揩拭自己的手掌，好像与对方握一下手就会使自己受到"污染"。

五、名片礼仪

名片是一个人身份的象征，简单标明了个人的相关信息，在各种正式或非正式活动中被普遍使用。在现代社交活动中，是否有名片与一个人的社会地位有关，但更要注意的是，一个不会使用名片的人往往是缺乏社交经验的人。名片的规格一般为5.5cm×9cm，名片内容主要包括三部分：工作单位、姓名和职务、通信方式，其中个人职务不宜提供两个以上头衔。

(一) 名片携带

携带名片时应注意以下三点：一是足量携带。所带的名片要确保够用，并分门别类，根据不同的交往对象使用不同名片。二是完好无损。名片应妥善放置在名片夹或名片架上，保持干净整洁，不可出现褶皱、破烂、肮脏、污损、涂改的情况。三是随手拿来。男士可将名片置于上衣口袋内或名片夹、公文包里；女士可将名片置于手提包内，避免因随意放置，而到用时找不到名片的尴尬情况。

(二) 名片交换

参加社交活动时，宜随身携带名片。在初次见面时，出于礼貌或有意与对方继续交往，应适时递上自己的名片。交换名片时，位置应高于腰、低于胸。如果是单方递接，应用双手递，双手接(见图3-5)；若双方同时交换名片，则应右手递，左手接，尽量不要让自己的名片高于对方。

图3-5　双手递接名片

1. 递送名片的规范

递送名片给业主或其他服务对象时，应郑重其事，起身站立，走上前去。注意正面正向，即对方看到的名片内容是以本国官方语言显示的，且文字正向显示。将名片递给对方时，可以说"请多指教""很高兴认识您"等谦辞敬语，或简单做一下自我介绍，如"我是您的行政管家，有任何需要请与我联系"。

2. 接受名片的规范

接受业主或其他服务对象的名片时，不论有多忙，都要暂时放下手中的事情，起身站立相迎，面带微笑，向对方致谢或重复对方所使用的谦辞敬语，不可一言不发。接过名片后，应自上而下、从正到反认真默读名片上的内容，遇有显示对方荣耀的身份或头衔时，不妨轻读出声，以示尊重和敬佩。接过别人的名片后切不可随意摆弄或扔在桌子上，也不要随便塞在口袋里或丢在包里，而应将其谨慎地置于名片夹、公文包或西装内的口袋中，也可暂时摆在桌面上显眼的位置，注意不要在名片上再压放任何物品。回赠名片最好在妥善收好对方的名片之后，不要匆忙地左右开弓。

3. 名片交换的先后顺序

交换名片时一般是地位低者、晚辈或主人先递上名片。若上级或长辈先递名片，下级和晚辈也不必谦让，礼貌地用双手接过，道声"谢谢"，再予以回赠。与多人交换名片时，应注意先后顺序，由尊及卑或由近及远，在圆桌上或呈圆周站立人群前递送名片，按顺时针方向递送，不可区别对待或采用"跳跃式"，容易让人产生误解。

4. 索要名片的规范

当物业服务人员希望得到业主或其他服务对象的名片时，最好先把自己的名片递给对方，友好地表达与其交往或为其服务之意，所谓"来而不往非礼也"，当对方接受了你的名片，一般都会回赠名片。

(三) 名片的妙用

名片还有一些其他用途：一是去拜访业主或其他服务对象时，对方不在，可将名片留下，待业主回来后看到名片，就知道你来过了；二是把注明时间、地点的名片装入信封发出，可以代替书面请柬，又比口头或电话邀请显得正式；三是向业主或其他服务对象赠送小礼物或请人转交物品，可附带一张名片及恭贺之词，无形中关系又加深一层。

六、其他见面礼仪

(一) 鞠躬礼

鞠躬即躬身向他人行礼，起源于中国先秦时期，是一种古老而文明的礼节。它既适用于庄严肃穆、喜庆欢乐的仪式，也适用于一般的社交与职业活动中，往往用来表示欢迎、感谢、悼念、歉意、谢罪或忏悔等。

行鞠躬礼时，须脱帽，身体呈立正姿势，面带微笑(表示歉意、谢罪或忏悔时除外)，目视受礼者，以腰为轴，距受礼者两三步远，上身向前倾。前倾角度一般根据施礼对象和场合决定。一般鞠躬的幅度越大，表示敬重程度就越大。表示一般的致敬、致谢、问候，鞠躬15度左右即可；鞠躬30度左右表示恳切的致谢和歉意；鞠躬45度左右表示非常诚恳的致敬、致谢和歉意；鞠躬90度左右，是最高的敬礼，常用于婚礼、葬礼、谢罪或忏悔等特殊场合或情景。

行鞠躬礼时，男士双手自然下垂，贴放在身体两侧裤缝处，女士的双手可以自然下垂，也可以右手在上左手在下搭放在腹前；视线应随着身体前倾的幅度自然下垂，如图3-6所示。通常受礼者应鞠躬还礼，但长者、上级、女士可以不鞠躬，只要欠身点头或握手答礼即可。

(a) 15度鞠躬　　　　　(b) 30度鞠躬　　　　　(c) 45度鞠躬

图3-6　鞠躬礼

(二) 拱手礼

拱手礼也称为揖礼，是最具中国特色、最具中国传统的见面问候礼仪。拱手礼通常用于以下场合：每逢重大节日，如春节等，邻居、朋友、同事见面时，常拱手为礼，以表祝愿；为欢庆节日而召开的团拜会上，大家欢聚一堂，互相祝愿，常以拱手致意；在婚礼、生日、庆功等喜庆场合，来宾也可以用拱手致意的方式向当事人表示祝贺；双方告别，互道珍重时可用拱手礼；有时向对方表示歉意，也可用拱手表示。

拱手礼始于上古，有模仿带手枷的奴隶的含义，意为愿作对方奴仆。拱手礼的正确做法是，行礼时，双腿站直，上身直立或微俯，两臂前伸，双手在胸前高举抱拳，一般情况下，男子应右手握拳在内，左手在外，女子则正好相反；若为丧事行拱手礼，则男子为左手握拳在内，右手在外，女子则正好相反。自上而下或自内而外，有节奏地晃动三下。拱手致意时，往往与寒暄语同时进行，如"恭喜、恭喜""久仰、久仰""请多多关照""节日快乐""后会有期"等。有时为了表示对对方的尊敬，可拱手齐眉。

(三) 合十礼

合十礼也称为合掌礼，通行于印度和东南亚信奉佛教的国家或地区。我国云南傣族聚居区也通行合十礼。

行合十礼时，面带微笑，双目注视对方，两掌合拢于胸前，五指并拢向上，手指尖和鼻尖基本持平，手掌向外倾斜时上身一起前倾，头略低。行合十礼时，双手举得越高，越体现对对方的尊重，但最高不能高过额头。此外，行合十礼时，可以问候对方或口颂祝词。

(四) 拥抱礼

拥抱礼是流行于欧美的一种礼节。行拥抱礼时，两人相对而立，伸开双手，各自抬起右臂，右手搭放在对方的左肩上，左手轻轻环拥对方的右腰部位，以"左—右—左"交替的方式进行。

(五) 亲吻礼

亲吻礼是欧美国家常见的见面礼。行亲吻礼时，往往伴有不同程度的拥抱，不同关系、不同身份的人，相互亲吻的部位不尽相同。一般长辈对晚辈是吻额头，晚辈对长辈是吻下额或面颊；同辈之间，同性贴面颊，异性吻面颊。

在许多国家的迎宾场合，宾主之间往往以握手、拥抱、左右吻脸、贴面颊的连续动作，来表示最真诚的欢迎和敬意。

吻手礼是一种流行于欧洲国家的见面礼。行礼时，男士行至女士面前，先立正、垂首致意，然后用右手或双手捧起女士的右手，弯腰俯身，用自己微闭的嘴唇，象征性地轻吻一下女士的手背或手指。

模块二　馈赠礼仪

千里送鹅毛，礼轻情意重

唐朝贞观年间，西域回纥国是大唐的藩国。一次，回纥国为了表示对大唐的友好，派使者缅伯高带了一批奇珍异宝去拜见唐王。在这批贡物中，最珍贵的要数一只罕见的珍禽——白天鹅。使者缅伯高最珍视的就是这只白天鹅，一路上，他亲自喂水喂食，一刻也不敢怠慢。

这天，缅伯高来到沔阳河边，只见白天鹅伸长脖子，张着嘴巴，吃力地喘息着，缅伯高心有不忍，便打开笼子将白天鹅带到水边让它喝了个痛快。谁知白天鹅喝足了水，一扇翅膀"扑喇喇"飞上了天，缅伯高向前一扑，只拔下几根羽毛，却没能抓住白天鹅，只能眼睁睁地看着它飞得无影无踪。一时间，缅伯高捧着几根雪白的鹅毛，直愣愣地发呆，脑子里来来回回地想着一个问题：怎么办？拿什么去见唐太宗呢？回去也没有颜面见回纥国王！思前想后，缅伯高决定继续东行，他拿出一块洁白的绸子，小心翼翼地把鹅毛包好，又在绸子上题了一首诗："天鹅贡唐朝，山重路更遥。沔阳河失宝，回纥情难抛。上奉唐天子，请罪缅伯高，物轻人意重，千里送鹅毛！"缅伯高带着珠宝和鹅毛，披星戴月，不辞劳苦，不久就到了长安。唐太宗接见了缅伯高，缅伯高忐忑地献上鹅毛。唐太宗看了那首诗，又听了缅伯高的诉说，非但没有怪罪他，反而觉得缅伯高忠诚老实，不辱使命，重重地赏赐了他。

馈赠是一种非语言的交际方式，以物的形式出现，以物表情，礼载于物，起到寄情言意的作用。得体的馈赠行为，恰似无声的使者给人际交往锦上添花，能够恰到好处地向受赠者表达自己友好、敬重或其他某种特殊的情感，并因此让受赠者产生深刻的印象。无论出于交往、巩固或维系人际关系、祝贺答谢等目的，还是为了某些合理的利益，任何馈赠动机都应该是高尚的，以表达情意为重。如果赠送的目的不明确，就很难使对方满意，切不可"物不达意"，张冠李戴、毫无目的地送礼会让人啼笑皆非。

一、馈赠的基本原则

馈赠作为社交活动的重要手段之一，随着迎来送往及喜庆宴贺活动的日益频繁，人与人之间礼尚往来的机会也不断增加。赠礼之人，都希望自己所送的礼品能寄托和表达对受礼者的敬意和祝颂。物业服务人员在为业主或客户选择礼品时，应遵守以下原则。

(一) 轻重得当

礼物是用来言情、寄意、表礼的，它仅仅是人们情感的寄托物，人情无价、物有价，有价的物只能寓情于其身，而无法等同于情。"折柳相送"常为文人津津乐道，赠柳的寓意有三：一为表示挽"留"；二因柳枝在风中飘动的样子如人惜别的心绪；三为祝愿友人如柳能随遇而安。如果仅就这件礼物本身的物质价值而言，的确是很轻，对于受礼人来说甚至是微乎其微，然而它所寄寓的情意却是厚重的。

(二) 选时择机

中国人很讲究"雪中送炭""锦上添花"，即十分注重送礼的时效性。所以就馈赠的时机而言，及时适宜是最重要的。如拜访时向主人赠送礼品，应选择在起身告辞之时；向交往对象贺喜时，应在双方见面之初；出席宴会时向主人赠送礼品，可在起身辞行时或餐后用水果之时；观看文艺演出，可酌情为主要演员预备一些礼品，并在演出结束后当面赠送；外出考察时，如果接待单位向自己赠送了礼品，最好适当回赠一些礼品；专门为接待或工作人员准备的礼品，应当在抵达后尽早赠送给对方；作为东道主接待外国来宾时，可在外宾向自己赠送礼品后进行回赠，或在外宾临走前赠送。

(三) 投好避忌

礼品是现代社会中常见的人际交往媒介，为了表示对他人的尊重、敬意、友谊、纪念、祝贺、感谢、慰问，而特意相赠的物品。俗话说："送人千金礼，不如投其好。"选择礼品是一门艺术，要有心、用心、上心，善于表达自己的心意。可以通过仔细观察或打听，了解业主或客户的民族文化、生活习俗、宗教信仰、兴趣爱好等，把握避其禁忌的原则，有针对性地挑选合适的礼品，尽量让对方感受到馈赠者的独具匠心，收到礼品后产生愉悦、惊喜之感，从而加深感情、增进友谊，所以在选择礼品时应当考虑周到。

二、选择礼品

当礼以物的形式出现时，礼物本身也就具有实用价值。因为人们的经济状况不同，文化程度不同，追求不同，对于礼品的实用性要求也就不同。一般来说，在物质生活水平较低时，人们倾向于选择具有实用性的礼品，如食品、水果、服饰、日用品等；在物质生活较为富足时，人们则倾向于选择艺术欣赏价值较高、趣味性较强和具有思想性、纪念性的物品作为礼品。美国作家欧·亨利在其著名的小说《麦琪的礼物》里讲了这样一个故事：一位妻子十分想在圣诞节来临时送给丈夫一份礼物，她盼望能买得起一条表链，以匹配丈夫祖辈留下的一只表。因为没有钱，于是她把自己秀丽的长发剪下来卖了。圣诞之夜，妻子向丈夫献上了自己的礼物——一条精美的表链。丈夫在惊愕之中拿出了他献给妻子的礼物，竟是一枚精致的发卡。原来，丈夫为给妻子买礼物把自己的表卖了。这时，他们紧紧地拥抱在一起，彼此的爱成为圣诞之夜最珍贵的礼物。

好的礼物在于它的合适、有特色和有意义，在选择时，应考虑礼品的宣传性、纪念性、民族性、时尚性、便携性、针对性等特点。比如送礼品给外地的朋友，可以选择本地的土特产，倘若带礼品回家送朋友，也应选购一些当地的土特产。虽然这些礼品不贵，但很受欢迎。赴国外参观访问，应带具有中国民族特色的工艺品，或具有本单位特色的礼品赠送异国朋友。向外国友人馈赠礼品时，选择具有民族特色的工艺品最稳妥，如青花瓷、中国结、茶叶礼盒、丝绸织品等商务礼品。

三、馈赠技巧

(一) 赠送礼品的礼仪

1. 亲自赠送

赠送礼品时，必须起身站立，用双手将礼品递给对方，如图3-7所示。为了表明重视程度，送礼时可说一两句客套话，如"这是我们特意挑选的，希望你会喜欢。""感谢您的关心、帮忙与支持。"不要说"没有准备，临时买来的""不是什么好东西，凑合着用吧""一点儿小东西，真不好意思拿出手"之类的话，它会使你的礼物和心意变轻、变淡。这类话在外国人耳里不中听，会被对方认为是在贬低他。当别人感谢和赞扬你送的礼品时，应报以微笑，说"真高兴您喜欢它"。

图3-7　双手递接礼物

2.邮寄赠送、托人赠送

非亲自当面赠送的礼品，应妥善包装并附上礼笺，简单说明不能当面赠送的缘由，附祝福之语并署名，为使受礼方加深对礼品的印象，可对礼品的含义、具体用途、特别之处做适当说明。

3.礼品包装

精美的包装是礼品的重要组成部分，它使礼品外观更具有艺术性和高雅情调，一方面显示了赠礼人的情趣和心意，另一方面，受礼人不能直接看到礼品，会使他产生悬念。如果是恰当的礼物，那么当受礼人打开包装看到中意的礼品时，一定会喜出望外，另有一番惊喜，这给送礼又添了一份情趣，加深了对送礼人的好印象，起到了增进关系的作用。好的礼品若没有讲究包装，不仅会使礼品逊色，使其内在价值大打折扣，使人产生"人参变萝卜"的缺憾，还易使受礼人轻视礼品的内在价值，无谓地折损了由礼品所寄托的情谊。所以，礼品包装时所用的一切材料，都要尽量择优而用，不论礼品本身有没有盒子都要用彩色花纹纸包装，用彩色缎带捆扎好，并系成好看的结，如蝴蝶结、梅花结等，如图3-8所示。国际交往中，要特别注意礼品的包装，包装成本一般不低于礼品价值的三分之一。

图3-8　包装精美的礼品

(二) 接受礼品的礼仪

1.当面接受

接受礼品时，态度要落落大方，用双手接。由于传统习惯的不同，日本、韩国、新加坡、中国等东方国家一般不当面打开礼品，只表示感谢。如果你与欧美人交往，收到礼物时应立即表示感谢并打开包装，欣赏一下礼物，并表示"我很喜欢"或"我正需要这个",对方会更加高兴。西方人送礼时经常会附上卡片,表示祝福的心愿。收到附有卡片的礼物时,应先默读卡片,再拆礼物。他们不急于打开礼品,表明他们重视的是送礼这一行为,而非礼品本身。

2. 表示感谢

接受别人转交或邮寄礼品,或在盛大的活动中无暇或不方便打开礼品表示感谢的情况下,可通过打电话、信件、邮件的方式致谢;可在以后再次与对方见面时,提及自己很喜欢对方所赠送的礼品。

(三) 回赠礼品的礼仪

接受了别人的礼物后,一定要考虑适当的回赠。在人际交往中是非常讲究"礼尚往来"的。接受了礼品,就是接受了对方的心意,通过回赠,可以表达感谢之情。回赠应当选择好时机,尽量不要在刚接受对方礼物后随即还礼,这样显得很庸俗,还会让对方感到很紧张。如果是客人拜访时送礼,可以在客人临走时回赠,或是隔一段时间之后登门回拜,也可以另选其他时机,如在节日、喜庆之时赠送适当的礼物。

(四) 拒收礼品的礼仪

由于某种原因,如碰到不熟悉的人送的礼品或极昂贵的礼品、隐含发生违法乱纪行为的礼品、接受后或许会受到对方控制的礼品等情况,不能接受对方的礼品,应礼貌、婉转地拒绝或将礼品退回,态度要从容、自然、友好。对打算拒收的礼品要及时退回,最好不要超过24小时;如果送礼人是善意的,应向其说明退回的原因,并表示感谢;如果送礼者不怀好意,则只需表示礼品不合适便可。

四、送礼禁忌

在社交活动中,忌送有价证券和过于昂贵的礼品,否则有行贿之嫌,也违背了物业服务人员的职业道德。忌送容易产生误解的礼物,送礼前一定要了解业主或客户的文化与宗教背景、风俗习惯等信息,如我国大部分地区,老年人忌讳送发音为"终"的钟,恋人反感送发音分别为"散""离"的伞和梨,不可以给参加考试或比赛的人送书,不可以给朋友送刀剪或以手帕相赠等。有些地区和民族对礼品的颜色、图案和数量有所忌讳,应当注意。如欧美人一般都不喜欢数字13与星期五。选择礼品时还应考虑受礼者的个人情况,如对高血压患者不宜送含高脂肪、高胆固醇的食品,对糖尿病患者不能送含糖量高的食品等。

模块三　拜访礼仪

迎来送往、拜访会晤，是社交活动中常见的情景。随着经济的发展，物业管理与服务的范畴日益扩大，拜访与接待工作越来越频繁，正确的礼仪运用，对组织间建立联系，发展与业主或客户的友谊，加强沟通合作有极其重要的作用。物业服务人员为了交流信息、沟通感情、增进友谊，不免需要亲自或派人前往业主或客户家中或办公地点进行拜见访问。拜访通常有三种类型：一是为工作而进行的事务性拜访；二是因礼尚往来而进行的礼节性拜访；三是为了沟通感情而进行的私人拜访。

一、拜访前的准备工作

拜访工作要取得预期的目的和效果，就必须在访问之前做好准备工作，做到"不打无准备之仗"。在拜访前要注意以下几方面内容。

(一) 预先约定

一般来说，拜访业主或客户必须事先约定，因为只有事先约定，才能让对方有所准备并顺利成行，以免扑空或扰乱拜访对象的工作。突然造访是一种非常失礼的举动，有不速之客之嫌。如果在不得已的情况下不告而访，一定要真诚地道歉并说明理由，但还是尽可能避免这种情况为好。

拜访应选择恰当的时机。如果是进行事务性拜访，应选择在上班时间，但不宜在星期一早上前去拜访，因为这会是比较繁忙的时间段。进行礼节性拜访，应选择对方比较空闲的时间，但不宜逗留时间过长。进行私人拜访，应选择对方休息或休假时间，但不宜在对方用餐、午休、晚上休息时间进行拜访。

(二) 物品准备

拜访所用的物品最好提前一天准备妥当，以免拜访当日匆忙而有所遗漏，不仅显得缺乏诚意，也会给人留下办事效率低的不好印象；若折返拿取则会让对方等待，更是不礼貌之举。要用心准备一些小礼品，无论价值高低，都会让人感受到你的诚意进而产生好感，接下来的拜访就可以轻松开展。

(三) 服饰与仪表

在快到达目的地前，先要整理好自己的服饰仪表，第一印象很重要，仪容仪表的得体大方属于个人礼仪，不能掉以轻心。另外，对于见面时要如何打招呼、寒暄、重要事项的表述等可稍做准备。

二、拜访中的礼仪

(一) 如期而至

与业主、客户约定具体的会面时间后，物业服务人员应履约守时，既不能随意改变时间，打乱原定计划，也不能迟到早退，应准时到达(准时的概念可以是比约定的时间提前5～10分钟)。若因故迟到，应向主人道歉；若因故爽约，应事先诚恳而委婉地说明。准时赴约是国际交往的基本要求，守时是诚意与诚信的体现。

(二) 听从安排

无论是办公地点还是寓所拜访，一般要坚持"客随主便"的原则。如果到业主寓所拜访，服务人员应先轻轻叩门三次或按门铃一次，等待回音，若无应声，可以稍加力度再做一次叩门或按门铃的动作，如有回音或有人开门，方可进入。若是业主亲自开门相迎，见面后应热情向其问好；若是业主夫妇同时起身相迎，则应先问候女主人；若不认识开门的人，物业服务人员应主动询问："您好，请问这里是×××先生的家吗？"得到确认后方可进门。见到业主的其他成员时应一视同仁加以问候，当主人请坐时，应道声"谢谢"，并按主人指示的位置入座；若主人送上水果茶点，要起身双手接取并道谢；当业主家有其他人来访，应尽快结束谈话，主动告辞。

(三) 养成习惯

服务人员进入业主寓所时，应自觉养成使用鞋套的习惯(最好自己随身携带鞋套)，如雨雪天，应将雨具置于门外，不要把脏东西带入业主家中。正式谈话前最好将手机关机或调至静音状态，以免铃声打扰会面。谈话时随意接听电话会使业主/客户觉得你缺乏诚意。

要控制好拜访进度，要说清楚重要事项，要尽力达成拜访目的，但不要冗长，不要推延。若不能在预定时间内完成，可再约另外时间拜访。

(四) 适时告辞

会面事宜结束后，停留时间不要过长、过晚，以不超过半小时为宜。起身告辞时，要向业主、客户表示"打扰"之意，出门后应请其留步，若有意邀请客户回访，可在此时提出邀约。待主人留步后，走几步，挥手致意表示"再见"。从业主、客户寓所或办公地点出来后，切勿在走廊或电梯里窃窃私语，以免被人误解。

(五) 过后感谢

返回后，可通过谢函、电子邮件或短信等形式，向业主或客户的接待表示感谢，给对方留下好印象，为进一步交往奠定基础。

模块四　宴请礼仪

礼仪故事

丰子恺的家训

丰子恺是浙江桐乡人，是我国著名的现代画家、文学家、教育家。他早年从事美术和音乐教学，之后进行漫画创作。丰子恺在平时生活中，经常给孩子们讲要对人有礼貌，还非常具体细致地说："礼仪，就是待人接物的具体礼节和仪式。"

丰子恺是名人，家里经常有客人来访。每逢家里有客人来的时候，父亲总是耐心地对孩子们说："客人来了，要热情招待，要主动给客人倒茶、添饭，而且一定要双手捧上，不能用一只手。如果用一只手给客人端茶、送饭，就好像是皇上给臣子赏赐，或像是对乞丐布施，又好像是父母给小孩子喝水、喂饭。这是非常不恭敬的。"他还说："要是客人送你们礼物，可以收下，但你们接的时候，要躬身双手去接。躬身，表示谢意；双手，表示敬意。"这些教导，都深深地印在孩子们的心里。有一次，丰子恺在一家菜馆里宴请一位远道而来的朋友，把几个十多岁的孩子也带了去作陪。孩子们吃饭时，还算有礼貌，守规矩。当孩子们吃完饭后，他们之中就有人说想先回家。父亲听到了，也不敢大声制止，就悄悄地告诉他们不能急着回家。事后，丰子恺对孩子们说："我们家请客，我们全家人都是主人，你们几个小孩子也是主人。主人比客人先走，那是对客人不尊敬。就好像嫌客人吃得多，这很不好。"孩子们听了，都很懂事地点头。

在父亲的正确教导下，丰子恺的孩子个个都成为懂规矩、讲礼貌的人。

一、宴请的形式

宴请是为了表示欢迎、答谢、祝贺、喜庆等而举行的一种隆重的正式餐饮活动，是待客礼仪的重要内容。大至国宴，小至私人宴请，生活中每个人都有宴请他人或被他人宴请的经历。"大礼之初，始诸饮食"，我国有数千年的饮食文化传统，对宴会规格、组织安排、菜肴准备等方面特别讲究，而外国人更注重进餐时的气氛、环境、衣着等，强调精神享受，但都反映出人们对礼仪追求的共性。

在现代社会，私人交往和公务往来都非常普遍和频繁，宴请作为社交活动中的重要形式，通晓宴请礼仪，对提高社交能力和提升个人修养是大有裨益的。

(一) 按性质划分

1. 礼仪性的宴请

为欢迎国宾来访、庆祝国庆等重要节庆活动而举行的宴请，都属于礼仪上的需要，是一项有接待规格和礼宾程序的礼仪活动。

2. 交谊性的宴请

这种宴请是为表示友好、发展友谊而举行，如接风、送行、告别等。这种宴请没有严格的形式或规格，要求体现亲切、友好，气氛热烈，能达到发展友谊的目的即可。

3. 工作性的宴请

这是为解决特定的工作问题而举行的宴请，以便席间商谈事宜。

(二) 按形式划分

根据宴请的目的、出席人员的身份和出席人数的多少，可将宴请分为宴会、招待会、茶会和工作餐等。

1. 宴会

宴会是比较正式和庄重的宴请活动，盛情邀约贵宾聚餐。宴会按隆重程度、出席规格，可分为国宴、正式宴会、便宴、家宴；按举行时间可分为早宴、午宴、晚宴。一般来说，晚上举行的宴会较之白天举行的更为隆重。

正式宴会通常是企事业单位或社会团体等为欢迎应邀来访的客人，或来访的客人为答谢主人而举行的宴会。可根据需要，安排乐队奏席间乐，宾主均按身份排位就座。

便宴即非正式宴会，这类宴会的形式简便，可不排席位，不做正式讲话，菜肴道数亦可酌减。西方人的午宴有时不上汤、不上烈性酒。便宴较随便、亲切，适用于日常友好交往。

家宴是主人在自己家中设便宴招待亲朋好友的宴请方式，西方人特别喜欢此种形式，既可用于亲友聚会，也可用于官方宴请或业务洽谈宴请。家宴往往由主人亲自下厨烹调，也可邀请客人一同参与烹调，家人共同招待。

2. 招待会

招待会是指各种不备正餐，备有食品、酒水饮料，通常都不排席位，可以自由活动，较为灵活简便、经济实惠的宴请形式。常见的有冷餐会和酒会。

冷餐会，又称为自助餐。这种形式的特点是不排席位，菜肴以冷食为主，也可用热菜，连同餐具陈列在餐桌上，供客人自取。客人可自由活动，多次取食。酒水可陈放在桌上，也可由招待员端送。冷餐会可在室内或在院子、花园里举行，可设小桌、椅子，客人自由选位入座，也可以不设座椅，站立进餐。我国大型冷餐会，往往设大圆桌与座椅，主宾席排座位，其余各席不固定座位，食品与饮料均事先放在桌上，招待会开始后自行进餐。

酒会，又称鸡尾酒会。这种招待会的形式较活泼、随意，便于广泛接触、交谈。招待会以酒水为主，略备小吃。不设座椅，仅放置小桌(或茶几)，以便客人随意走动。酒会举行的时间较灵活，客人可在请柬上注明的时间段内自由来去，不受约束。

3. 茶会

茶会是一种简便的招待形式。茶会通常设在客厅，厅内设茶几、座椅。通常不排席位，但如有某贵宾出席活动，入座时有意识地将主宾同主人安排坐在一起，其他人随意就座。茶会顾名思义是以茶会友，应以茶为主。因此，茶叶、茶具的选择要有所讲究，具有地方特色。一般用陶瓷器皿，不用玻璃杯，也不要用热水瓶代替茶壶。

4. 工作餐

工作餐是现代国际交往中经常采用的一种非正式宴请形式，往往因为日程安排紧张，而利用进餐时间边吃边谈，节省时间。此类活动一般只请与工作有关的人员，不请其配偶。双边工作进餐往往排席位，用长桌便于谈话。如用长桌，其座位排法与会谈桌的席位安排相仿。

二、宴会的组织

(一) 宴会的准备礼仪

一次宴会成功与否，能否达到预期的目的，宴会前的各项准备工作是至关重要的，且准备工作必须符合礼仪的要求。

1. 确定宴请目的

由于设宴的目的是多样的，可以是洽谈项目、庆祝节日、接风迎客、饯行话别等，从而设宴的规格、内容、形式也不尽相同。不但设宴方要清楚宴请的目的，还应尽可能让应邀者和承办者明确目的，这样才好配合，实现预期效果。

2. 确定宴请范围和宾客名单

宴请的目的能否得以实现，与邀请的对象和范围有直接的关系。宴请范围一般以"少""适"为原则，考虑宾主、宾客之间关系。若忽略交往过程中的多边关系而盲目地邀集于同一次宴会的做法，很可能会使宴请本身成为社交活动最终失败的导火线。因此，应该邀请与宴会有关的宾客参加，既不要遗漏，也不要随便拉人凑数。宴请范围大致被确定后，就要具体确定宾客名单，即宴会请什么人、请多少人、请到哪一个级别，还包括邀请有关单位和本单位的哪些人员作陪。参加宴会的人员在彼此身份相当的情况下，会得到一定的满足感。最后，每桌次的人数尽可能安排为偶数，这样可以使桌上每个人至少有一个可以谈话的对象。

3. 确定宴请形式

宴请形式依据设宴的目的和宴请对象及范围综合考虑拟订。一般来说，设宴目的隆重、宴请范围广泛的，应以正式的、高规格的宴会形式为主；日常交往、友好联谊、人数较多的，冷餐会形式或酒会形式比较合适；群众性节日活动则以茶会形式居多。

4. 确定宴请时间

宴请的时间最好是主、客双方都合适为宜，在确定时间之前应先征求被邀主宾的意见，以示尊重，不要选择对方工作繁忙的时间，也不要选择重大节假日、对方有重要活动或有禁忌的日子或时间。假如被邀请宾客中有伊斯兰教徒，又正值他们的斋戒日，那么宴请最好能够安排在日落后进行。欢迎宴会一般应安排在客人抵达的当日或次日举行；告别(饯行)宴会通常安排在客人离开的前一天或当天举行。

5. 确定宴请地点

对于正式的宴会，较为传统的做法是安排在客人住宿的饭店外围场所进行，也可安排在其下榻的饭店举行。这样便于准备、安排和联络，其环境、卫生、安全、服务等条件相对有保障，并可节省路途时间。宴会地点应按活动性质、规模大小、形式、主人意愿及其他实际情况而定。选定的场所要能容纳全体人员。举行正式宴会时，在可能条件下，宴会厅外应设休息厅，供宴会前短暂交谈，待主宾到达后一起进宴会厅入席。选择宴会地点时应注意：①要按客人数量确定宴请地点；②要按宴请规格确定宴请地点；③要按宾主熟悉程度、关系深浅选择宴请地点；④要按来宾的意愿和地方特色选择宴请地点；⑤宴会地点尽可能选择在举办者比较熟悉、负有盛名的饭店或餐厅。

6. 预订餐厅、确定菜单

宴请的菜单应根据活动形式和规格、时间和季节以及宴请对象的口味来确定，费用控制在规定的预算标准内。菜品的选择不是以主人的喜好为准，主要考虑主宾的喜好和禁忌，既要注意通行的常规，又要突出地方特色。由于宗教信仰、民族风俗、职业需要、个人健康等问题，宴会上个别客人有特殊的饮食需求，可以单独为其上菜。一桌宴席的菜谱，应安排有热有冷、有荤有素、有主有次，菜肴数量和分量要适宜，不要简单地认为海味名贵而泛用，其实不少外国人并不喜欢，如鱼翅、海参等。主菜显示宴请的档次高低，此外还要配备些家常菜，以调剂客人口味。菜谱以营养丰富、味道各异为原则。

7. 宴会场地布置

宴会场地布置应与活动目的相符合，厅面宽敞整洁、空气流通、庄重大方、设备齐全、鲜花点缀、布局合理，是其基本要求。如果举行的是中餐宴会，通常用圆桌设席，西餐宴会则多用长方桌。如果是一桌以上的宴会，桌子之间的距离要适当，各个座位之间要距离相等。宴会休息厅内通常放小茶几或小圆桌，与酒会布置类同，如果人数少，也可按客厅样式布置。如果安排演奏席间乐，乐队规模、音量不宜太大，乐队与主桌应保持一定的距离。

(二) 邀请礼仪

1. 邀请名义

邀请名义既可以用物业服务公司的名义，也可以用物业服务人员个人的名义，但要注意身份对等。一般来说，邀请者应与被邀请的主要宾客在身份、职别、专业等方面尽量对等对口。

2. 请柬

宴请活动一般均发请柬，这既是礼貌，也能对客人起到提醒备忘的作用。请柬是比较常用的邀请形式，其内容包括活动形式、宴请时间及地点、服饰要求、交通路线、主人姓名等，如以单位名义邀请，则用单位名称。请柬的行文不加标点符号(括号除外)，人名、单位名、活动名称或节日名称均应为全称；被邀请人的姓名和职务只写在请柬信封上。请柬信封上的被邀请人姓名、职务的书写要准确。正式宴会时，最好能在发请柬之前排好席次，并在信封下角注明席次号。请柬发出后，应及时落实出席情况，做好记录，以便安排并调整席位。即使是不安排席位的活动，也应对出席率有所估计。

请柬一般提前一周至两周发出，有的地方需要提前一个月发出，以便被邀请人及早安排。已经口头约妥的活动，仍应补送请柬，在请柬右上方或下方注上 "To remind" (备忘)字样。对于需要安排座位的宴请活动，为确切地掌握出席情况，往往要求被邀请者答复能否出席。为此，请柬上一般用法文缩写注上 "R. S. V. P." (请答复)字样，如只需不出席者答复，则可注上 "Regrets only" (因故不能出席请答复)，并注明联系方法。

3. 其他邀请方式

(1) 邀请信：与请柬相比，更给人以亲切感，不像请柬那样显得刻板和公式化。

(2) 电话邀请：利用电话邀请前，要列好提纲，避免通话时语无伦次或遗漏相关内容。

(3) 口头邀请：适用于非正式的或小范围的宴请。有时不能一次得到对方的肯定答复，可再约时间敲定或用电话表达邀请的诚意，以得到对方最后的正式答复为准。

三、开宴礼仪

当宾客相继赴宴后，宴会要及时开席，在整个宴会过程中，主人要热情好客，让宴会的气氛热烈融洽，应注意以下几方面。

(一) 门前迎客

开宴前，主人应站立在门口迎接宾客。重要的宴会中，可由主人率领其他人员排列成行迎宾或派专车接请贵宾。客人到达后，主人应迎上前去握手、互相问候，对来宾表示欢迎，不要疏忽冷落任何一位客人。根据客人到达的先后，由工作人员分批陪送到休息厅小憩或直接进入宴会厅，由专人负责接待。主宾到达应由主人亲自陪同进入休息厅，同在座的其他客人见面后，再一起步入宴会厅。

(二) 引客入座

大型宴会可在宴会厅门前陈列"桌次排列简图"，让来宾依据请柬提示对号入座，也可以由工作人员或服务人员分别引座。一般先把非主桌上的宾客引入宴会厅就座后，再领主宾进入宴会厅。主人与客人相互做介绍、增进交流。如果发现有坐错座位的客人，若无大碍，一般将错就错，不做更正；如果必须进行调整时，要以适当的方式，不可伤及客人的自尊心。

(三) 准时开席

按约定的时间准时开席，是宴请礼仪的基本要求，不能因个别客人延误而影响整个宴会的进行。如果是主宾或重要宾客延误，应尽快与其取得联系，弄清楚情况后采取应急措施，向到场的客人表示歉意。一般来说，宴会延迟10～15分钟是允许的，但最多不能超过30分钟，否则会冲淡宾客的兴致，影响宴会气氛。宴会主办人必须提前到达，否则是严重的失礼行为。

(四) 致辞敬酒

正式宴会中，待主、宾双方入席后、用餐开始前，由主人与主宾分别致辞，并由主人向全体宾客敬酒，提议为某种事由而干杯。

(五) 介绍菜肴

服务人员每上一道菜，一般要用转盘转至主人与主宾之间并报出菜名。对于有些具有鲜明特色的菜，服务人员可从菜肴的色、香、味、形方面的特点和关于菜名由来、菜肴典故等做详细介绍。上菜完毕，主人应举筷盛情地请大家品尝。当客人相互退让，迟迟不肯下筷时，主人可起身用公筷、公匙，亲自为来宾分菜。

(六) 亲切交谈

宴会从介绍客人开始，到介绍菜肴，向宾客敬酒以及引导亲切和谐的交谈，都是席间主人应主动做的。一般情况下，每桌的主人要不时地提出一些能让双方都感兴趣的话题，如气候季节、体育赛事、文体时尚、烹饪技巧等，也可以就本次聚会的主旨做一些交谈，但不必深入、不必具体，更不要涉及实质性内容，切不可将餐桌变成谈判桌，引起双方不愉快。

(七) 宴会结束

一般宴会时间应控制在90分钟左右，最多以不超过2小时为宜。过早结束，会使客人感到意犹未尽，对主人的诚意表示怀疑；时间过长，会使主、宾双方感到疲惫，影响宴会的效果。主人要掌握时机，适时结束宴会，给赴宴宾客留下美好的回忆。宴会结束后，主人、副主人等应亲自把宾客送至门口，再次真诚地感谢众宾客的光临，热情握手告别，目送客人离去。对乘车前来的客人，主人应送客上车，待车开动后，再向客人挥手致意。

四、中餐接待礼仪

(一) 中餐宴会桌次及席位安排

1. 桌次安排

中餐宴会可以用圆桌也可以用长桌或方桌，但以圆桌为主。两桌及以上的宴会，桌子之间的距离要适宜，各个座位之间的距离也要相等。桌次有主次之分，主桌的确定以"面门、面南、居中、观重点"为原则，往往面对大门或主要景观、背靠宴会厅主题墙面、位于厅面中心的位置为正位，定位为主桌位。其他桌次依离主桌近高远低或右高左低的原则安排。桌数较多时，要摆放桌次牌。20桌席以上的大型宴会，除主桌外，所有的桌子都应编号，最好在宴会厅入口处摆放桌次示意图，方便客人查找就座。也可以根据厅面的实际情况、组织者的经验及宾客的喜好，灵活安排桌次，只要注意把握"以右为上、以远为上、居中为上、平行为上"的国际准则即可，当然这里的"右、远、中、平行"是指相对宴会厅大门而言的，如图3-9所示。

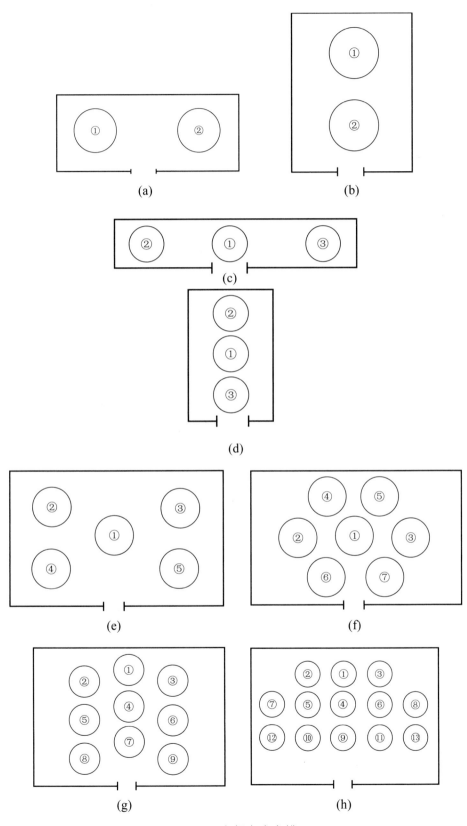

图3-9 中餐桌次安排

2. 席位安排

按我国习惯，席位安排通常以主人为中心，主人对面是副主人的位置，主人的右边为主宾，左边为第二副主宾，副主人位置的右边为第一副主宾，其余按先右后左顺序依此类推。具体原则如下所述。

(1) 以右为尊。当客人分别位于主人左右两侧时，通常主人右侧客人的身份高于左侧客人，这是因为中餐上菜时多以顺时针为上菜方向，居右者比居左者优先受到照顾。

(2) 面门为上。倘若有人面对正门而坐，有人背对正门而坐，依照礼仪惯例则应以面对正门者为上坐，以背对正门者为下座。

(3) 观景为佳。在一些高档餐厅用餐时，其室内外往往有优美的景致或高雅的演出供观赏，此时应以观赏角度最佳处为上座。

(4) 临墙为好。在某些中低档餐厅用餐时，为了防止过往侍者和食客的干扰，通常以靠墙之位为上座，靠过道之位为下座。

(5) 以远为上。以距离宴会厅正门的远近为准，距门越远，位次越高贵(见图3-10)。

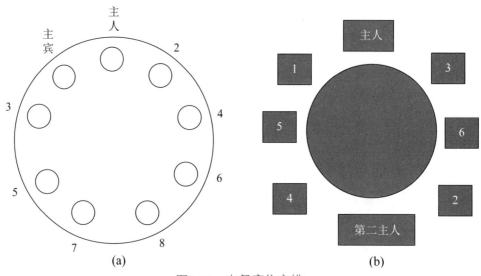

图3-10　中餐席位安排

多桌宴会中，如果每桌都要有一位主人的代表在座，各桌主人的位置有两种安排：一是各桌主人的位置相同，同朝一个方向；二是各桌主人的位置方向不一致，但都面向宴会厅的中间。如果主宾身份高于主人，为表示尊重，可以安排在主人的位子上坐，而请主人坐在主宾的位子上。重要宴请活动中，应事先在每位客人所属座次正前方的桌面上放置醒目的个人姓名席签，方便客人就座。

(二) 中餐宴会程序及礼仪

1. 准备阶段的服务程序及礼仪

(1) 宴会准备工作。宴会举行前，应充分了解宴会的规格、目的、性质、名称等。对客人情况要做到"八知""五了解"。"八知"是指知台数、知人数、知宴会标准、知开餐时间、知菜式品种及出菜顺序、知邀请对象、知主办单位、知结账方式。"五了解"是指了解客的风俗习惯、了解宾客的生活忌讳、了解宾客的特殊需要、了解宾客的进餐方式、了解宾客的特殊爱好。

(2) 宴会开始前，服务人员应掌握菜单的有关信息。了解菜肴的名称、出菜顺序，了解菜肴的口味特点和典故，了解菜肴的原料及配制方法，了解菜肴的配料及服务方法。同时准备好餐具和用具，根据宴会的规模、档次，把宴会所用的各种餐具整齐地摆放在服务台上，并仔细检查是否洁净无损。

(3) 酒水准备。根据宴会标准、人数领取酒水、饮料，领回后，擦拭干净，整齐有序地码放在酒水台上，商标朝外。另外，还需要准备好茶叶、茶壶、开水等。酒水与茶水的准备工作要求在开餐前30分钟进行。

(4) 准备湿毛巾。将洁净的、消过毒的湿毛巾浸泡于热水中，然后拧干，折成长方形，从湿毛巾的一端向前推起卷紧呈圆筒状，将卷好的湿毛巾整齐地摆放在温箱中。

(5) 摆台及上冷菜。开餐前15分钟，应将冷菜摆放在餐桌上，要求色调、荤素搭配合理，盘边沿无油迹、指纹。

(6) 检查。检查台面菜单、席签摆放是否到位；检查开餐用具、冷菜、茶水、酒水是否按要求摆放到位；检查桌椅是否牢固，灯光是否明亮，空调温度是否合适；检查服务人员的仪容仪表、个人卫生状况。

(7) 迎候客人光临。开餐前5分钟，服务人员应恭候在大门两侧，做好迎接准备，客人到达时，应热情地表示欢迎，并帮助客人保存衣物，向客人递送衣物寄存卡，然后引领客人到餐厅或休息厅，为客人斟茶倒水、递送小毛巾。服务人员引领客人时，应按照先主宾后主人，先女宾后男宾的顺序拉椅入座。

2. 进餐阶段的服务程序及礼仪

(1) 服务顺序要正确。按中餐宴会的惯例，服务顺序应从第一主人右方的主宾开始，按顺时针方向进行。如果有两位服务人员同时提供服务，则其中一位服务员按上述顺序开始，至第二主人右侧第一位宾客为止，另一位服务员从第二主人右侧第一位客人开始，依次按顺时针服务。

(2) 遵守客人致辞时的服务礼仪。客人在致辞时，服务人员要停止一切活动，不可交头接耳，不要随意走动，应站立旁边，保持安静。客人敬酒时，服务员应随后跟上，及时为客人斟酒。当客人正在交谈、又有急事找客人时，服务人员不应冒失打断客人的谈话，而应礼貌地等在客人一旁，寻找机会向客人传达。

(3) 掌握上菜的要求。①上菜位置一般选择在第二主人或不重要的客人右侧，严禁从主人与主宾之间、老人与小孩的座位之间上菜。②先上冷菜，冷菜吃到一半时上第一道热菜，待第一道热菜吃到一半时，再上第二道热菜，每一道菜的时间间隔为10分钟左右。③遵循先冷后热、先菜后点、先咸后甜、先清淡后肥厚、先优质后一般、最后上水果的基本顺序，也可以根据当地习俗而定。④菜肴上桌，应报菜名，特色菜肴应做简单介绍，介绍菜肴时后退一步；提供公勺、公筷；上全鸡(全鱼、全鸭等)时，将头部对准主宾或主人。

(4) 把握席间服务礼仪。①撤换骨碟。要将干净的骨碟整齐地叠放在盘中，从客人右侧用右手撤下用过的骨碟，然后再换上干净的，从主宾开始按顺时针方向绕餐桌进行。换骨碟时，服务人员应先说："对不起，我可以为您换骨餐碟吗？"撤换骨碟的过程中，托盘要稳，脏碟及残渣堆放要合理。宴会中换骨碟应不少于三次。②发现烟灰缸中有两个以上烟蒂时，应撤换烟灰缸。方法是：左手托盘，用右手将干净的烟灰缸盖在已用过的脏烟灰缸上，将两只烟灰缸同时移入托盘，以避免烟灰飞扬污染菜桌和落到客人身上，然后将一只清洁的烟灰缸放上餐桌。③更换毛巾。服务员左手托盘，右手用毛巾夹撤下餐桌上的脏毛巾，然后换上干净的毛巾。在上水果盘前，应将餐桌上的菜盘进行清理撤换，再将果盘摆上餐桌。④分菜到位。需分食的菜肴先旋转一至二周给就餐者做展示再撤下；按照先主宾后主人，先女士后男士的顺序，按顺时针方向依次派菜；做到心中有数、均匀分配，留出1/4。⑤酒水服务。如果宾客点用名贵的中国酒，如茅台、五粮液等，服务员应向客人展示酒瓶商标，以获得确认。服务员斟倒啤酒时，瓶口在距离杯口1厘米上方慢慢倒入，避免酒水外溢。斟倒酒水前询问客人是否撤掉茶水；白酒、啤酒可倒满杯，但以八分满为宜；红葡萄酒、白葡萄酒倒1/4杯至1/2杯即可。

3. 结束阶段的服务程序及礼仪

(1) 结账服务礼仪。宴会接近尾声时，将宴会菜单、酒水及加菜费用一同算出并交给收款台。当客人示意结账时，按规定办理结账手续，并向客人致谢。

(2) 送客服务礼仪。当客人起身离座时，应主动为客人拉椅，检查是否有遗留物品，向客人致谢并希望能再次为其提供服务，礼貌地目送客人。

(3) 清理餐桌台面。检查台面是否有未熄灭的烟头。先整理椅子，再收餐巾，然后用托盘或手推车收餐具，撤换台布等。

(三) 中餐就餐礼仪

物业服务人员因接待需要与业主或客户同桌用餐时，应做到举止优雅、用餐文明，适时为身边的客人提供服务，遇到紧急事件时要合情合理地处理，始终保持良好的礼仪形象。

1. 举止有礼

入席后在众目睽睽之下补妆或梳理头发，尤其是在进餐过程中宽衣解带、挽袖口、松领带都是不礼貌的。不要擦拭餐桌上的器皿，如果发现桌上的餐具不干净，应招呼侍者更换干净的餐具。当主人或其他宾客敬酒或介绍菜肴时，应停止进食，端坐恭听。用餐时为表示热情和对业主或客户的关爱，通常会劝酒让菜，为他人夹菜时，要使用公筷或公匙，切勿用自己的筷子为别人夹菜。

2. 进餐文雅

进餐时，要端起碗，手肘向下，不可伏在桌子上对着碗吃。夹菜时，待主宾、主人、长者先夹后，菜肴转到自己面前再夹。应从盘子靠近自己的一边夹菜，夹一块吃一块，即便是喜欢的菜肴，也应吃完之后再夹另一块。若碰到自己不爱吃或不能吃的食物，一般不要拒绝，可取少量放入盘内，并表示"谢谢""够了"。

进餐礼仪具体表现在：吃东西时要闭嘴咀嚼、细嚼慢咽，不要发出明显的响声；不可张大嘴巴，大块往嘴里塞食物；喝汤用汤匙，如果汤、菜太热，可待稍凉后再吃，切勿用嘴吹；对于够不到的菜，可以请人帮助，不可伸手横越，长驱取物，更不要起身甚至离座去取；不可拿着筷子在盘中挑菜，盯着某个菜猛吃不放，或举着筷子挑选自己偏爱的食物；吐骨头、鱼刺、菜渣时，可用餐巾掩嘴，并用筷子或手取接出来，放入自己的餐盘或骨碟内；剔牙时以手或餐巾遮口；咳嗽、打喷嚏或打哈欠时，应转身低头用手绢或餐巾纸捂着，转回身时说声"抱歉"。

3. 文明敬酒

敬酒时一定要站起来，双手举杯，眼睛注视对方，喝完酒后再举杯表示谢意。碰杯时，杯子不要高于对方的杯子。如果没有特殊人物在场，敬酒最好按顺时针，不要厚此薄彼。尊重对方的饮酒习惯和意愿，不以各种理由逼迫对方喝酒。

五、西餐接待礼仪

(一) 西餐宴会台型及席位安排

西餐餐桌的主次以离主桌的远近而定，右高左低，近高远低，每桌都要有主人作陪，且主人位同向。西餐宴会席位按照女士优先、面门为上、距离定位及以右为尊、交叉安排的原则安排，可安排全部客人的席位，也可安排部分客人的席位，其他人只安排桌次或自由入座。正式宴会中，第一主宾坐在第一主人(往往是女主人)的右侧，第二主宾坐在第二主人(往往是男主人)的右侧，其他人由中间向两侧依次排开，且男女穿插就座，如图3-11所示。

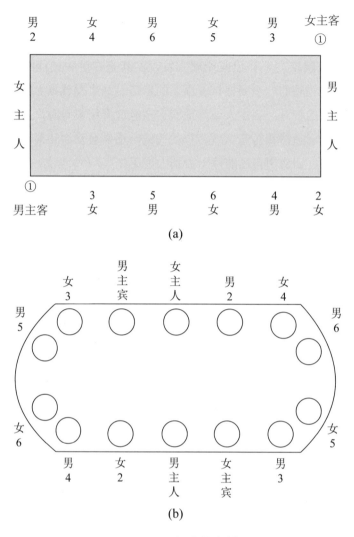

图3-11 西餐席位安排

(二) 西餐宴会程序及礼仪

1. 准备阶段的服务程序及礼仪

(1) 开餐准备工作。①了解席位安排。②熟悉宴会菜单。③在宴会开始前将面包摆放在面包盘里，将黄油放在黄油碟中。

(2) 迎宾及休息室服务。①客人到达时要礼貌、热情地表示欢迎。②引领客人到休息室休息，并为客人送上饮料及餐前酒品。送饮料给客人时，如客人是坐饮，要先在客人面前的茶几上放杯垫，然后放饮料杯；如客人是立饮，要先给宾客餐巾纸，然后给客人饮料；如客人需要鸡尾酒，则应根据客人要求现场调制。③当客人到齐、主人表示可入席时，服务员应立即打开通往餐厅的门，引领客人入席。

(3) 拉椅让座。①客人到达餐桌时，服务员微笑上前表示欢迎，然后按先女后男、先宾后主的顺序为客人拉椅让座。②客人坐下后，从客人右侧为其铺好口布。

2. 进餐阶段的服务程序及礼仪

(1) 斟酒服务。按照西餐中酒水与菜肴的搭配规则斟倒酒水。为客人斟酒前，先为主人斟倒少许酒，请其品尝，主人认可后，再为其他客人斟酒。一般规则是先斟酒后上菜。

(2) 席间服务。①上菜前先斟倒酒水。②按先女宾后男宾再主人的顺序进行斟酒和上菜。③上主菜时如果配有色拉，应摆放在客人左边。④主菜用完，待客人全部放下餐具后，从客人右侧将盘和餐具一起撤下。⑤上甜点前，将桌上的面包盘、黄油刀、黄油碟等撤下，用服务巾擦掉面包屑，将桌面清理干净，更换烟灰缸，再将甜品叉、勺按左叉右勺的顺序摆放好。从客人右侧上甜品。客人全部用完甜品后，撤去甜品餐具及桌面上除水杯之外的所有餐具。⑥摆好水果盘和水果刀、叉，从客人左侧送上洗手盅，派送水果。⑦在餐桌上摆放糖缸、奶罐，在客人面前摆放咖啡杯具或茶具，为客人斟热咖啡或红茶。

3. 餐后阶段的服务程序及礼仪

(1) 餐后酒水服务。将餐后酒水车推至餐桌前，征询客人是否需要餐后酒和雪茄烟，待客人选定后送上。有的宴会将客人请至休息室后再提供饮料和餐后酒水服务。

(2) 送客服务。应拉开餐椅，递送衣帽，礼貌地送别客人。

(三) 西餐就餐礼仪

1. 用餐着装礼仪

在高级西餐厅用餐，男士应穿西装，并系上领带或领结；女士应着礼服，穿戴整齐。在正式晚宴场合，男士应穿无尾晚礼服，女士应穿晚礼服或小礼服出席。

2. 用餐过程中的礼仪

(1) 入座后，主人发出用餐邀请后，便开始进餐。如果由服务员分菜，需添菜时，待服务员送上时再取。对于不能吃或不爱吃的菜肴，当服务员上菜或主人夹菜时，不要拒绝，可取少量放在盘内，并表示感谢。

(2) 喝汤时，应先用汤匙由后往前将汤舀起，汤匙的底部放在下唇的位置将汤送入口中，汤入口不能发出声音。汤匙与嘴部呈45度角较好。身体的上半部略微前倾。碗中的汤剩下不多时，可将碗略微抬高，不可将汤碗端起来喝。

(3) 用左手拿取餐包(即面包)，用右手将面包掰成大小合适的小块送入口中。

(4) 吃大块肉时不可用刀叉扎着食用，应切成大小适宜的小块送入口中；如果食用带骨肉类的菜肴和带骨刺的海鱼，应先用刀、叉将肉与骨分开，再切成小块送入口中。

(5) 吃梨、苹果等水果时，应先用水果刀切成4～6块，再用刀去皮、核，然后用手拿着吃。削皮时刀口朝内，从外往里削。吃香蕉时应先剥皮，用刀切成小块吃。吃橙子时一般用刀切成块吃。吃橘子、荔枝、龙眼等时可剥了皮直接吃。吃西瓜、菠萝等水果时，通常可用水果刀切成小块后以叉取用。嘴里若有果核，应先轻轻吐在叉子上，再放入盘内。

(6) 食用豆类，如青豆时，不能用叉子扎着或兜着食用，应用叉背将豆子压扁，右手持刀将豆泥拨到叉背上，再送入口中。

(7) 用水盂洗手时，应轮流沾湿指头，轻轻涮洗，然后用餐巾或小毛巾擦干。

(8) 如遇到餐具落地、需要调味品或添加食品等情况，可示意服务员帮忙。

(9) 吃西餐时应和别人轻松自由地交谈。说话时嘴里不嚼食物，通常说话前或喝酒前要用餐巾擦一下嘴。

(10) 餐巾的使用。餐巾通常摆在餐盘里，或折成花形插在水杯里。打开餐巾时，动作要舒缓一些，不要乱抖，餐巾可以用来擦嘴，但是不能擦餐具或擦汗。标准的做法是将餐巾对折成长方形或等腰三角形，然后折向外，平铺在并拢的双膝上。它的主要作用是防止油污、汤水溅在衣服上。不宜将餐巾放入衣领内，夹在皮带内或衬衫纽扣中间。餐巾摆放位置不同，代表不同的含义：取下餐巾放在自己的座位上，暗示暂时离开；女主人(主人)把餐巾铺在腿上是宴会开始的标志；将餐巾放在餐桌桌面上，暗示用餐结束。

(11) 刀、叉、勺的使用。使用刀叉时，右手持刀，左手持叉。欧洲人使用时不换手，即从切割到送食均以左手持叉；美国人则切割后，把刀放下，右手持叉送食入口。在桌子上摆放刀叉，一般最多不能超过三副。三道菜以上的西餐，必须在摆放的刀叉用完后随上菜再放置新的刀叉。就餐时按刀叉顺序由外往里取用。手里拿着刀叉时切勿指手画脚，交谈时应将刀叉放在盘上。切割食物时，不可发出声响。进食时，牙齿不接触叉子。刀叉摆放位置不同代表的含义也不同：每道菜吃完后，将刀叉并拢排放盘内，以示吃完，服务员可以撤盘(见图3-12)。如未吃完，则摆成八字形或交叉形，刀口应向内(见图3-13)。西餐中的勺子可以分为三类：一类用来喝汤，一类用来吃甜品，一类用于搅拌红茶或咖啡。与刀叉并列摆放在餐桌上的是汤勺，专门用来喝汤，不宜用来取食其他菜肴。搅拌勺在搅拌后应放置于托盘上，勿将勺子放在杯中或用于舀取咖啡、红茶。

图3-12　表示用餐完毕的刀叉摆放

图3-13　表示未用完餐的刀叉摆放

有趣的称呼方式

一、英美等国

在英国、美国、加拿大、澳大利亚、新西兰等英语系国家，人们的姓名一般由两部分构成：通常名字在前，姓氏在后。例如，在"理查德·尼克松"这一姓名之中，"理查德"是名字，"尼克松"才是姓氏。在这些国家，女子结婚前一般都有自己的姓名，但结婚之后，通常姓名由本名与夫姓所组成。例如"玛格丽特·撒切尔"这一姓名中，"玛格丽特"为其本名，"撒切尔"则为其夫姓。有些人的姓名前会冠以"小"字，例如"小乔治·威廉斯"，这个"小"字，与其年龄无关，而是表明他沿用了父名或父辈之名。跟英美人士交往时，一般应称其姓氏，并加上"先生""小姐""女士"或"夫人"。例如"华盛顿先生""富兰克林夫人"。在十分正式的场合，则应称呼其姓名全称，并加上"先生""小姐""女士"或"夫人"，例如"约翰·威尔逊先生""玛丽·怀特小姐"。对于关系密切的人士，往往可直接称呼其名，不称其姓，而且可以不论辈分，如"乔治""约翰""玛丽"等。

二、俄罗斯

俄罗斯人的姓名由三部分构成：首为本名，次为父名，末为姓氏。例如，在列宁的原名"弗拉基米尔·伊里奇·乌里扬诺夫"中，"弗拉基米尔"为本名，"伊里奇"为父名，"乌里扬诺夫"为姓氏。女性的本名与父名通常一成不变，但其姓氏结婚前后却有所变化，婚前使用父姓，婚后则使用夫姓。在俄罗斯，人们口头称呼中一般只采用姓氏或本名。例如，对"米哈伊尔·戈尔巴乔夫"，可以只称"戈尔巴乔夫"或"米哈伊尔"。在特意表示客气与尊敬时，可同时称其本名与父名，如称前者为"米哈伊尔·谢尔盖耶维奇"，这是一种尊称。对长者表达敬意时，可仅称其父名，如称前者为"谢尔盖耶维奇"。"先生""小姐""女士""夫人"亦可与姓名或姓氏连在一起使用。

三、日本

日本人的姓名均用汉字书写，而且姓名的排列与中国一样，即姓氏在前，名字居后。不同的是，日本人的姓名往往字数较多，且多由四字组成。其读音，与汉字大相径庭。为了避免差错，与日本人交往时，一定要了解在其姓名之中，哪一部分为姓，哪一部分为名。女性婚前使用父姓，婚后使用夫姓，本名则一直不变。在日本，人们进行日常交往时，往往只称其姓。只有在正式场合，才使用全称。称呼日本人时，"先生""小姐""女士""夫人"皆可采用，一般可与其姓氏，或全称合并使用，例如"田中先生""宫泽理惠小姐"等。

拓展知识二

国宴的准备

2015年10月20日，国家主席习近平和夫人彭丽媛出席了英国女王伊丽莎白二世在白金汉宫举行的盛大欢迎晚宴，约170位贵宾参加晚宴。

作为接待他国领导人所举行的最高规格的盛宴，英国国宴每年通常举行1~2次，一场精心安排的国宴，集制度、礼仪、餐饮、艺术、外交、娱乐于一身，彰显国家荣耀。此次宴请摆桌耗时三天，女王陛下亲自视察餐桌摆设等各项准备工作。所有的瓷器、玻璃杯和银餐具要提前清洗擦亮，锦缎的桌布、餐巾和垫布要提前叠好。举行国宴时，白金汉宫宴会厅会在大长条桌上摆满金碧辉煌的餐具，每套餐具之间必须精确相差46厘米，即使最熟练的侍者也要依靠有毫米刻度的尺子来给每套餐具定位。餐桌上有超过100个银烛台，点着蜡烛，并用银装饰盘在餐桌中间摆放时令水果和鲜花。这些摆设的年代可以追溯到乔治五世时期。鲜花将由白金汉宫的花工来安排，很多鲜花都是来自皇家花园。

对于客人的喜好，女王陛下的办公室会提前咨询各国大使馆，确认有哪些喜欢和不喜欢的食物，最后由女王确定，既让菜单保持简单化，又使菜肴精致、美味。正式的晚宴是一个非常盛大的场合，客人将可享用多道菜肴，包括汤、鱼、肉、点心、奶酪、咖啡等，还有最好的红酒和白兰地。

女王还亲自安排宾客的位置。按照晚宴传统，主人会以男女相间的原则安排宾客入座，已婚夫妇一般会被分开。如果宴会是女主人举办，那么身份地位最尊贵的男客人应该坐在她的右边。因此习近平主席就被安排坐在女王右手边，凯特王妃的左手边。

复习思考题

一、判断题

1. 物业服务人员可根据与业主或客户的熟悉程度，选择较亲密或生活化的问候语，有利于维护良好的社区或邻里关系。（　　）

2. 公务式的自我介绍适用于工作场合，包括姓名、单位、部门、职务、籍贯、兴趣爱好等工作交往中所需的基本信息。（　　）

3. 递送名片时应注意正面正向，即物业服务人员看到的名片内容是以本国官方语言显示的，且文字正向显示。（　　）

4. 精美的包装是礼品的重要组成部分。国际交往中，包装成本一般不低于礼品价值的三分之一，不仅显示赠礼人的情趣和心意，也会给受礼者留有悬念。（　　）

二、选择题

1. 国际交往中涉及位次排列，原则上应遵守_____。

A. 左尊右卑　　　　　　　　　B. 右尊左卑

C. 左右一样　　　　　　　　　D. 不同场合不同尊卑

2. 专职司机开车时，轿车的上座是_____；主人开车时，轿车的上座是_____。

A. 后排左座、副驾驶位　　　　B. 后排右座、副驾驶位

C. 后排右座、后排左座　　　　D. 副驾驶位、后排中间位

3. 下列关于握手时伸手的先后次序的表述正确的是_____。

A. 职位高者优先　　　　　　　B. 晚辈优先

C. 男士优先　　　　　　　　　D. 未婚者优先

4. 交换名片时礼仪不正确的是_____。

A. 接受他人名片时应恭敬，起身站立，面带微笑，目视名片

B. 若对方是外宾，递送名片时应将印有英文的一面对着对方

C. 接过他人名片后认真看一遍，切忌将对方的姓名、职务读出来

D. 向多人递送名片时，一定要按由尊而卑的顺序依次递送

5. 在安排桌次时，主桌的确定以"面门、面南、居中、观重点"为原则，其他桌次按_____来确定。

A. 等距围绕主桌的桌次高　　　B. 离主桌越远的桌次越高

C. 主桌左侧的桌次高　　　　　D. 离主桌越近的桌次越高

三、思考题

1. 简述在安排礼宾次序时常用的4种方法。

2. 简述行握手礼的正确方式，以及握手礼的禁忌。

3.中西方业主或客户在接受馈赠时有哪些不同的表现？

能力训练

1. 杭州某物业服务公司正在拟订"年终客户答谢会"礼品的采购计划，如果你作为此项任务的负责人，在综合分析成本预算、地域特色、活动主题、业主/客户特点等方面的基础上，提出一个合理的建议性方案。

2. 某天早晨，物业服务人员小陈在巡查小区时，发现某单元一户业主家的房门上插着一串钥匙。他判断可能是业主一时疏忽忘记把钥匙取下来。由于单元内还有好几户业主正在装修，进出人员较多，从安全角度考虑，小陈按响了该业主家的门铃。轻按几下，都没有动静，小陈只好多按几遍。这次门铃还没有响完，就听到里面有一人大声问："谁啊，大清早，干什么？"显然业主有些生气了，但还是打开了门。小陈简单说明情况后，将门上取下的那串钥匙双手递给业主，或许业主还没有摆脱被惊扰的不快，不冷不热地说声"谢谢"就"砰"地关上了门。站在门外的小陈心里挺不是滋味的。

案例分析：

(1) 物业服务人员小陈做得对吗？假如你是小陈，遇到上述情况，你会如何处理？

(2) 在与客户/业主交往过程中，若发生不愉快，你会如何面对？

3. 2009年4月，出席二十国集团领导人第二次金融峰会的国家主席胡锦涛，在伦敦会见美国总统奥巴马，如图3-14所示。请思考以下两个问题：①根据会见座次安排原则，进行主、客座次分析；②座位后方的国旗为何如此悬挂，符合礼宾次序原则吗？请说明理由。

图3-14　胡锦涛会见美国总统奥巴马

项目四
沟通礼仪——高效的语言艺术

知识目标

- 了解服务语言的基本特点和使用原则；

- 掌握对客服务过程中的各类礼貌用语以及交流技巧和方法；

- 了解通信礼仪的规范要求，掌握电话、手机、电子邮件、传真的使用要求和方法。

素质与能力目标

- 能熟练使用礼貌用语，具备一定的语言表达能力；

- 能够根据不同的对象、不同的情形正确使用各类通信工具；

- 灵活运用各种技巧和方法与业主或客户进行有效的沟通，恰到好处地向业主或客户传递尊敬、友好之情。

学习目标

烛邹亡鸟

春秋战国时期，齐国齐景公喜欢射鸟，派烛邹替他喂养、看管鸟儿，结果却让鸟飞走了。景公非常生气，命令官吏要杀掉烛邹。晏子拜见景公说："烛邹有三条罪状，请让我列举出他的罪状之后再杀掉他。"景公应允。于是晏子把烛邹叫来，在景公面前列举他的罪行。晏子说："烛邹，你替我们的君主掌管养鸟却让鸟飞走了，这是第一条罪状；让我们的国君因为鸟而杀人，这是第二条罪状；让诸侯们得知此事后，认为我们的国君重视鸟却轻视人才，这是第三条罪状。我已经列举完烛邹的罪状，请景公杀掉他。"景公说："不杀了，我已经明白你的意思了。"

晏子谏杀烛邹的这个故事极佳地展现了逻辑清晰、语意明确的语言表达所产生的积极效果，他仅用了三句话就揭示出齐景公此举会产生的相关效应，不仅救了烛邹一命，还有效地阻止了景公因为一点儿小事而乱开杀戒的昏庸之举，使其在情理的感召下幡然醒悟。

语言是人际交往的工具，是人们表达意愿、交流情感的重要媒介。中国自古就有"君子不失色于人，不失口于人"的箴言，君子待人接物应该彬彬有礼，不可态度粗鲁、出言不逊。物业服务人员在工作中，无论是面对面交谈，还是通过电话、手机、网络等媒介交流，都应将礼貌用语作为一种工作习惯，掌握相关的礼仪规范与沟通技巧，不仅体现良好的个人职业素养，还能够提高沟通效率，更好地完成服务工作。礼敬得人，轻慢失人。礼貌、规范、得体的语言会使人际交往变得顺畅，拉近与业主或客户之间的距离。

模块一　服务语言的规范要求

一、服务语言的特点

服务语言是典型的职业用语，体现了形式文明、提供服务的双重特性。俗话说："良言一句三冬暖、恶语伤人六月寒"。良好的语言能力是对物业服务人员的基本要求，从欢迎到送别，语言贯穿服务的全过程，服务人员一定要真正理解服务语言的礼仪内涵及特点，在工作中自觉运用，形成一种良好的职业习惯和职业修养。物业服务人员不仅要掌握语言的组织及运用，更要懂得服务语言礼仪，要学会用语言的"美"

吸引人，以语言的"礼"说服人，注重谈吐，讲究说话的艺术和交谈的技巧，体现对业主或客户的尊重与友好。

(一) 语言准确

语言表达力求发音清晰、合乎语法、语意完整、逻辑清晰，否则，即使你的态度诚恳，但由于表达不清、意思不明，同样会引起对方的误解或不满。同时选择恰当的词语，尽可能使业主或客户听来觉得礼貌、文雅，避免粗俗感。物业服务人员要将信息准确无误地传递给业主或客户，应遵守以下基本原则。

1. 遣词造句准确

在工作中应选择言简意赅且通俗易懂的语言，不可咬文嚼字，尽量避免使用晦涩冷僻的词汇或冗长累赘的句子。交谈时一般不使用听不懂的语言，如方言俚语，而要用普通话，面对外宾要正确使用对方擅长的外语。

2. 意思表达明确

语言表达逻辑性强，尽可能做到"开门见山"，明确地表达自己所要表达的意思，对于重点、细节部分应以对方容易理解的方式解释说明，如有需要可重复强调。

3. 内容真实可信

服务语言运用应以诚为本，以实为要，以真为先。物业服务人员在向业主或客户传递信息时要说真话、讲实话，切忌言过其实、言不由衷、胡乱杜撰等，尤其涉及业主或客户切身利益的事情，一定要做到准确可信。

4. 观点中正平和

"极高明而道中庸"，物业服务贴近业主或客户的工作和生活，语言应体现生活的智慧，追求中正平和，外柔内刚，永远不把与客人的交谈引向矛盾与纷争。

(二) 富含情感

所谓"情感性"，就是要求物业服务人员在使用语言时要充分尊重业主或客户的人格和习惯，语气亲切、热情、真诚，绝不能讲有损对方自尊心的话。讲出具有"亲和力"的话，不仅取决于服务者的个人情绪，更取决于其服务意识、工作责任心，以及对语言表达艺术的把握。在服务过程中，应注意满足业主或客户心理的情感性需求，对语言加以适当修饰，不能过于直白，如多使用谦语和委婉语就可以在一定程度上满足业主的情感性心理需求。

谦语是谦虚、友善的语言，能充分表现出尊重对方，谦语常用征询式、商量式的语气进行，如"100平方米的A类户型已经售完，您是否考虑同样面积的B类户型？"。委婉语是指用婉转的、含蓄的方式来代替直白的语言，取代所有禁忌的词语，用于提示双方都知道的但不愿点破的事物或用来拒绝对方。例如，同样情况的两种不同的说法第一种说法是"对不起，已联系维修人员，他还在忙。"第二种说法是"请稍等，已为你安排维修人员，他马上就到。"此时，应该选择第二种表达方式，虽然两种表达所传递的信息是一致的，但"已安排""马上到"是积极且肯定的答复，要比简单的情况陈述更容易让人接受。有时候为了不让客户失望，需要反话正说。又如客户来咨询购买一处热销楼盘，而他知道的"98折"优惠活动于昨天刚刚结束，此时面对客户有两种不同的说法：第一种说法是"不好意思，'98折'优惠已结束，现在只有'预交1万抵3万'了。"第二种说法是"您的运气真好，我们刚推出'预交1万抵3万'的新活动。"如果你是客户，相信你也会喜欢第二种说法。这不仅是"逻辑"上的区别，还是"感情"上的区别，我们要为客人提供优质的"情感服务""心理服务"，就要重视这些看似细小的不同，细节决定成败。

(三) 幽默生动

生动的语言可以拉近与业主或客户间的距离，产生共鸣，带来意想不到的结果。这就要求物业服务人员注重知识与语言词汇的积累，善于运用对比、夸张、借代、比喻等修辞手法，使语言更加艺术化、形象化，并能通过语音、语速、语调和语气等表达自身情感，让平淡无奇的语言变得不同寻常，创造出生动的语言画面。意大利著名的表演艺术家罗西有一次应邀为客人做即兴表演，他在台上用意大利语朗读一段台词，尽管在场的客人听不懂内容，但却被他那充满辛酸、凄凉、悲怆的台词所感染，很多人不禁潸然泪下。当罗西表演结束，翻译才解释说，刚才罗西念的根本不是什么经典台词，而是大家桌子上摆放的菜单！物业服务人员在接待业主或客户时，语言不能呆板，不可机械地回答问题，运用生动幽默的语言尽可能让对方感到亲切与热情，能使气氛和谐、感情融洽，成为他们生活、工作中的好伙伴。

(四) 表达灵活

在运用服务语言时，实际效果往往不取决于要表达什么，而取决于如何表达，且自己所使用的语言能否被对方所理解和接受。为了让业主或客户感到高兴和满意，在服务过程中要注意察言观色，善于观察对方的反应，针对不同的场合，如语言环境包括说话的时间、地点，不同的对象如对方的国籍、年龄、性别等身份特征，以及心理、性格、文化素养、风俗习惯等，说不同的话，采用不同的表达，这样做往往会避免矛盾的出现或使矛盾得到缓和。一般情况下，我们可以通过客户的服饰、语言、肤色、气质等去辨别客户的身份；通过业主面部表情、语调的轻重快慢、走路姿态、手势等行为举止善于揣摩对方的心理，去领悟业主的情绪。遇到语言激动、性格急躁、举止不安的客户或业主，要特别注意使用温柔的语调和委婉语措辞，以灵活的言语应对。

对待投诉的客户或业主，说话要特别注意谦虚、耐心、有礼，设身处地替对方着想，投其所好、投其所爱。每一位物业服务人员都需要自觉学习和研究语言艺术，并在实践中努力提高自己的应变能力，注意培养随机性和灵活性，以便适应服务接待工作的需要。

二、服务语言的使用原则

服务语言是服务性行业的重要"软件"之一，随着物业服务行业的迅速发展，管理日趋标准化、专业化，物业服务人员的素质和服务质量等内涵上的竞争也日益激烈，正确使用服务语言，既能显示物业服务人员良好的气质修养，又能让业主或客户感受到礼遇和尊重。物业服务人员在使用服务语言时应注意以下几个方面。

(一) 语言精练

语言精练、中心突出是沟通礼仪的基本要求之一。精练不是语言单调、词汇贫乏，而是用较少的语言表达尽可能多的内容，取得以少见多的效果。从前，有个商人在镇上新开了一家店铺卖酒，为了标榜酒美，招徕顾客，特奉厚礼请来几名秀才，准备写一个招牌，挂在酒店门前。秀才甲挥笔写出："此处有好酒出售"7个大字。店家见了，点头赞许。秀才乙指出："这7个字过于啰唆，应该把'此处'两字删去。"店家细想，也觉得有理。秀才丙又说："'有好酒出售'中的'有'字多余，删去更为简约。"店家也觉得干脆。可是秀才丁又振振有词道："酒好与坏，自有客官评断，'好'字亦应删，干脆留一'酒'字更为夺目。"店家欣然接受。这则故事说明"言不在多，达意则灵"，切忌啰啰唆唆、拐弯抹角。物业服务人员在与业主或客人交谈时要做到言简意赅，时间恰当，不宜过长，否则不仅会影响业主或客户，也是一种失礼行为。

(二) 声音优美

物业服务人员要努力使自己说话的声音充满魅力，给人以美的享受，做到以声传意、以声传情。掌握语音、语速、语调、语气的正确使用，这样更能表达出对待宾客的尊重与礼貌。说话时要做到：①语音大小适中。说话时声音不宜过高，音量大到让人听清楚即可，明朗、低沉、愉快的语调最吸引人；声音也不宜太低、太轻，这样会造成对方听不清楚。②语调谦逊文雅。语气语调有表达情感的复杂作用，俗话说："言为心声、语为人镜"。在句式上，少用"否定句"，多用"肯定句"；在用词上，多用褒义词、中性词，少用贬义词；在语气上，要亲切柔和，诚恳友善，避免生硬唐突的口吻或摆出盛气凌人的架势。③语速快慢适度。语速过快会给人一种压迫感，语速过慢会影响对方的谈话兴趣，给人反应迟钝的感觉。适当的语速应为每分钟120～160个字，说话时有停顿及变化，会给语言增添丰富的效果。依据实际情况调整语速，娓娓道来，给人留下稳健的印象，也给自己留下思考的余地。

(三) 掌握分寸

在物业服务过程中，哪些话该说，哪些话不该说，怎样说才更符合交谈的目的，都是沟通礼仪应注意的问题，在初次见面、公务场合、对客服务中，要特别注意。善意的、诚恳的、赞许的、礼貌的、谦让的话应该说，且应该多说。恶意的、虚伪的、贬斥的、坚硬的、强迫的话不应该说，因为这样的话语只会造成冲突、破坏关系、伤害感情。有些话虽然出自好意，但措辞用语不当，方式方法不妥，好话也可能引出坏的效果，所以必须谨言慎言，掌握说话的分寸，才能获得预期的效果。在与业主或客户交谈时，恰当的话题可以使双方迅速拉近距离，找到共同的关注点，是成功的重要因素。既定的主题、高雅的主题、轻松的主题、时尚的主题都是在社交场合中适合选择的，但不管选择哪一类，物业服务人员要能够灵活驾驭。

(四) 避免忌讳

为了避免尴尬，涉及年龄、婚姻、收入、经历、信仰、身体状况等个人隐私的问题，在沟通交流过程中不要好奇地询问。要注意"六不谈"，即不得非议党和政府，不得涉及国家机密和行业秘密，不得非议交往对象的内部事务，不得非议自己的领导、同行、同事，不得涉及格调不高的话题，不得涉及个人隐私问题。同时要注意避免五大禁忌：一忌只说不听。只顾自己滔滔不绝，而不倾听他人说话。二忌打断对方。不可随便打断他人说话，物业服务人员尽可能让业主或客户先说，让其一吐为快。三忌补充对方。对他人说的内容不要随便补充或插话。四忌纠正对方。不要随便纠正对方的错误，即使你没有恶意，但也会给对方带来不愉快。五忌质疑对方。不要随便对业主或客户说的话表示怀疑，这是极不尊重的表现。

(五) 注意姿态

除了注意声音美、语言美之外，姿态美也很重要。在体态语言的运用中，要结合所要表达的内容，考虑对方的地方习俗、个人禁忌等，不仅要有目光语、身势语的运用，还要结合适当的手势语和表情语，避免出现不文明、不卫生的仪态。与他人说话时，首先要做到正视对方，面带微笑，表情亲切自然，不可东张西望、左顾右盼。交谈过程中不应长时间盯着对方，这会让其感到不自在。目光应该不时地落到对方身上，时间控制在30%～60%，可注视以两眼为底线、下颌为定点的倒三角区域内。交谈时，不要懒散或面带倦容，哈欠连天，也不要做一些不必要的小动作，如玩指甲、弄衣角、搔脑勺、抠鼻孔等。这些小动作显得懒散、不卫生，也会使人感到你心不在焉、傲慢无礼。

模块二　礼貌用语

中国是个文明古国、礼仪之邦，礼貌用语非常丰富，运用也非常灵活。礼貌用语是在服务过程中，物业服务人员自谦恭敬之意的一套约定俗成的语言，是物业服务企业创建品牌形象的重要方法之一，也是向业主或客户表示尊重同时为了得到他们的认可的表现形式。如尊称、敬语、雅语的使用，最大特点是给人以彬彬有礼、热情得体之感。多用"您"而不用"你"，不可直呼其名，语气应甜美柔和、自然亲切。雅语用在正式场合中，代替那些比较随便甚至粗俗的话语。如用"请问哪里有洗手间、盥洗室"代替"请问哪里有厕所/公厕？"，用"方便一下""我去洗下手""请原谅我耽误您几分钟"之类的话代替"上厕所"等。物业服务人员说话要注意尊重他人，做到"敬而不失，恭而有礼"，讲究文明礼貌，给业主或客户带来心理上的舒适与满足，以博得好感、支持和谅解。如对他人有所求时，要用"请""麻烦""劳驾"；对他人提供的方便和帮助，用"谢谢""给您添麻烦了"；给他人带来不便时，用"对不起""请原谅""多多包涵"；他人表示了歉意，要回以"没关系"；他人表示谢意，可说"别客气"；对不能及时处理的事，应说"请您稍候""麻烦您等一下"；道别时说"再见""请慢走"等。养成使用礼貌用语的习惯，将"十字方针"挂嘴边，如图4-1所示。

图4-1　礼貌用语"十字方针"

一、迎送语言

(一) 欢迎语

欢迎语是当业主或客户进入服务视线时，为使他们获得宾至如归的感觉，物业服务人员主动向其打招呼时所使用的语言。使用欢迎用语往往离不开"欢迎"一词，最常用的欢迎用语有："欢迎光临""欢迎您回家""见到您很高兴"等。当客户再次光临时，要用欢迎语表示自己仍记得对方，让对方感到被尊重、被重视，可在欢迎用语之前加上对对方的尊称或其他专用词，如"陈先生，真高兴又见到您了！""李小姐，欢迎您再次光临！"等。对于一些熟悉且关系较亲密的业主，在使用欢迎语时可更加亲切、生活化，如"陈伯，早上锻炼回来了。""李小姐，今天来得真早。"等。在使用欢迎用语时，通常应当一并使用问候语，必要时须同时向对方施以注目礼、点头礼、微笑礼、鞠躬礼、握手礼等。

(二) 问候语

问候语是服务人员与业主或客户相遇时，主动向其问好或打招呼时所使用的语言。问候语的形式简短，所传达的信息主要是情感层面的而非主要思想的交流。如果说问候只是打个招呼，没有感情色彩，那就显得机械、生硬。带有情感色彩的问候能在短短的一句话中明显地表露出你对他人的关怀与诚意，能拉近物业服务人员与业主或客户之间的距离，使其感到舒心、温暖，为服务工作打下良好的感情基础。

对客服务时应遵守"三二一原则"，即与客人距离三米时要有目光交流，距离两米时要致以微笑，距离一米时要主动欢迎、问好。通常情况下，应当由身份较低者首先向身份较高者进行问候，为了体现对业主或客户的尊重，物业服务人员应该把自己放在低位，先主动向业主或客户问候。如果被问候者不止一人时，可以采用以下三种方式进行问候：一是统一进行问候，如对所有在场的人说"大家好""各位早安"等；二是采取由尊而卑的礼仪惯例，先问候身份高者，再问候身份低者；三是按由近而远的顺序，当不能确认在场人员身份高低时，可以从离自己距离近者先问候，然后由近及远问候他人。如果物业服务人员一天内多次与同一位业主或客户相遇，应尽可能使用不同的问候语。

(三) 送别语

送别语是物业服务人员与业主或客户告别时所使用的语言。礼仪讲究有始有终、善始善终，所以千万不要忘记送别用语。当业主或客户离开时，服务人员应面带微笑，目送其离开，并致以恰当的道别语，最常用的有"再见""请慢走""欢迎再来""一路顺利"等，可配合点头礼、挥手礼或鞠躬礼等。

二、交流语言

(一) 请托语

请托语是指在请求他人帮忙或托付他人代劳时，按照惯例使用的专项用语。在工作岗位上，物业服务人员免不了会有求于人，在向业主或客户提出某项具体要求或请求时，都应加上一个"请"字。服务人员经常使用的请托语可以分为三种：第一种，标准式请托用语。当物业服务人员向业主或客户提出某项具体要求或请求支持、协助时，需加上一个"请"字，如"请稍候""请往这边走"等。再加上"对不起"三个字，往往更容易被客人接受，如"对不起，请出示下'出门单'"。第二种，求助式请托用语。这是服务人员向业主或客户提出某一具体要求或要求客人关照、理解自己时使用的请托语。最常见的有"拜托您了""打扰您了""麻烦您将车子往后倒一点儿"等。第三种，组合式请托语。这是服务人员将标准式请托语和求助式请托语组合在一起使用，如"请您填写选票并投入一楼的投票箱""打扰了，为了营造整洁的居住环境，麻烦您协助清理下过道里堆放的杂物"等。

(二) 征询语

征询语是物业服务人员为了了解业主或客户需求、征求意见、给予选择、启发思路所使用的语言。在接待过程中，服务人员往往需要主动向客人进行征询，以取得良好的反馈。如"有什么能帮到您的吗？""您还有什么别的需要吗？""这样会不会打扰您？""先生，您对这个楼层是否满意？"这些话都表示对业主或客户的关心和尊重。在使用征询语时要注意对方的形体语言，多用协商的口吻，正确选择封闭式提问和开放式提问。要把征询用语当作服务的一个程序，得到业主或客户的同意后再行动。主动服务当然好，但在实际工作中，即便如此也要征询一下对方的意见，从而避免因对方不同意造成的不愉快。

(三) 应答语

应答语是在业主或客户呼唤、感谢自己或者提出某种要求、表示歉意时所使用的礼貌用语。解答业主或客户的问题时，首先必须按规范站立，双目注视对方，如果正在工作，最好先暂停工作；其次要聚精会神、仔细耐心地倾听业主或客户所表述的内容。必要时适当记录，以示尊重。若没有听清楚，应说"对不起，刚才我听得不是很清楚，麻烦您再说一遍好吗？"答复时，应语气温和、音量适中，不要抢话，让对方把话说完，回答一定要实事求是。当不清楚准确的答案或超越自己的权限时，应道歉并及时向同事打听清楚，或者请示上级和有关部门再答复。遇到个别业主或客户提出某些带有挑衅性、尖锐敏感或不宜正面回答的问题时，应避实就虚，禁止说否定语，也不可单凭想象胡乱承诺。

当业主或客户呼唤时，可以用"好，知道了""好的，马上就来"等语言；当业主或客户表示感谢时，可用"不必客气，这是我们应该做的""不用谢，很高兴为您服务"等；当业主或客户提出某种要求时，可以回答"请放心，我马上联系保安人员""我明白了，尽力满足您的要求"；当业主或客户表示歉意时，可以说"没关系""您不必在意"等。这些礼貌应答会让对方感到愉快。

(四) 推托语

推托语是物业服务人员无法满足业主或客户要求时委婉地表示拒绝的用语。常用的推托用语有以下三种形式：一是道歉式推托用语。向对方表示自己的歉疚之意，以获得谅解。如"对不起，让您久等了"。二是转移式推托用语。不纠缠某一细节问题，而是主动提及另外一件事，转移对方的注意力。如"真抱歉，目前停车位已满，你可以将车钥匙交于工作人员代为停泊"。三是解释式推托用语。在推托对方时尽可能准确地说明具体原因，使对方觉得合情合理、真实可信，如"这里是消防通道，为了您和其他业主的安全，麻烦将车子停放在黄线区域内，希望您能理解。"

(五) 指示语

指示语是物业服务人员在为业主或客户提供服务时，对其一些行动给予方向性建议的用语。如"先生，这是今年的物业服务费总额，请您核对一下""小姐，E邮柜在前面单元的一楼底层，您可以往这边走。"使用指示用语时要注意避免命令式口气，语调要柔和，必要时可配合适当的手势。

(六) 致谢语

致谢语是指物业服务人员为了表达自己的感激之情，拉近与业主或客户之间关系的语言。在下列情况下，服务人员必须使用致谢用语：一是获得他人帮助时，二是得到他人支持时，三是赢得他人理解时，四是感到他人善意时，五是婉言谢绝他人时，六是受到他人赞美时。常用的致谢用语有以下三种形式：一是标准式致谢用语，如"谢谢"，如有必要，还可在其前后加上尊称和人称代词。二是加强式致谢用语，为了强化感谢之意，可在标准式致谢用语之前加上具有情感色彩的副词，如"十分感谢""非常感谢"等。三是具体式致谢用语，一般是因为某一具体事情而向他人致谢，如"谢谢您的宝贵意见，我们会努力改进""感谢您的理解，我谨代表本公司向你表达深深的谢意。"等。此外，若业主或客人提出一些服务方面的意见或投诉，即便不一定完全正确，即使投诉态度不佳，物业服务人员都应该向他们表示感谢。

(七) 道歉语

道歉语是物业服务人员在对客服务时，出于各种原因给业主或客户带来了不便，打扰了对方或引起不满投诉时，而向对方表达歉意的用语。如"对不起""请原谅""不好意思""这是我们的失误""真的过意不去"等。在使用道歉用语时态度一定要真诚，不真诚的道歉等同于在逃避责任。要学会换位思考，体会对方的感受。在服务过程中，要将使用道歉语当作必要的一道服务程序，主动诚恳地向业主或客户表达。如"对不起，大厅地面有雨水，小心滑倒""不好意思，让您久等了"等。

三、服务忌语

不礼貌的语言，如粗话、脏话，是语言中的垃圾，必须坚决清除。物业服务人员要做到"四不讲"和"忌四语"，即不讲粗话、不讲脏话、不讲讽刺的话、不讲与服务无关或有损企业形象的话；忌用蔑视语、否定语、顶撞语及烦躁语。例如，有些物业服务公司每月要给业主派发垃圾袋，若业主不在家，会把垃圾袋放在业主家门口或挂在门锁把手上，但有业主反映当月没有收到垃圾袋。这时物业服务人员可以有三种不同的回答："不可能，我们都是定期派发的。""没收到吗？你是几幢几单元的？""大家都有，怎么就少了你家的，再拿一份去。"这三种回答会产生不同的沟通效果，上述第一种回答直接否定了业主的说法，这样的否定语只能增加服务人员与业主之间的摩擦，甚至会引发更大的冲突，不利于问题的解决。第二种回答明显存在对业主诉求的质疑，服务人员应该拿出解决问题的态度，给出真诚的道歉。第三种回答甚至使用了蔑视语，这样更会激发服务人员与业主之间的矛盾。因此，物业服务人员在工作中须摆正自己的位置，明确自己的角色定位，对客服务时应放低姿态，切莫盛气凌人，须多用委婉的语言，不能简单地拒绝否定。另外，还要注意避免使用容易引起误解和不愉快的语言，也不要将平时一些不文雅的用语或口头禅带到服务当中。

 拓展知识一   **物业服务语言要求**

物业服务人员在服务过程中应注意的语言礼仪规范如下所述。

◆ 三人以上的对话，要用互相都懂的语言。

◆ 不允许模仿他人(特别是业主或客户)的语言、声音、谈话。

◆ 在工作时间不允许聚堆闲聊、高声喧哗、呼喊他人。

◆ 不与业主争辩。

◆ 不讲有损公司形象的语言。

◆ 不允许在任何场合以任何借口顶撞、讽刺、议论业主或客户。

◆ 不讲粗言恶语、歧视和侮辱的语言。

◆ 当接到投诉时，要细心聆听，做出合理的分析，在自己的能力范围内进行解释处理并记录。对于不能处理的情况要准确记录，及时请示上级处理或指引业主到"客服中心"反映情况。

模块三　交流技巧

礼仪故事一　　　　　　　　　　**超值的消费体验**

著名的国际培训大师俞先生，讲述了一段他入住泰国曼谷某酒店的难忘经历。

清晨，我推开房门来到走廊上，一名漂亮的泰国小姐微笑着和我打招呼："早上好，俞先生。""你怎么知道我姓俞？""俞先生，我们每一位值层的服务员都要记住每一个房间客人的名字。"我心中很高兴，乘电梯到了一楼，门一开，又一名泰国小姐站在那里，"早，俞先生。""啊？你也知道我姓俞，你们也要求记住客人的名字，怎么可能？""俞先生，上面打电话说你下来了。"原来她们腰上挂着对讲机。于是她带我去早餐厅，餐厅服务人员亲切地询问："俞先生，还是给你安排靠窗的老位置？"他们记下了我的消费习惯。我退房离开的时候，服务员将所有收据折好放入信封里递到我手中，并说："感谢俞先生，真希望第七次再看到您。"第七次再看到？原来那次是俞先生第六次去。

三年过去了，俞先生没有再去泰国。有一天，俞先生收到一张卡片，发现是泰国曼谷他以前入住的酒店寄来的，卡上有这样一段话："亲爱的俞先生，3年前的4月16日您离开以后，我们就没有再看到您，非常想念，希望您下次经过泰国时一定要来看看我们。最后祝您生日快乐，生活幸福。"原来，写信的那天刚好是俞先生的生日。

物业服务礼仪

会听，是一种能力

有一天，美国知名主持人林克莱特访问一名小朋友，问他说："你长大后想要做什么呀？"小朋友天真地回答："嗯，我要当飞机的驾驶员！"林克莱特接着问："如果有一天，你的飞机飞到太平洋上空后所有引擎都熄火了，你会怎么办？"小朋友想了想："我会先告诉坐在飞机上的人绑好安全带，然后我背上降落伞跳出去。"当在场的观众笑得东倒西歪时，林克莱特继续注视着这孩子，想看他是不是自作聪明的家伙。没想到，随后孩子的两行热泪夺眶而出，这才使得林克莱特发觉这孩子的悲悯之心远非笔墨所能形容。于是，林克莱特问他说："你为什么要这么做呢？"小孩的答案透露了这个孩子真挚的想法："我要去拿燃料，我还要回来的！"听到这样的回答，现场的观众都沉默了，眼眶也慢慢地湿润。就差一句话，险些让一个勇敢、有责任心的孩子被误认为是个自以为是、毫无责任感的人。

沟通是一门艺术，尤其对于服务性行业。语言得体、清晰、纯正、悦耳，会使服务对象有亲切、愉快之感，自然地接受服务并产生良好的反馈；反之，服务语言"不中听、生硬、唐突、刺耳"，会产生强烈的语言刺激，引起对方的不满与投诉，严重影响服务人员的服务质量和组织的品牌与声誉。通过掌握服务语言艺术，能更准确地表达服务人员的思想感情，让自己成为一个善于交流、深受服务对象喜欢的服务者。

一、学会倾听

倾听是一种非常重要的沟通技巧，从中可以看出一个人是否有礼、有心以及他社交水平的高低。"要用十秒钟的时间讲，用十分钟的时间听"，心理学家对人的各种交往活动进行研究，发现听占45%、说占30%、读占16%、写占9%，多听少说的重要性可见一斑。

(一) 倾听的作用

古希腊哲学家苏格拉底说过："上天赐人以两耳两目，但只有一口，欲使其多闻多见而少言"。所以，作为物业服务人员要善于倾听，这不仅可以让我们获得必要的信息，更准确地了解对方的需要，帮助我们正确领会业主或客户的意图与需求，从而有针对性地做好对客服务。

1. 表达尊重

善于倾听是尊重他人、欣赏他人的表现，能帮助物业服务人员减少工作失误。耐心专注地听业主或客户说话，能够给予对方心理上的满足感与认同感，可以激发其表达欲望，并尽快接受我们的服务。

2. 了解情况

用心聆听，理解业主或客户所要表达的内容，还要加以分析与观察，听得出"弦外之音"，了解对方的真实想法。学会站在他们的角度思考问题，选择最合适的服务方式与交谈语言。

3. 获取信息

物业服务人员在倾听中应尽可能多地掌握有用信息，每个人表达信息的方式或习惯都不同，有的人开门见山，直截了当地提出要求；有的人比较委婉，绕了半天还没说到正题上。所以，服务人员要懂得根据业主或客户的有声语言、语气语调，结合他们的肢体语言、表情等，判断其真正的需求和想法，用心、细心、耐心地倾听，这样才能捕捉到尽可能多的信息，为业主或客户提供更有效的人性化、个性化服务，达到满意或惊喜的服务效果。

(二) 倾听的障碍

在充分重视倾听作用的基础上，讲究倾听的技巧，追求倾听的艺术，首先应克服倾听的障碍。

1. 分神分心

在倾听业主或客户谈话时要尽可能专心，不应东张西望、左顾右盼或显露不耐烦的情绪，让对方察觉到你心不在焉，这会伤害到对方的自尊心。不能在别人讲话时做小动作，如玩手机、扣指甲等，这些举动会给对方留下很不好的印象。

2. 急于发言

在与业主或客户交谈时，一定要让对方把要说的话全部说完后再发言，尽量控制自己，不要打断别人或随意插话，也不要匆忙下结论，急于评价对方的观点。先入为主的预演、一知半解的判断都背离了倾听的宗旨，容易让人生厌。

3. 保持沉默

在听他人讲话的过程中始终保持沉默，不对谈话内容做出任何反应，会让业主或客户认为物业服务人员对谈话内容没有兴趣、不在意或对其本人不重视，是不尊重自己的表现，也是消极怠工的表现。

(三) 倾听的方法

1. 全神贯注

要从消极的听转向积极的倾听，集中注意力，把自己的知觉、情感、态度全部调动起来，让思维跟上谈话的节奏。首先需要选择一个适宜交谈的环境，有利于用心投入地听；从理解出发，站在关怀、接受对方的角度去听；学会察言观色，注意对方的神态、表情、语调等，全面准确地了解对方的思想感情，领会其意图。

2.有效反馈

除了有效的听以外，还需要运用丰富的表情、适当的语言及肢体做出反馈，使谈话者感到自己的想法或观点得到了认同，鼓励讲话者继续下去，使谈话更加投机，如肯定、请教、提问等。当业主或客户提出诉求时，使用相关的附和用语，表示对其所表达内容的积极响应，如"是的""好的""我明白了""我非常理解"等。

3.信息确认

由于个体差异或地域间语言表达的差异，容易产生对语言理解的偏差，导致信息失真。在与客人交谈时，物业服务人员要表现出热情、友善、亲切，认真及时回复，对于关键信息，如时间、地点、人物、重要事件要重复并确认，以免由于随意揣测而误会他们的真正意图。

4.归纳总结

在信息传递过程中，会出现某些重要内容遗漏的问题，因此要对业主或客户表达的内容在理解的基础上加以归纳总结，并且做好相应的记录。物业服务人员常用的方法是复述引导，就是将复述和附加提问两种手段结合起来使用的方法，可将对话内容引导到物业服务人员想要获得更多信息的某个具体方面，以帮助自己获得更详细、更准确的信息。如"对您刚才的话我是否能这样理解……""您似乎觉得……""根据您说的情况，楼层电梯是不是出现了……"。

二、三思后言

为了避免口不择言、信口开河，物业服务人员在开口之前，应该认真考虑自己想说什么、应该如何正确表达。与人谈话一定要思前顾后，因为几乎所有的谈话失误都是缘于未加思索或考虑不周，如果能多花一些时间，想清楚并组织好语言再说话，你就不会因说错话而引起他人的不悦。

(一) 说话时机

物业服务人员在说话之前，首先应该确定对方是否已经准备好，愿意听你说话或者愿意和你谈论某一个话题，否则会影响双方的沟通效果，甚至根本达不到有效沟通的目的。比如，当业主或客人怒气冲天地向你投诉时，你不要急着辩解或做出说明，应该让客人把心中不快或不满全部发泄出来。服务人员应在客人全部说完后，首先要向客人致歉，尽可能在第一时间给出解决问题的方案，千万不可马上解释或与客人争论。

(二) 选择话题

在选择话题时，可从4个方面着手：业主或客户的兴趣爱好，业主或客户的性格特点，业主或客户的潜在心理，业主或客户的不同身份。学会正确选择话题，或根据实际情况转变话题，可以用提问的方法进行试探，找出双方都感兴趣的谈话内容，如一本有趣的书、一部精彩的电影、一场激烈的比赛等。如果谈话出现短暂停顿，不要着急，不必无话找话谈。

(三) 语言委婉

语言的表达方式是多种多样的，由于谈话的对象、目的和情境不同，语言表达方式也没有固定的模式。说话有时要直率，有时则要委婉，应视对象而定。语言委婉是指讲话时出于对客人尊重的考虑，不直接说明本意，而是用委婉的词语加以暗示，既能达到使对方意会的效果，又不至于让对方尴尬，甚至伤害对方的情感。语言委婉并不容易做到，需要有高度的语言修养，特别当服务人员不得不拒绝业主或客户的诉求时，运用什么语气，采用哪一种句式，运用什么言辞以及讳饰、暗喻等，既要有高度的思想修养，也要有丰富的语言功底。若用得好，它可以减小刺激性，帮助消除矛盾，使双方避免难堪，使物业服务人员说话留有余地免于被动。

三、善于表达

(一) 有效沟通

沟通是一种信息的双向甚至多向的交流，是将信息传递给对方，并得到对方做出反应的效果的过程。人际交往中，沟通能力主要表现为理解别人的能力和与对方进行沟通的表达能力。研究表明，工作中70%的错误是因为不善于沟通，或者说是不善于说话而造成的。物业服务人员在工作中可能会面临类似的问题："我是一个比较内向又缺乏自信的人，每次跟业主交谈，我总不敢开口，感到有压力。""我讲了很多，为什么业主还是无动于衷？""这位业主总是不满意，真不知道他心里想什么？"等。所以，物业服务人员应该做到以下四点：一是不宜说得太多，只要清楚、亲切、准确地表达出想表达的意思即可；二是尽量启发业主或客户开口，让他们得到尊重、感觉放松，尽情表达自己的需求和意见；三是学会听出对方没有说出来的意思；四是相比你所说的，业主或客户更在乎你是否赞同他们的意见。任何时候都不要与业主或客户争辩，不然只会导致"胜了道理，败了心情，失去和谐"的结果。

(二) 善意批评

批评具有放大效应，即批评他人的某一方面，会令对方联想到对他的整体评价，容易被对方误认为是对他整个人的攻击。因此，批评时必须注意以下技巧和方法。

1. 让对方知道你的真诚

善意的批评必须是真诚的，让对方感觉到我们的批评是为他考虑的，这样才能消除对方的抵触情绪。

2. 批评可以从称赞和感激入手

通常人们在听到别人对他某些长处的赞扬之后，他们会更容易接受批评性建议，并立即改正。如物业服务人员在劝说业主将阳台边缘的花盆摆放至内侧时，会说："王小姐，你家阳台上的花真漂亮，这么好的花万一掉下去多可惜，如果伤到人就更麻烦了，你抽空再整理下漂亮的小花园？"

3. 批评别人之前先自我批评

为了让对方能够愉快地接受批评，我们应先检讨自己是否有没做好的地方。比如在批评别人忘记完成什么事情的时候，可以先批评自己没有给予对方足够的提醒。

4. 批评要顾及他人颜面

批评的根本目的是让对方改正错误，不断进步，所以批评应在私下进行，就事论事，不可上纲上线，将对自尊心的伤害减到最低。

5. 适度幽默

幽默是人际交往的润滑剂，借助轻松活泼的气氛，使人在忍俊不禁之中，明白自己的错误。工作中，我们要善于了解和谅解业主或客户，宽容地对待他们的失误。

(三) 真诚赞美

获得赞美是一件令人心情愉快的事情，这是人们共同的心理需求。恰到好处地对客人表示欣赏、肯定与钦佩，这样可以争取服务对象的合作，使服务过程变得顺畅。但是，赞美一定要注意分寸，把握真诚、具体、及时、适度的原则。如常听到类似的赞美之词"你今天好漂亮""你看起来气色很好""你的工作表现很好"等，这些赞美太过含糊笼统，不够具体，会使你的赞美大打折扣。在赞美你的服务对象时，首先要找准对方身上的闪光点，真心实意地赞美他。其次，赞美要恰如其分，否则有吹捧、奉承或溜须拍马之嫌。再次，发现别人身上的优点，要及时地予以赞美，你会得到意外的收获。赞美有标签作用，赞美对方你所希望他做到的事情，是一种非常有效的鼓励。最后，要学会在背后赞美别人，运用第三者进行赞美的技巧。

(四) 学会拒绝

物业服务人员在社会交往和工作中，经常会遇到一些组织或个人有求于你，这些诉求在多数情况下不能被一一满足。对于不合理或不可能办到的情况和要求，物业服务人员必须学会以正确的方式予以拒绝，在拒绝对方的同时又维护了与业主或客户的良好关系。拒绝的方式主要有以下三种：一是柔和式拒绝，是指采用温和的语言进行推托的拒绝方式，采取这种方式不会使对方感到太失望，避免了与对方的紧张状态。二是迂回式拒绝，是指对对方的发问或要求不正面表示同意与否，而是绕过问题本身从侧面予以回应或拒绝。三是诱导式拒绝，是指根据对方提出的问题进行逐层剖析，引导对方对自己的问题进行自我否定的回应方式。

模块四　通信礼仪

一、电话礼仪

电话是现代社会中信息传递、人际交往的主要媒介或载体，掌握电话礼仪能够反映出物业服务人员的个人修养和工作态度，体现物业服务企业的整体形象，表达对业主或客户的尊重，维护企业美誉度，确保服务工作顺利开展。使用电话时，由于通话双方相互看不到，因此准确的语言、热情的态度更为重要。

(一) 拨打电话礼仪

1. 恰当的时间

给业主或客户拨打电话，以尽量不影响对方的工作和休息为原则，并在通话过程中自觉控制通话时长。物业服务人员给业主或客户打电话通常应在与对方事先约定的时间，或者选择业主客户方便的时间，按惯例早上7点钟前或晚上10点钟以后、用餐时间、休息时间不打电话，应避开对方可能在开会或工作繁忙的时段。如果服务人员不得不打扰对方时，电话接通后应首先道歉，并说明理由；打国际电话时，还要考虑时差和生活习惯等问题。其次，如果是打到对方工作单位的电话，最好在对方上班10分钟后或下班10分钟前通电话，这样对方可以从容地接听，一般上午10点钟左右、下午3点钟左右通话的效果比较好。再次，要把握通话的时间长度。在正常的情况下，一次打电话的时间最好不要超过3分钟，这被称为"三分钟原则"。打电话时要有意识地控制通话长度，有的放矢、把握重点，做到长话短说。如果通话时间较长，最好先征询一下对方的意见，若其不便，应另约时间或选择面谈的方式。

2. 充分的准备

为提高电话效率，在拨打电话之前，必须准确无误地查好对方的电话号码，核实对方的姓名、性别、单位、职务等基本信息，掌握服务需求。其次，提前准备通话内容，做到提纲挈领，有条理地从最重要的信息开始讲起，这样就不会出现丢三落四、语无伦次，或让对方不得要领的情况。通话内容要简明扼要，不可吞吞吐吐、东拉西扯，否则既浪费了对方的时间，又给对方留下"办事能力低下"的不良印象。再次，合适的通话地点应该是安静且不受打扰的，选择通话地点时应注意：①通话内容具有保密性或涉及隐私，不宜在大庭广众之下拨打；②尽量不要在办公地点肆无忌惮地拨打私人电话。最后，拨打电话要耐心，回铃音至少响过6声，等待15～20秒，避免未到3声就挂断或反复拨打电话。

(二) 接听电话礼仪

由于具体情况不同，接听电话可分为本人接听和代接电话。

1. 本人接听

接听电话是否及时，能够反映出物业服务人员的工作效率及态度。在电话礼仪中，应遵循"铃响不过三"的原则，它的含义是：接听电话时，铃响三次左右拿起话筒最为适当。铃响一次就拿起话筒显得操之过急，没有给人准备的时间；如果有特殊原因造成铃响多次才接听，须在通话之初向对方表示歉意。接起电话后先做自我介绍，并向对方问好，如"你好！不好意思让您久等了，这里是××物业服务中心，很高兴为您服务。"聚精会神地接听电话，听取对方来电意图要有所反应，用"是的""好的""马上安排工作人员上门维修"等作答。对业主或客人所说事宜应进行复述核对并进行必要的记录(见图4-2)。当通话接近尾声，不要忘记询问业主是否还需要其他服务，得到确认后向对方道谢、道别。等业主或客户挂断电话后再放下电话。若接听到误拨进来的电话，需耐心向对方说明，如有可能还应向对方提供帮助，或为其代转电话。

图4-2　接听电话

2. 代接电话

在为他人代接电话时，若当事人不在，应先向业主或客户说明情况，询问是否可以代为提供所需服务，或问清是否可代为转达相关事宜。若业主或客户需要留言，应了解对方的姓名、电话、单位名称，做好相关记录。物业服务人员应左手持听筒，便于右手做记录，重要内容必须复述并确认。若当事人在场，可热情地为对方提供转接电话的便利。

3. 两部电话同时响起

当两部电话同时响起时，物业服务人员不可以同时接听(见图4-3)，也不可以任由其中一部电话铃声大作而不闻不问。正确的操作是先接其中一部电话，向对方致歉，请其稍等一下，然后迅速接听另一部电话。接起第二部电话，立即向对方说明原因，如"不好意思，让您久等了，我正在接听其他电话，方便留下联系方法吗？我稍后给您回电。"认真记录对方的联系方法，告知其大致需要等待的时间。挂断第二部电话，再次向第一部电话中等候的业主或客户致歉。

图4-3　不可同时接听两部电话

(三) 通话态度要礼貌

因为电话只靠声音进行交流，所以物业服务人员无论是拨打电话，还是接听电话都应该特别注意音量、语气及谈话内容，以便给对方留下美好的印象。让业主或客户从服务人员的声音中听出热情与关心，礼貌的态度会让你的声音感觉在微笑。

1. 形象表现

电话接通后，物业服务人员要礼貌规范地自报家门，使用敬语来确定对方是要找的业主或客户，先询问对方是否方便接听电话，在此基础上判断是否继续通话。拨打电话时要全神贯注，暂时放下其他工作，仪态标准，不吃东西、不抽烟，如果通话中打喷嚏或咳嗽应向对方表示歉意。提前准备好便签与纸笔，以便记录通话内容，重复重点部分进行确认。

2. 语言表达

通电话时，语气应温和、亲切、自然，避免生硬傲慢、拿腔拿调，要发音清晰、语速平缓。与当面交谈相比，通电话时语速应适当地放慢；音量适中，辐射面控制在直径3米以内。尽可能使用精炼简短的语言，这样不仅可以节省时间，也便于对方理解，有助于提高声音的清晰度。若打错电话，应向对方致歉，不可一语不发直接挂断电话。为了保证良好的通话效果，话筒与嘴部保持3厘米左右的距离，话筒轻拿轻放。

3. 挂断电话

物业服务人员在与业主或客户结束通话前要向对方表示感谢，再道别，如"打扰了，非常感谢您接听电话，再见"或"谢谢您的来电，再见"。服务人员应牢记"让客人先挂电话"的原则。

二、手机礼仪

目前，在各种现代化的通信手段中，手机使用越来越普及，成为现代通信工具的重要组成部分，手机的功能也随着科技进步日益强大。由于手机携带方便，联系快捷，不受时间、地点的限制，所以备受人们的喜欢。在使用手机时，除了遵守电话礼仪要求外，还应注意手机使用规范。

(一) 放置到位

在公共场合或工作时间，手机都要放在合乎礼仪的常规位置，随身携带时可放置在公文包或衣袋内，也可以放在能随手拿到的地方，如办公桌抽屉内，避免手机响了，翻箱倒柜找不到，影响周围的其他人。不要将手机挂在腰间或悬挂于胸前，也不可拿在手中，特别不要对着正在与你交谈的业主或客户。

(二) 遵守公德

在公共场合，如小区道路、电梯、楼梯、写字楼大堂或走廊区域，不可旁若无人地使用手机，应尽量压低声音，在条件允许的情况下用单手遮挡嘴部位置(见图4-4)。在需要保持安静的场合，如图书阅览区、典礼仪式、会议场馆等不能使用手机，如有重要电话，可暂时离场接听或以短信方式联系。在会议中或与业主、客户交谈时，应将手机关机，或将铃声设为"静音"或"振动"状态，这样既显示对他人的尊重，又能使自身专注于会议或交谈。

图4-4　单手遮挡嘴部位置(在公共场合使用手机)

(三) 注意安全

在驾驶车辆时不宜使用手机，避免交通事故发生；乘坐飞机时要关闭手机，以免发出的电子信号干扰飞机的导航系统；在加油站或医院停留期间，不准开启手机、接听电话，否则有可能导致火灾或影响医疗仪器设备的正常使用。此外，在一切标有文字或图示禁止移动通信工具的地方(见图4-5)，都应该自觉关机。

图4-5　禁止使用移动通信工具的标志

(四) 铃声或彩铃的选择

在使用个性化铃声或彩铃时，要注意不能有不文明的内容，应选择优雅、舒缓的音乐，避免搞笑、急凑、夸张的音乐惊扰到旁人。铃声音量不能太大，设置为自己能听见即可。

(五) 多为他人着想

手机响起时应尽快接起，切忌把振铃拖成噪音。拨打手机应考虑时间及对方是否方便；在没有事先约定或与不熟悉的客人联系时，尽量不拨打对方的手机。

(六) 不要用手机偷拍

在用手机拍照或者摄影时，应该先征得对方的同意。即便获得允许，也不能未经业主或客户的同意将他(她)的照片或视频转发给其他人欣赏，甚至放到网络上传播。

三、短信礼仪

手机短信能准确无误地将信息传递，无须语音支持，不会打扰对方的工作与生活，是现代通信技术给人们带来的便利。在日常使用中，应避免"滥发短信""不回短信""不分时间和场合收发短信"等情况。

(一) 短信要署名

编辑短信应有称呼与署名，这既是对他人的尊重，也是达到服务目的的手段。如在节日期间向业主或客户发送祝福短信，若没有署名，对方搞不清楚究竟是谁发的，就无法传递你的心意。利用专业的短信平台，可事半功倍，避免群发之嫌，又能够使对方有专属之感。碰到重要事宜，署名时还应附加联系方式。

(二) 短信的使用

需要保持安静的公共场所或会议过程中，应将短信接收提示音调至静音或震动状态，不要在与他人交谈时查看或编发短信。在给身份较高或重要的业主或客户打电话前，可以先发短信询问其是否方便，如果对方没有立即回短信，不可贸然致电。提醒类事宜适合使用短信，打电话会使对方有不信任之感，短信显得非正式且温馨亲切。

(三) 短信的编辑

编发短信的用语应规范准确、表意清晰、简明扼要。不编发或转发内容上违法违规或不健康的短信，也不要随意群发短信。

四、网络礼仪

网络的日益普及为越来越多的人带来高效与便捷，虽然网络是一个不受制约的地方，但必须遵守适当的规范。网络礼仪是指在网上交往活动中形成的一套约定俗成的礼节和仪式，就是人们在互联网上交往所需要遵循的礼节，以及一系列规范人们网上言行的准则。

电子邮件(E-mail)是利用互联网，向交往对象发出的一种无纸化电子信件。电子邮件既可以作为信件，也可以用附件方式传递重要文件和信息，几乎不受传统书信邮寄的时空限制，而且电子邮件的收发过程不论距离多远，几分钟即达且价格便宜，所以它已逐渐成为人们进行远程通信的一种重要方式。

(一) 主题明确

一个电子邮件，大都只有一个主题，并且需要在"主题"栏里注明。主题应提纲挈领，让收件人一目了然，以便按事件的轻重缓急处理。电子邮件的内容与格式应与平常信件一样，既可以如书面交谈，也可以采用正式信函的风格，不能缺少称呼、敬语、落款，必要时可在落款处注明地址、电话等联系方式。

(二) 内容编辑

撰写电子邮件时应慎重、内容简明扼要，与通信者的身份相符。内容积极向上，不可撰写或传播污秽的言论，忌全文使用英文大写字母。从安全角度考虑，机密性、敏感性的问题不宜使用电子邮件传递。不要反复发同一封邮件，不发送没必要的邮件和垃圾邮件。注意附件格式，特别是对于一些比较小众或专业性强的软件格式，最好另附相应的安装程序，以便收件人能够顺利阅读邮件内容。

(三) 及时回复

一般而言，收到业主或客户的电子邮件，应该立即回复。重要或紧急的电子邮件须在两小时内回复，一般性的电子邮件也需在24小时内做出回复，如果实在来不及做详细回复，也应先回信告诉对方已经收到来信。回复某人来信，可摘录部分来信原文，逐条对应进行回答。养成每天或定期查看电子邮件的习惯，发现有用的信件可以下载或移至档案中保存，应立刻清除不需要的邮件。

(四) 发送技巧

发送邮件时，要认真核对收件人的邮件地址，准确输入，当要把信件发送到多个邮件地址时，最好能分别发送。除了最常用的"收件人(TO)"选项外，可灵活使用抄送(CC)、密送(BCC)功能。

五、传真礼仪

传真是利用光电效应，通过安装在普通电话线路上的传真机，对外发送或接收外来的文件、书信、资料、图表、照片的一种现代化的通信联络方式。传真机是现代办公室非常重要的一种通信工具，在使用传真机对外联络时应遵循以下礼仪规范。

(一) 正常使用

检查传真机的工作状态，确保传真机开启并处于正常的工作状态，纸匣中装满干净的纸。无人在场的情况下，应将传真设置为自动接收状态。

(二) 信息准备

发传真前，应准确获取接收方的传真号码、工作单位、部门等基本信息。在不明确的情况下，不得草率行事，这样不但会影响双方的工作，还会泄露企业信息。对方的传真若是非自动接收状态，在电话接通后，应先问候对方，表明身份，再告诉对方事由，打消对方的疑虑或担忧。得到对方认可后，礼貌地要求对方给予传真信号，并表示感谢。

(三) 格式完整

在发送传真时，应确保传真文件格式的完整性，养成使用传真首页纸的习惯。发件方应在传真上注明公司名称、发件人姓名、发送时间、联络方式以及传真件的总页数，同时，也应写明接收方的姓名、所在公司、部门、联络方式等信息。所有这些均应写在传真内容的上方，不得触边。如果传真的内容不止一页，应该按顺序编上页码。由于传真机的传输速度远低于电子邮件，页数较多的文件不适宜通过传真机来传输。

(四) 内容清晰

发送传真时应尽量使用清晰的原件，避免发送后出现看不清楚内容的情况。接收方所接收的文件格式越完整、内容越清晰，则反应和回馈的速度越快，工作效率也就越高。

(五) 正文规范

传真内容的正文部分，尽量不要使用口语，标点断句要准确，逻辑清晰，最好分段落或用序号、短语精要地表达，使接收方能迅速地掌握相关信息。另外要注意的是，对于需要严格保密的内容，最好不要使用传真机来传送，避免重要信息泄露。

(六) 及时确认

发送传真后应及时跟对方确认是否已收悉，且内容清晰无遗漏，以免传真件被误取或遗失；若是接收传真也应给予及时回复，明确告知对方己完整地收到传真，并会马上处理。信息的传递、接收和反馈，是一个循环的过程，这样沟通才会顺利、高效。

(七) 其他规范

传真完毕后，应记住取走传真原件，避免信息泄露。如果有必要，做好传真件的整理归档。一般情况下，不要使用公司传真机发送私人传真件。

拓展知识二　　　　　　**TO、CC、BCC的妙用**

电子邮件中TO为"收件人"选项，CC为"抄送"选项，BCC为"密送"选项。

抄送功能用于同样一份邮件需要发送给多人阅读时，只要在"抄送"或"CC"一栏填上相关人员的信箱地址即可，只要将他们的电邮地址用逗号隔开，即可发送到相应的信箱。收件人、被抄送者都知道该邮件发至多少人。

密送功能用于因为某种原因或考虑，你不希望收信人知道你把这封邮件还发送给了其他人，则可将这个人的电邮地址输入"密送"栏内。如A发送邮件给B1、B2、B3，抄送给C1、C2、C3，密送给D1、D2、D3。那么A知道自己发送邮件给B1、B2、B3，并且抄送给C1、C2、C3，密送给D1、D2、D3。B1知道这封是A发送给B1、B2、B3的邮件，并且抄送给C1、C2、C3，但不知道密送给D1、D2、D3。C1知道这封是A发送给B1、B2、B3的邮件，并且抄送给C1、C2、C3，但不知道密送给D1、D2、D3。D1知道这封是A发送给B1、B2、B3的邮件，并且抄送给C1、C2、C3，而且密送给自己，但不知道密送给D2、D3。

复习思考题

一、判断题

1. 在与业主或客户交谈时，恰当的话题可以迅速拉近双方距离，物业服务人员应该根据业主或客户的喜好，尽量选择能够驾驭的话题。(　　)

2. 物业服务人员给业主或客户打电话可以选择在早上7点钟前或晚上10点钟前。(　　)

3. 通常情况下，应当由身份较低者首先向身份较高者进行问候，所以是由物业服务人员先向业主或客户致以问候。(　　)

4. 为了让业主或客户更好地接受批评性建议或意见，并立即改正，所以善意

的批评必须是直接且真诚的。(　　)

二、选择题

1. 服务语言具有准确、富含情感、幽默生动、_____等基本特征。

A. 表达灵活　　　　B. 内容客观　　　　C. 真诚主动　　　　D. 方式一致

2. 工作电话应简明扼要，适可而止，时间最好控制在_____以内。

A. 1分钟　　　　　B. 3分钟　　　　　C. 5分钟　　　　　D. 10分钟

3. 有效的倾听必须首先克服倾听障碍，_____不属于倾听障碍。

A. 分神分心　　　　B. 急于发言　　　　C. 保持沉默　　　　D. 有效反馈

4. 根据电话礼仪，要求物业服务人员在使用电话时应做到"勤于接听、耐心拨打"，它的含义是"铃响_____内须接听，回铃音至少过_____才可挂断。

A. 6声、6声　　　B. 6声、3声　　　C. 3声、6声　　　D. 3声、3声

5. 语言贯穿整个服务过程中，是服务行业重要的"软件"之一，服务语言的使用原则不包括_____。

A. 语言朴实　　　　B. 恰如其分　　　　C. 声音优美　　　　D. 仪态规范

三、思考题

1. 工作中，当两部工作电话的铃声同时响起，物业服务人员应如何处理？

2. 如何让业主或客户从电话中听出物业服务人员的热情与关心？简述"让声音微笑"的秘诀。

3. 请结合物业服务工作实际，举例说明各类常用的礼貌用语。

4. 对于不合理的情况或不可能办到的要求，物业服务人员如何正确拒绝，才能使说出"不"的同时又维护了与业主或客户的良好关系？

能力训练

1. 推荐一名表达能力强的同学将下列图形(见图4-6)用语言表述出来，不用任何手势和辅助工具，其他同学根据表述者的意思绘出图形。表述者只可重复一次，其他同学不能提问，要独立完成，表述完毕30秒后停止绘图。

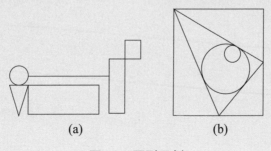

(a)　　　　　　　　　　　　　　(b)

图4-6　图形示例

2. 有两位业主坐在小区的花园里嗑瓜子聊天，并将瓜子壳丢弃一地，对于保洁人员的清扫置之不理。作为一名物业服务人员，你将如何劝说，在不引起业主反感的情况下，使其自觉改正不文明的行为？

3. 请你代表物业服务公司编辑一条短信发送给业主代表，邀请他们参加"业主答谢会"，时间为中秋节前一天晚上7：00，地点在写字楼裙楼处的××××餐厅，希望业主代表收到短信后予以回复是否参加。

4. 手机使用(含拨打、接听电话)礼仪实训。

(1) 训练时间：0.5课时。

(2) 训练目的：掌握手机使用的礼仪规范。

(3) 训练要求：

① 明确手机在日常使用过程中的礼仪要求。

② 能按照规范正确使用手机。

③ 对特殊问题能有效处理。

(4) 训练步骤：

① 先讲解或通过提问的方式，讲清楚手机使用的礼仪要求。

② 由两位学生分别扮演物业服务人员与业主，用手机进行拨打、接听电话的操作。

③ 请观摩学生分析前两位学生的实际表现。

④ 学生两人一组进行模拟练习。

⑤ 教师对训练情况进行点评，指出练习中的精彩表现和不足之处，建议学生课后进行自我练习。

项目五
服务礼仪——专业的职业技能

知识目标

- 知晓内外部服务礼仪的相关概念；
- 了解内外部服务礼仪的相关内容和基本要求；
- 明确服务礼仪对于完善个人素养、提高职业技能、提升物业服务品质的重要意义。

素质与能力目标

- 强调知行统一、学以致用，将服务礼仪规范与日常行为养成相结合；
- 能正确处理职业活动中与内外部不同服务对象的人际关系；
- 养成良好的、文明的礼仪态度和职场行为习惯。

模块一　内部服务礼仪

实习生

北京××物业公司的一位大客户介绍李小丽到该物业公司实习。李小丽刚大学毕业，工作尚没有着落，所以一边实习一边找工作。实习期间，没有工作任务的时候，她就上网发简历找工作。

有一次公司安排她发一份重要的传真，她低头摆弄手机，同事提醒她快一点儿，她却说要先把自己的短信发出去。还有一次，同事让她发一份重要的订单，说明是急件，她刚开始做就接到一位同学的电话，居然和对方煲起了电话粥。同事看她迟迟没有挂电话的意思，只好自己动手发订单。大家都碍于大客户的面子，不便批评她。

服务礼仪，是指服务人员在为服务对象提供服务的过程中应遵循的一系列行为规范。根据服务对象的不同，服务礼仪可分为内部服务礼仪和外部服务礼仪。内部服务礼仪一般是指员工在组织内部工作活动时应遵循的行为规范，交往对象主要是指组织内部员工，如上级领导、下属、同事等，也可以称为办公室礼仪，包括办公环境的布置维护、文书档案的撰写整理、办公设备的使用维护、内部人际关系的处理等。而外部服务礼仪是指员工与外部服务对象交往过程中应遵循的一系列行为规范。就物业服务行业而言，外部服务礼仪一般是指员工在为业主或其他服务对象提供服务的过程中应当遵循的一系列礼仪规范。

一、办公环境的布置与维护

办公室是处理特定事物或提供服务的地方，是一个组织的管理人员、行政人员、技术人员主要的工作场所。办公环境是递给生意伙伴、服务对象的第一张"名片"。对于一个组织而言，良好的办公室环境不仅能体现组织的观念、形象，在一定程度上也会直接影响员工的工作效率和管理效果。

(一) 办公环境的布置

随着商务环境的发展，室内环境的品质与格调越来越受重视，不同类型的组织，办公场所各有不同，但一般都由建筑空间、办公设备用品、辅助设备用品及工作人员等组成。因此，办公室布置需要考虑的事情有很多，例如，办公区域的功能划分、空间的合理布局、色彩与装饰材料的运用、设备设施和家具用品的配置、组织风格的具体表现等。好的办公环境是这些组合搭配所表达出的内容。

1. 办公室类型

依据开放程度，办公室可以分为以下4种类型。

(1) 蜂巢型。蜂巢型办公室属于典型的开放式办公空间，配置一律制式化，个性化极低，只适合例行性工作，彼此互动较少，工作人员的自主性也较低。因此，资料输入和一般行政人员的办公环境布局宜采用这种类型。

(2) 密室型。密室型办公室属于典型的密闭式工作空间，工作属性为高度自主，而且不需要和同事进行很多的互动。例如，大部分会计师、律师等专业人士的办公室就可以安排这种类型。

(3) 鸡窝型。这种类型适用于一个团队在开放式空间共同工作，互动性高，但不见得属于高度自主性工作。例如，设计、保险和一些媒体工作的办公室可以设计成此种类型。

(4) 俱乐部型。这类办公室适合于必须独立工作，但也需要和同事频繁互动的工作。同事之间以共享办公桌的方式分享空间，没有一致的上下班时间，办公地点可能在客户的办公室，可能在家里，也可能在出差的地点。广告公司、媒体、资讯公司和部分管理顾问公司可以使用这种类型的办公室。

物业服务企业的办公室布置，比较符合俱乐部型。这种办公室的主旨是让办公室看起来更像家，为员工提供更加舒适的工作空间，创造一个与业主沟通的良好环境，提高工作效率并得到优质的服务效果。

2. 办公环境布置的基本原则

办公室设计布置有三个层次的目标：第一层次是经济实用，一方面要满足实用要求、给员工的工作带来方便，另一方面要尽量降低费用、追求最佳的性价比；第二层次是美观大方，能够充分满足人的生理和心理需要，创造出一个赏心悦目的良好工作环境；第三层次是独具品位，充分展示企业文化的特质，体现组织的整体形象和管理水准。这三个层次的目标虽然由低到高、由易到难，但它们不是孤立的，而是有着紧密的内在联系。为了同时实现上述三个目标，物业服务企业在办公环境布置中应注意以下几项基本原则。

(1) 功能性原则。办公室布置的主要目的是要让员工高效、愉快地完成工作任务，实现员工的个人价值和组织的整体目标。因此在布置办公区域时，首先应熟悉组织内部的机构设置及其相互关系，确定好各部门所需面积并规划好办公流线，在整体空间布局的分割、装修风格的确立、设施设备用品的采购配置等方面，考虑物业服务行业的特点和企业的实际使用要求，注意其整体性、实用性和功能性。

(2) 前瞻性原则。熟悉组织内部机构，事先了解组织的扩充性和发展性，可使组织在迅速发展的过程中不必经常变动办公流线。现代组织办公不能缺少现代办公设备，办公室要根据实际需求安装网络、通信及其他系统，设备的种类应该齐全，而且在容量上要留有余地。各类设备或相应的系统在配置时必须考虑其整体性、实用性和方便性，同时还应具备前瞻性，为新科技成果在管理中的运用创造良好的基础和条件。

(3) 文化性原则。办公室的设计构思、施工工艺、装饰材料、内部设施都与当时的社会物质生产水平、社会文化和精神生活状况联系在一起，能从一个侧面反映相应时期社会物质和精神生活的特征。办公室是企业文化的物质载体，是企业形象的总窗口。在办公室设计布置时，一定要体现组织独特的文化，通过装饰所体现出来的企业文化向来访的客户和员工展示公司对他们的基本认知，反映组织的经营理念、管理特色和服务水准，对置身其中的工作人员和服务对象产生积极的、和谐的影响。

(4) 舒适性原则。办公空间室内设计的最大目标就是要为工作人员创造一个舒适、方便、卫生、安全、高效的工作环境，以便最大限度地提高员工的工作效率。这一目标在当前竞争日益激烈的情况下显得更加重要。它是办公空间设计的基础，是办公空间设计的首要目标，因此会涉及建筑声学、建筑光学、建筑热工学、环境心理学、卫生学、人类工效学等方面的学科。办公室应该有良好的采光、照明、通风、温湿度、微小气候等条件，在办公室设计布置时充分考虑其舒适性。

(5) 节能环保性原则。由于大部分家具、装饰材料都不同程度地含有甲醛、苯等有害物质；复印机、打印机等现代化办公设施在运行时也会产生臭氧与辐射等污染问题。甲醛对人的神经系统、呼吸系统、消化系统有很大的不良影响，容易引起人的过敏反应，也能带来哮喘、鼻炎、咽炎等疾病；苯是公认的致癌物，浓度过高可导致白血病。装饰隔断、办公家具、办公设备及设施等已经成为办公室里影响空气质量的重要的"隐形杀手"，如果家具板材、油漆涂料、设备设施中的有害物质在空气中的释放量超出环保标准，就会给人体健康造成伤害。地球资源的有限性，也要求在办公室的设计、采购、装修等环节中要融入节能环保观念，依据国家规定的相关标准，采用低碳环保的设备、用品及材料。

3. 办公环境布置的风格

办公室装修布置涉及两个问题：一是组织的文化，二是组织的实力。一个优秀的办公室装修布置，会把组织的实力与企业文化在固定的空间内展现得淋漓尽致。风格的选择是装修布置办公室最重要的环节之一。根据行业不同、面对客户和生意伙伴需要建立的印象不同，一般有以下几种流行的风格。

(1) 稳重凝练型。一般老牌的大型外贸集团企业喜欢选择这种风格进行办公环境的布置。它的特点主要有：造型比较保守，方方正正；选材考究，强调气质的高贵和尊威；较少选择大的色差。

(2) 现代型。这种风格普遍适用于中小企业。它的特点主要有：造型流畅，大量运用线条，喜欢用植物装点各个角落，通过光和影的应用效果，在较小的空间内制造变化，在线条和光影变幻之间找到对心灵的冲击。

(3) "新新人类"型。这种风格的特点主要有：不拘一格，大量使用几何图案作为设计元素，明亮度对比强烈，大量使用新型装修材料。它适用于新兴的电子商务、媒体等行业。在强烈的装饰效果中，新产品的特征和公司创新科技的氛围一览无余。

(4) 创意型。这种风格适用于艺术、工艺品、品牌公司。它的特点是：造型简洁，用料简单，强调原创的特征，尽量不重复，在造型上具有唯一性。

(5) 简洁型。这种风格是指简单地进行装修和装饰，强调实用性，较少有装饰和个性。它一般适用于小型企业和办事处。

运用VI设计取得整体风格的一致是目前国际上办公室装饰的潮流趋势。当然办公空间在风格上要有所突破，还要考虑空间的大小。

4. 各类办公环境的布置

(1) **基础工程的布置。** 办公区域的装修布置考虑到各种需要，应事先为办公室的各项基础工程进行设计规划。由于电脑、传真、复印、打印等设备使用时会散发一些有害物质，地毯具有一定的吸附功能且不方便清洁，因此地面最好铺设木地板或地砖。墙面建议使用健康环保的涂料。天花板尽量简洁，保持有一定的高度以利通风。办公区域面积应根据组织规模，除去设备设施、家具、用品等必备空间之外，确保员工之间有合理的工作空间和距离。要有良好的通风，如果办公区域设在四面无窗的封闭环境时，更应考虑配置先进的通风设备。办公区应该安装空调，同时要注意不要将电脑等设备放置在空调的风口下、阳光直射的窗口旁以及暖气片或取暖器的旁边。办公室的总体色彩应该柔和悦目，不要将房间的色彩弄得耀眼夺目，但也不要沉闷昏暗。照明应当简洁实用、光线柔和均匀。布线方面应预留接口，包括供电脑、传真等设备专用的电源、电脑接口、ISDN接口或ADSL接口、卫星电视接口等。

(2) **办公室设计布置。** 在任何组织里，办公室布置都因其使用人员的岗位职责、工作性质、使用要求等不同而应该有所区别。①决策层办公室的布置。处于组织决策层的董事长、执行董事或正副总经理、党委书记等主要领导，由于他们的工作对企业的生存发展有重大的作用，对决策效果、管理水平都有很大的影响；同时出于保守组织机密、传播组织形象等方面的特殊需要，他们的办公室布置要求是：一要相对宽敞；二要相对封闭，一般一人一间单独的办公室，安排在办公大楼的最高层或平面结构的最深处；三要方便工作，一般要把接待室、会议室、秘书办公室等安排在靠近决策层人员办公室的位置，也可以布置成套间的形式，外间安排接待室或秘书办公室；四要特色鲜明，能反映组织形象，具有自己的特色，要高雅而非奢华，切勿给人留下俗气的印象。②管理人员、行政人员办公室的布置。对于一般管理人员和行政人员，许多组织常采用大办公室、集中办公的方式，办公室设计的目的是加强沟通、节省空间、便于监督、提高效率。但这种大办公室的缺点是相互干扰较大。因此，可以按部门分区，同一部门的人员集中在一个区域，采用低隔断的方法，给每位员工创造相对封闭和独立的工作空间，减少相互间的干干扰。但这种布置方式应设有专门的接待区和休息区，不致因为客户的来访破坏了其他人的工作氛围。对于创造性、技术性和社交工作较多的人员，他们的办公室则不宜采用这一布置方式。

(3) 前台的布置。前台是一张有表情的面孔，是体现组织形象和实力的门户，是办公环境设计布置中的点睛之笔。前台要结合坐向方位、行业要求等因素综合设计，从风格、色彩、材质、设备设施的确定，到用品、绿色植物、鲜花的摆放，都要给人一种亲切感，营造出轻松愉悦的氛围，给业主或合作伙伴以良好的第一印象。

(4) 配套用房的布置。配套用房主要是指会议室、接待室(会客室)、资料室等，是组织必不可少的办公配套用房，各组织可以根据自身规模确定接待室(会客室)、资料室等配套用房的数量和类型。会议室布置总体上应简单朴素，光线充足，空气流通，温湿度适宜。装修布置时可用组织标准色、旗帜、标志(物)等，以体现组织形象、突出组织特点，也可以用一些艺术品、绿色植物、鲜花等烘托室内气氛。

(5) 物业办公室的桌椅布置。①办公室桌面环境。办公桌的桌面状态可以直接反映一个人的职业习惯和工作状态。办公室的桌椅及其他办公设施，都需要保持干净、整齐、有条理。桌面上一般只摆放目前正在进行的工作资料，在休息前应做好下一项工作的准备，用餐或去洗手间需要暂时离开座位时，应将文件覆盖起来，下班后的桌面上只能摆放电脑(要关机)，而文件或资料应该收放在抽屉或文件柜中。随着办公室改革的推进，有的组织已放弃个人的专业办公桌，而采用共享的大型办公桌，为了下一个使用者对共享的办公桌的使用，应该注意桌面环境。②办公室桌椅布置。办公桌宜背后有靠，最好是有实墙，如果无实墙则可放置书柜或挂上山水画；工作人员一般不要背门而坐，人如果背着门口而坐，背后人来人往，会时常处在一种潜意识的紧张状态之中；办公桌椅上方不可横梁压顶，如果办公桌椅上方正好有一个横梁或低矮的吊顶，会让人在工作中产生压力。

(6) 办公区域的绿化布置。办公室设计应注重将自然环境引入室内，对室内环境进行绿化布置，给办公环境带来生机。据有关研究显示，一间30平方米的办公室的空气湿度从30%提高到最惬意的50%，需要种6棵大约1.5米高的植物，就可以营造出"绿色办公室"。在植物的选择上，应注意不同植物的功效。如红豆杉、常青藤、铁树可吸收空气中的苯和有机物；茶花、仙客来、牵牛花、石竹、唐菖蒲可吸收空气中的有害气体；吊兰、芦荟、虎尾兰能够吸收空气中的甲醛等有害物质。因此，室内绿化一般较适宜选择上述植物。在办公室摆放绿色植物时要注意：绿色植物的体量要和办公室的整体结构及大小相匹配，否则会有喧宾夺主之感，使办公室的整体布置失衡；植物种类的选择要有益健康或含有积极美好的寓意，植物不宜摆放在经常有人走动的地方。

(二) 办公环境的维护

办公环境的科学、有效布置，为组织的正常运行提供了必要的物质条件，但这只是开始，办公环境的维护才是一项长久的工作。作为物业服务企业的工作人员，必须牢固树立环境维护的理念和意识，在日常工作中做到有效维持办公秩序，随时保持环境的整洁，经常清扫、擦洗地面，经常归类整理各种设备用品，及时处理各种废品、垃圾，正确处理各种人际关系，爱护公物，科学地使用各种办公设备等。

二、办公室人际交往礼仪

良好的人际关系，是工作取得成功的前提。物业从业人员，特别是在办公室岗位工作的员工，不仅需要与业主和其他服务对象打交道，还必须与企业内部的其他从业人员打交道。如何与上下级、同事相处，并不是一件简单的事情。妥善协调好各种人际关系，高度重视自己的每一位交往及服务对象，内求团结，外求发展，不仅是个人能力的体现，更是一名合格的物业服务人员应当具备的基本素养。

(一) 与上级相处礼仪

当今社会，无论职务高低，在人格上大家都是平等的。在一个组织中，工作人员只有处理好上下级关系，才能对上得到领导的信任，对下得到下属的拥戴，在职场中如鱼得水、游刃有余。

1. 注重形象，敬业爱岗

正确处理与上级的关系，首先要注重自己的个人形象，在穿衣打扮、言谈举止等各方面符合礼仪及组织的要求。平时要严格遵守各项规章制度；热爱本职工作，工作有耐心，有责任心，不断钻研业务技能；忠于组织，忠于职业。

2. 调整心态，服从命令

正确处理与上级的关系，要养成健康良好的心态。下级服从上级，这是天经地义的。在工作中，一定要尊重上级，积极支持、配合上级，对于上级的工作指令要坚决服从，即使有不同的意见，也必须认真、负责地完成任务，绝不能以任何借口拒绝执行，更不可以肆意曲解、阳奉阴违；如果有不同的意见，或在执行过程中发现上级的指令确实有错误，应通过正常渠道向上级委婉、善意地提出。千万不可当众纠正上级的错误，甚至顶撞上级或在背后诋毁领导。

3. 体谅上级，维护威信

上级在工作中由于受到主观和客观条件的限制，难免会遇到各种困难，下级应体谅上级的难处，不能因为某些要求未得到满足而对上级产生不满。当上级遇到困难时要主动运用自己的才智为上级排忧解难。这样既可以避免与上级产生矛盾，又能与上级保持密切的关系进而获得上级的信任。对于上级的缺点和错误，下级要公正对待，在公众场合要维护上级的威信。当发现上级的决策、意见确有失误时，不应直接点破，而是用其他方式婉转示意，并尽可能提供相关的资料。

4. 谦虚谨慎，多多请示

上级的支持，不仅是一种精神力量，还涉及人、财、物等诸多方面，得到上级的支持有助于顺利有效地完成自己的工作任务。因此，在工作中应该常与上级进行沟通，不失时机地与上级交换意见，让上级了解自己的想法。特别是面对不属于自己职责范围内的事，不能越位、擅自做主，要及时向上级汇报、请示。这样既体现了对领导的尊重，也体现了自己谦虚和严谨的工作态度。对于上级的批评，应正确对待，学会换位思考，对上级对自己的高标准、严要求，应该予以理解。

5. 不卑不亢，保持距离

上下级是一种工作关系，在工作中不论自己和上级之间的私人关系如何亲近，都要做到公私分明。在一个组织中，与上级关系过分亲密是犯禁忌的。此外，不要刻意与上级"套近乎"，对上级阿谀奉承、溜须拍马；但也不要走向另一个极端，即不把上级放在眼里。

(二) 与下级相处礼仪

如何对待下级是一个不容忽视的问题。作为上级，他的威信不是建立在蛮横的态度上，而是建立在对别人的友好与尊重上。在工作中，不仅要处理好与上级的人际关系，更应关注与下级的关系。

1. 以诚相待，尊重下级

得到对方的尊重是每个人的权利。尊重下级是上级应具备的基本素质，上级对下级的尊重要体现在自己的一言一行上。上级不能因为在工作中有上下级的关系，就可以随意地呵斥下级；不要总板着脸，将下级拒之于千里之外，或是高高在上，对下级不屑一顾；发布工作指令时，态度要温和，任务要具体；工作出了问题要勇于承担责任；批评下级时要注意场合和方式方法，要充分尊重下级。

2. 有效沟通，赞美下级

工作中，上级应视下级为知己，让下级确信他对团队的重要性，多征询下级的意见，接受他们的建议。上级应懂得赞美下级，这是提升他们工作积极性的重要方法。平时要善于发现下级在工作中的优点、长处，对他们的点滴进步都要加以赞美、肯定，给他们以信心。

3. 关心体谅，善待下级

上级应当采取多种方式听取下级的意见，了解下级的愿望；对于下级的失礼、失误应该用宽容的胸怀对待，而不是一味打击、处罚，更不能记恨在心，挟私报复；如果下级受到别人不公正的指控时应尽力为他们辩护；当下级犯错误时，应为他们提供将功补过的机会，并尽力帮助下级改正错误；在可能的条件下，改善下级的工作环境，如通风、照明、办公设施设备等；当下级遇到困难时，主动伸出援助之手帮其渡过难关。当然，上级对下级要做到不徇私情、严格要求，必要时应给予批评甚至惩罚。

(三) 与同事相处礼仪

1. 与同性同事相处礼仪

同事之间相处时间长，彼此关系是否融洽和谐，不仅对工作环境有直接影响，而且对工作任务的完成及个人事业的发展也有很大的影响。每位职场人士都应深谙与同事的相处之道，协调好同事之间的关系。

(1) 平等对待，相互尊重。与同事相处，必须树立平等意识，力争做到落落大方、不偏不倚。自视清高或心存自卑都是平等相处的大忌。相互尊重是处理好人际关系的基础，同事关系也不例外。同事关系不同于亲友关系，亲友之间一时的失礼，可以用亲情来弥补，而同事之间的关系是以工作为纽带，一旦失礼，创伤难以愈合。所以，处理好同事之间的关系，最重要的是平等对待、相互尊重。

(2) 有礼有节，谨言慎行。同事之间整天在一起，言行要谨慎，要遵守礼节礼貌的相关规范。无论是私下闲聊还是发生冲突，切不可揭人隐私，也不可以在办公室内谈论别人的长短。同事之间相处时，一时误会在所难免，对自己的失误应主动向对方道歉，以求对方的谅解，对对方的误会应主动向对方说明事实真相。

(3) 相互关心，精诚团结。在工作中，与同事之间要精诚团结、真诚合作，即使相互之间存在竞争，也要为同事的工作尽可能提供方便。不可心怀嫉妒，在工作中故意刁难同事，也不可在同事之间拉帮结派，应当以诚相待，建立真诚的友谊，切勿虚情假意、失信于人，甚至伤害他人。特别是对新来的同事，他们往往对工作不熟悉，应多关心与帮助他们。

(4) 保持距离，和睦相处。同事之间要保持一定的距离，不可过于亲密和随便，物质上的往来应一清二楚。同事之间可能有借钱、借物或馈赠礼品等物质上的往来，都应该记得清楚明白，即使是小的款项，也应及时归还，以免引起误会。在办公室不可以与某些同事关系亲近热情些，而对别的同事则相反，这不利于良好人际关系的形成。这种状况长期存在，就会被别人当成小圈子、小集体，在与某些同事保持亲密关系的同时，也把很多同事推得远离自己，从而影响了与其他同事的团结。因此，在办公室同事间的相处，要保持适当的距离并团结所有同事，要热情、大方地对待每一个人，做到与同事和睦相处。

2. 与异性同事相处礼仪

男女由于性别上的差异，在社会角色、心理状态、做事风格等方面都有很大的区别。男女同事如果相处愉快，工作效率必定会提高，如果相处不好，必然会影响工作。因此，男女同事在相处过程中，要做到互帮互助、优势互补，但也要把握好分寸，不能过"度"。例如，男女同事应注意保持合适的空间距离，身体不可靠得太近，动作不可过于亲昵。在语言交流时，要注意用词、语气、表情等的自然、恰当，不可过于随便、暧昧。不可把工作以外的私人感情带到办公室，要不断增强防范意识和自我保护能力，既和同事保持适当的距离，又不使人有拒人千里、孤芳自赏、特立清高等感觉。

三、办公室公共区域礼仪

(一) 进出门礼仪

一般情况下，职位低者为职位高者开门、年轻者为年长者开门、男士为女士开门、主人为客人开门，是进出门的基本礼仪。但是，随着礼仪规范越来越趋向实用性，人们不愿在小事上浪费时间、斤斤计较，所以在实际工作场合往往是先到者先开门。

(二) 使用电梯、自动扶梯、楼梯的礼仪

1. 乘坐电梯礼仪

电梯是高层办公楼里必备的垂直交通工具，工作人员乘坐电梯时必须注意相应的礼节。

(1) 上电梯时。准备乘电梯上下楼时，要面对电梯门在自己的右侧方向排队等候。如果有客人、女士、年长者、残障人士在候梯，应让他们排在前面，工作人员不能抢先。电梯到了，应做到先出后进，等电梯里的人全部出来后，请客人、女士、年长者、残障人士先进电梯，自己随后进入，不可争先恐后。

(2) 上电梯后。进入电梯后，如果是有专人控制的电梯，告知对方自己要去的楼层；如果电梯无专人控制，男士、晚辈、下属等应站在电梯开关处为后面的人按住开门按钮或扶着门。如果有人为你扶门，要说"谢谢"。如果够不到所去楼层的指示键，可以报出楼层数请靠近控制键的人帮助，千万不要从别人的身体旁边挤过去。如果你是后下电梯的，应站在靠里面的地方。一般先上的人可靠边站在电梯门的两侧，最后上的人站在中间。当电梯关门时，不要扒门或强行挤入。当自己进入电梯导致超

载时，应主动退出，并向其他乘客礼貌致歉。

(3) 陪同客人乘坐电梯时。如果陪同客人乘坐的是无人控制的电梯，一般遵循后上先下的原则，请客人先进电梯，如果客人不止一位时，工作人员应站在电梯旁，一手按住"开门"按钮，另一只手做出"请"的手势，等客人全部进入后自己再进电梯。到了指定楼层时，工作人员应先于客人走出电梯，当客人人数较多时，应站在梯口按住"开门"按钮，等客人全部离开电梯后，再快步走到其前方，热诚地加以引导。如果是有人控制的电梯，应让客人先上、先下电梯。送客人离开办公楼时，要送到电梯厅，等客人上电梯并在电梯开始运行后方可离开。

(4) 下电梯时。当电梯停下来后，要让下电梯的人先下去，给上来的人让出地方，出电梯时，要沿着自己右侧方向依次排队走出。如果你快到想要去的楼层时，应跟电梯里的其他人说："对不起，我该下了"。当别人为自己让出通道时应表示感谢。

(5) 乘电梯的注意事项。在电梯里尽量不要攀谈，不要大声喧哗和吵闹，也不要议论公事或私事。如果碰到熟人、同事或上级，打个招呼就可以了。如果与你的同事同乘一部电梯，当你认识的人上了电梯后，应为他们做介绍。当电梯在升降途中因故障暂停时，要耐心等候，或按报警铃寻求帮助，万不可冒险攀爬。

2. 上下自动扶梯、楼梯礼仪

传统的礼仪观认为，上楼时，女士在前、男士在后，长者在前、幼者在后，下楼时则相反，以示尊重。但是随着时代的变迁，礼仪的观点也在不断变化。有些专家认为，上楼时应男士优先，原因在于，如果让女士先请，那么走在后面的男士的视线正好落在女士的臀部，这会让女士感到不舒服，属于失礼行为。因此，使用楼梯和自动扶梯上下楼时，应男士在前、女士在后，幼者在前、长者在后。如果自动扶梯较宽，应靠右侧站立，以便让有急事的人从左侧超越。在拥挤的楼梯上，跟随着人流，不论上楼还是下楼一般都应靠右侧走。由于走楼梯或乘自动扶梯时不便交流，因此最好等到达目的地后再谈，这样可以避免他人因不便交谈而感到尴尬。

(三) 公司餐厅礼仪

在公司里与领导、同事一起共进午餐时要注意自己的举止。要注意进餐礼仪，注意自己的吃相、拿取食物的数量，注意环保。可以利用就餐机会多与人交往，锻炼自己的人际交往能力与沟通能力，与同事打成一片。但一般不要谈论公事，不要议论他人，更不要在进餐时谈你的不幸生活，要注意说话的音量、仪态等。用餐完毕应归还托盘，扔掉垃圾，将椅子放回原位，收拾干净后离开。

(四) 洗手间礼仪

在洗手间里同样要讲究礼仪。要讲公共卫生，保持洗手间的清洁。从洗手间出来不要忘了洗手，洗完手后如有自动干手器可以用它把手吹干；如有擦手纸可以抽出一张来擦干手，之后要将废湿纸扔进废纸箱或废纸桶中。洗手间是公共空间，在洗手间要注意言谈礼仪，不可谈论公事或议论他人。

(五) 在他人办公室的礼仪

到他人办公室去拜访，即使是在同一个办公楼里，在见面之前，也一定要提前预约，而且要准时赴约。进办公室前应先敲门，即使门开着也要这样做，得到允许后再进入。如果对方正在打电话或已经有会面的人在，就不宜再进去，可过一会儿再来或在门外等候。

在别人的办公室里，要等主人示意后才能入座。如果谈话过程中对方有来电，应询问是否需要自己回避。不要把文件、茶杯等随意放在别人的办公桌上。需要挪动椅子时，需要得到主人的同意后才可以，并在离开前放回原处。如果需要使用别人的办公室或设备，应事先征得同意，但不要乱翻别人的抽屉或文件，也不要偷看桌上的文件。如果需要借用什么东西，应及时完璧归赵，并向主人致谢。如果不小心损坏了别人的办公用品，应向对方说明，并征求是否需要代为修理或买新的。到别人的办公室去拜访时，不宜停留过久，否则可能会影响对方的工作。

四、办公室设备使用礼仪

办公设备是工作人员共同使用的，因此在使用时应遵守基本的规则。要做到爱惜保护、正确使用设备，与人共用时应遵循先来后到的原则，借用的东西应及时归还并且保持原样、完好，使用后应保证环境和设备干净整洁，以便他人继续有效使用。

(一) 使用电脑礼仪

当下是信息化时代，各个组织基本上都给员工配备了电脑，以提高工作效率。在办公室使用电脑须注意以下问题。

1. 正确使用电脑

使用电脑前应掌握基本的使用方法和技巧。如果不会使用，可以请他人帮忙，不能自以为是，否则可能会引起数据损坏、文件丢失等错误，造成不必要的损失。

2. 文明地与他人共用电脑

与他人共用电脑时，相互之间要协调好电脑的使用时间，应根据任务的轻重缓急区别对待；未经允许，不能使用别人的磁盘或登录密码，不能偷看别人的文件，也不能占用他人的存储空间。

3. 注意安全

使用电脑后要注意文件的保存和保密，特别是机密文件；要定期给电脑杀毒，使大家都有一个安全的使用环境；不要在工作时间玩电脑游戏或登录与工作无关的网页等。

(二) 使用复印机礼仪

复印机是办公设备中使用频率较高的一种，在使用时应注意以下事项。

1. 先到先用

一般来说，应遵循先到先用的原则。但如果后来的同事的复印量比自己少或对方比较急，应让他先复印；同样，如果你去复印时，别人正在大量复印，你也可以请求让你先复印；如果两人同时到达应让复印量少的人先用。

2. 及时处理问题

如果在复印过程中碰到需要更换墨粉或处理卡纸等问题，应及时有效处理。如果自己不知道怎样处理，应请同事帮助。

3. 其他注意事项

一般情况下不能复印私人文件；使用完毕后，不要忘记把原件拿走；用完后不要忘记重新设置复印机，一般设置尺寸为A4型，并要补充好纸张，把方便留给下一位同事。

(三) 使用网络礼仪

对于因特网而言，无论是收发电子邮件、浏览网页，还是建立自己的网站，都应遵守一定的规则，这种规则被称为"网络礼仪"。具体要求可参见项目四中模块四的相关内容。

(四) 收发传真礼仪

在各种公务活动中，传真机在远程通信方面可以取代邮递，已成为不可或缺的办公设备之一，在收发传真时应遵循各种礼仪规范，具体要求可参见项目四中模块四的相关内容。

五、物业服务文书礼仪

在现代社会中，人与人之间的沟通、联络越来越趋于电子化。虽然使用电话、传真、电子邮件很便捷，但文书仍然具有不可代替的作用。在正式的交际和商务往来中，文书信函显得更慎重，更正式，也更真实。因此，对重要事务的处理还需要借助文书的往来才能最终完成。

物业服务文书是一种在物业服务活动中有固定格式、文字通俗、带有交际性质的实用性文书。在文书的写作、发送过程中，应注意遵从格式、撰写规范、签发签收、收发及时等礼仪。

(一) 遵从格式

文书的格式一般包括标题、题注、主送机关、正文、附件、签署、印章等内容。

1. 标题

标题即文书的名称，是文书内容和作用的高度概括。标题一般不加书名号。完整的文书标题由发文机关名称、发文事由(或文书主题)、文书种类三部分组成，有时可以省略除文书种类外的一个或两个部分。标题一般使用"关于×××"这种介词结构。

2. 题注

题注即注释，是说明标题的文字。它位于标题之下、主送机关以上，一般用来注明文件或经过讨论通过文件的法律程序、会议时间、地点。有的题注用括号标识，有的题注用破折号标识。

3. 主送机关

主送机关，又称为"抬头""受文机关"或"上款"，是指文书的主要受理机关和对象。

4. 正文

正文是文书的核心部分，用来表述文书的具体内容，一般分为开头(又称缘由或引据)、事项、结尾三部分。

5. 附件

附件是文书正文附属材料的顺序和名称的标注。附件是文书的组成部分，是指随文发送的文件、报表、材料等，作为正文的补充说明或参考材料。不是所有文书都有附件，可根据需要而定。附件必须写所附内容的标题或名称，附件若不止一个，则应标序号。序号使用阿拉伯数字(如"附件：1.×××")。附件名称后不加标点符号。"附件"写在正文下一行，左空两字，"附件"后加冒号。

6. 签署

文书结尾的签署包括发文单位及成文日期。发文单位要写全称或规范化简称。对于联合行文，主办单位排列在前。成文日期要用汉字将年、月、日标全，不应该用阿拉伯数字书写，一般位于文尾发文单位名称下一行右侧位置。会议通过的文件，则标在公文标题下。

7. 印章

文书如需加盖印章(印章是发文单位对文书负责的标志),印章要盖得端正、合乎规范。上不压正文,下要压成文日期。联合上报的非法规性文件,由主办单位加盖印章。对于联合下发的文书,联合发文单位都应加盖印章。

(二) 撰写规范

了解文书的一般格式是遵从物业服务文书礼仪的开始,在具体书写过程中应根据文书的不同种类,注意撰写的规范与完整。

1. 公务类文书

(1) 通告。通告适用于公布有关方面应当遵守或者周知的事项,其结构通常由标题、正文、署名与日期这三部分组成。①通告标题。通告标题一般有以下4种写法:第一种,"发文机关"+"事由"+"文种",如"××物业服务有限公司关于实行夏季统一作息时间的通告";第二种,"发文机关"+"文种",如"××物业服务有限公司通告";第三种,"事由"+"文种",如"关于节假日安全大检查的通告";第四种,只写文种,如"通知"。②通告正文。通告的正文包括缘由、事项和结尾三部分。缘由是发布通告的根据,说明发此通告的原因。事项即通告的具体事项或规定,内容比较简单、单一的,可不分条写;如果内容比较多,则应分条列项写。结尾,也称结语,一般为"特此通告"之类的用语,以示强调,提起注意。有些通告不用结语,干净利落。③署名与日期。如果标题已有发文机关,并在标题下署上了日期的,可不用落款;如果标题没有发文机关,也没有日期,则落款处必须署上发文机关名称和日期。通告的对象是公众,一般不用写抬头。

实例一 📈

关于加强小区安全防范的通告

尊敬的业主、住户:

大家好!因本市各区案件频发,社会治安形势日趋严峻,为保证小区业主、住户的生命财产安全,服务中心真诚地提醒小区业主、住户,在目前社会治安形势复杂多变的情况下,做好居家和自身安全防范。

1. 请业主、住户进出小区时主动出示自己的业主卡,如果没有带业主卡的业主、住户进出小区时,保安员将对其进行确认后,才给予放行,请业主、住户理解并支持。

2. 请业主、住户进出小区时随手关闭门禁系统,不要随意带陌生人进入小区,进入大堂时防止陌生人尾随,更不要轻易为陌生人开启门禁,发现可疑人员请及时知会物业管理处(24小时电话:××××××××)。

3. 业主、住户外出时请及时关闭并锁好门窗。

4. 目前出租房子的小区业主、住户日趋增多，提醒业主在房子出租后请及时知会服务中心，以便发生紧急情况时能及时联系；长时间外出的住户请及时通知服务中心，以便保安重点巡查。

5. 请不要在家里存放现金或贵重物品，外出时少带现金或贵重物品，钱财不得外露。在提取现金时应注意观察周围环境，提取大量现金时须有人陪同，途中防止被人跟踪；预防陌生人尾随进楼，发现可疑人员及时知会物业监控中心(24小时电话：××××××××)。

6. 初春之际治安形势不容忽视，为保障各位住户度过安全、祥和的每一天，我们特意整理了以下几个防贼招数，供大家参考。

(1) 安装报警装置。可选择在门上安装报警装置，窃贼进屋后肯定会乱翻乱找，有门就推，一旦窃贼推动装有报警器的房门就会发出鸣叫声。

(2) 风铃防盗法。在阳台或窗前挂上风铃，一旦小偷从窗口或阳台钻入室内，难免会碰到风铃发出响声，提醒业主有贼进入。

(3) 建"绿色防线"。可以在阳台护栏平顶处摆放花盆，使小偷难以逾越。

(4) 阳台感应灯。在阳台上安装感应灯，在临睡前打开开关，一旦有人攀上阳台或有声响，灯会亮，可以吓跑小偷。

(5) 固定窗户。在睡前，可在移窗的滑槽内放一条质地坚硬的填充物，顶住移窗，小偷就算破坏了扣锁，也不能移动窗户。

服务中心安全岗位将加大对陌生人的检查力度，如果安全岗位在严格执行的过程中，对您的生活和出行造成不便，敬请谅解。

小区的安全离不开您的支持与配合，同时也感谢各位业主、住户长期以来对服务工作的支持与配合。为了小区与业主自身的安全，让我们共同做好小区的安全防范工作，共同保护我们的美好家园。

××物业服务有限公司××项目处

××××年××月××日

(2) 通知。通知主要是用来要求特定部门及人员办理某些事项，告知某一事项或某些信息的文种。通知一般由标题、正文、署名与日期三部分组成。①标题。通知的标题有完全式和省略式两种。完全式标题是发文机关、事由、文种齐全的标题，省略式标题则根据需要省去除文种"通知"之外的其中一项或两项。②正文。通知的正文主要包括缘由、事项和要求三部分。③署名与日期可以参照通告的规范书写。通知往往是有明确对象的，因此一般需要写上抬头。

公司企业文化培训

公司各部门：

为了使新员工能更快、更清楚地了解公司的概况、规章制度和企业文化，增强新员工的自信心和工作意识，使其尽快投入工作状态，尽快融入公司的企业文化，人力资源部决定举办新员工入职培训，具体安排如下所述。

时间：2016年5月18日(星期三)下午

培训地点：公司一号会议室

培训及时间安排：

14：00—14：10 签到

14：10—14：20 宣读欢迎词

14：20—15：00 破冰游戏

15：00—16：00 公司简介

16：00—16：10 休息

16：20—16：40 公司制度学习

16：40—17：00 与××共同成长(沟通无限小游戏)

请新员工所在部门提前做好工作安排，以保证新员工能按时参加培训。参加培训的员工自备笔记簿、笔及员工手册，并准时出席。如因工作确实不能参加者，请以书面形式报经部门负责人批准后，向人力资源部请假。

附件：新员工培训人员名单

××物业服务公司人力资源部

二〇一六年五月四日

(3) 请示。请示主要是用于向上级反映工作中出现的一些本部门无法独立解决的困难和问题，必须请示上级领导部门，以求得他们的协调和帮助。请示主要包括标题、正文和落款。①标题。请示的标题包括发文机关、事由和文种等内容，发文机关有时可以省略。写标题时要注意不能将"请示"写成"报告"或"请示报告"。标题中尽可能不要出现"申请""请求"之类词语。②正文。请示的正文包括请示缘由、请示事项和请示要求三部分。请示的缘由，实际上就是为何提出请示事项和要求的理由、背景及依据，要写在正文的开头。先把缘由讲清楚，然后再写请示的事项和要求，这样才能顺理成章，有说服力。如果缘由比较复杂，则必须讲清楚情况，举出必要的事实、数据，实事求是，具体明确。请示的事项是指请求上级机关批准、帮助、解答的具体事项。请示的事项要符合国家法律法规，切合实际，具有可行性和可操作性。因此，事项要写得具体、明白。如果请示的事项比较复杂，应分清主次逐一书写，不能出现不明确、不具体的情况，也不能把缘由、事项混在一起写，否则容易使上级不明白下级的意思。为了使请示的事项得到答复，发文机关一定要提出要求。请示要求常用的写法有："以上请示，请批复""以上意见当否，请指示""以上请示，请审批"等。虽然是很简单的一句话，但却是请示必不可少的内容。③落款。请示的落款处必须署上发文机关名称和日期，并盖上组织公章。

实例三 关于开展社区××活动经费的请示

公司领导：

为活跃本小区的文化氛围，与业主架起相互沟通、交流的桥梁，我处拟在端午节期间举办"相聚端午，共筑美好家园"活动(活动时间为2016年6月9日9：30—16：30；活动方式以DIY包粽子、知识竞猜为主，下午14：30表演节目)。我处对活动的经费预算为3000元。因我处无活动经费，所以此次活动的场地布置、食材准备、奖品采购等经费采用赞助及公司支持的方式筹集。故特向公司领导申请3000元活动经费，望公司领导能给予支持，批准为盼。

特此请示。

××项目处

二〇一六年五月九日

2. 书信类文书

书信分为一般书信和专用书信两大类。一般书信，是指人们平常和亲属、朋友、同事间的通信，使用相当广泛；专用书信则是指在特定场合使用的具有专门用途的书信，常见的有介绍信、证明、慰问信、感谢信、表扬信、申请书、决心书、倡议书、贺信、喜报、请柬、聘书等。

(1) 一般书信。尽管随着社会的发展、科技的进步，人与人之间的交往媒介、方式越来越多，一般书信用得越来越少，但重视这一传统的交往媒介，注意一般书信在书写过程中的规范与礼仪，对于成为一个懂礼貌、守礼节的人仍很重要。①书信的内容与形式。一般书信可分为称呼、正文、结尾、署名、日期5个部分，每个部分都有一定的格式。首先应根据自己和收信人的关系进行称呼。称呼要从第一行的顶格写起，后面要加冒号。正文是信的主要部分。正文的开头空两格，通常先写问候的话，如果是回信，要写明来信收到，并对来信中提及的问题或要求办理的事情做出回答。如果写的事情多，可以分段写，一件事情写一段；书写要字迹工整、言之有物、语句通顺，还要措辞得体，避免句子冗长、意义含混不清；结尾可根据写信人与收信人的关系和具体情况，写上表示祝愿、勉励或敬意的祝福语，如"此致敬礼""祝你健康""万事如意"等。祝愿语一般分两行写。以"此致敬礼"为例，"此致"可以紧接正文之后写，也可以另起一行空两格写，"敬礼"则一定要另起一行顶格写。在信的结尾要签上自己的名字，写清年、月、日。日期可以写在署名的后面，也可以写在署名下一行的后半部分。②其他事项。写信时字迹的颜色应以黑色或深蓝色为宜，如果用其他颜色则显得不庄重。同时所用笔应该书写流畅、墨流均匀。信封、信纸颜色多以浅灰、米黄等浅色调为主。信纸的纸质与颜色尽量与信封一致，印刷质量不应太过粗糙，尽量做到美观大方，以免给对方廉价的感觉。信纸、信封的纸、信封的式样不能太单调，应力求给对方耳目一新的感觉。总之，书信的各个部分应搭配得体大方，让人感觉有品位。同时应把收信人与寄信人的姓名、地址、组织全名及部门在信封上书写清楚。

(2) 专用书信。①感谢信。感谢信是为感谢单位或他人的关心、支持、帮助等所写的信函，可以张贴，也可以邮寄，其格式与一般书信基本相同。书写感谢信时要注意三方面的问题：一是要在第二行居中位置写上"感谢信"或"×××感谢信"之类的标题；二是正文内容要精练，只要概括地叙述对方的事迹，说明为什么要感谢即可；三是叙述怎样感谢，要诚恳地表达自己的感激之情。②慰问信。慰问信是在节日期间或某些特殊情况下，向单位或个人表示关怀、问候、安慰或鼓励的一种专用书信，可以面交或邮寄，也可以刊登在报刊上。慰问信的格式与一般书信基本相同。但在书写时要注意三方面的问题：一是一般在第一行中间写上"慰问信"或"×××致×××的慰问信"之类的标题；二是内容要根据写信的目的和对象而定；三是慰问信的结尾往往要表示共同的愿望和决心。③贺信。贺信是在有关单位或个人有喜事时，写信表示祝贺的专用书信。祝贺的对象可以是家庭、个人婚嫁寿辰类的喜事，也可以是重大会议或重要的纪念活动，还可以是取得的优异成绩或国家首脑任职等。写贺信时，要注意以下两方面的问题：一是要做到感情饱满、充沛，语言表达要热情洋溢、令人振奋；二是内容要实事求是，评价成绩要恰如其分，不可言过其实。

3. 礼仪文书

(1) 请柬。请柬是邀请他人参加某种会议、宴请、聚会活动的书面邀请。采用请柬方式邀请客人能显示举办者或主人的郑重态度。凡精心安排、组织的大型活动与仪式，都应用请柬邀请嘉宾。请柬的内容通常包括：活动的名称、活动的形式、活动的时间和地点、活动的要求、联络方式、邀请人等。书写请柬时应将活动安排的细节及注意事项告诉对方，如时间、地点、参加人员、人数、应做的准备及所穿的服饰等。为了方便安排活动，如有必要，可注明请对方予以回复能否应邀，以及还有哪些要求等。希望被邀请人收到请柬后给予答复的，则须在请柬上注明"R. S. V. P"或"r. s.v.p"字样，意为"请答复"。有时为了方便联系，可留下自己的电话号码或地址。

通常请柬上的英文解释如下：P.M ——备忘；R.S.V.P——不论出席与否，均望答复；Regrets only——不能出席时，请予以答复；Dress：Formal——要求穿礼服，Dress：Informal——随意穿着。

实例四　　　　　　　　　　　　　**请柬**

　　谨定于2016年6月18日下午18时整于本市新都大酒店祥云厅举行××集团公司成立十周年庆祝酒会，届时敬请光临。

联系电话：××××××××

备忘

××集团公司

二〇一六年六月十日

　　(2) 应邀函。任何书面形式的邀约，都是邀请者经过慎重考虑、认为确有必要之后发出的。因此，在商务交往中，不管接到来自任何组织、任何个人的书面邀约，不论是否接受，都必须按照礼仪的规范，及时、正确地进行处理。如果收到的是邀请信或请柬，最好的回复方式是用信函回复。切不可不打招呼，结果又没参加，这是非常不礼貌的。①应邀时须核实以下内容：时间、地点、邀请范围(决定是否携带伴侣)、活动对服装的要求、活动目的(决定是否携带礼物)等。②书写应邀回函。在书写应邀函时要简明、及时。以个人代表多人或组织回函时，在回函的正文中应提及他人或者组织；如有可能，应在二十四小时之内答复。首先要表示感谢，并明确地说明是接受还是不接受。接受邀请时，在回函中要重复写上邀请函中的某些内容，如时间、地点等；如果不能接受，应表达失望和遗憾之情，并具体说明不能践约的原因。回函时最好不要使用打字机。

实例五　　　　　　　　　　　　　**应邀函**

××集团公司：

　　环球公司董事长×××先生非常荣幸地接受贵集团公司总裁×××先生的邀请，将于2016年6月18日下午18时整准时出席于本市新都大酒店祥云厅举行的××集团公司成立十周年庆祝酒会。谨祝周年志喜，并顺致敬意。此致

敬礼！

环球公司

二〇一六年六月十日

拒绝邀约回函

尊敬的×××先生：

非常抱歉，由于本人明晚将飞往上海洽谈生意，故无法接受您的邀请，于2016年6月18日下午18时出席于本市新都大酒店祥云厅举行的贵集团公司成立十周年庆祝酒会，恭请见谅。谨祝周年志喜，并顺致敬意。此致

敬礼！

×××敬上

二○一六年六月十日

(3) 贺卡。贺卡的种类很多，常用的有生日卡、圣诞卡、新年卡等。物业服务人员使用贺卡时，除了记住日期适时寄出外，还要精心挑选贺卡并亲自题词，要根据不同的对象选择不同的贺卡。

(三) 签发签收

应养成签发签收信件的习惯，特别是重要的信件或急件。

(四) 收发及时

在服务工作中，收发信件要及时。书信一旦完成就需及时发送，不能拖延时间，特别是急件信函更要注意。信函一旦发出应及时通知对方，使对方知晓并有所准备。如果收到本人的书信，应及时给对方回函；如果收到的是他人的书信，则应及时转交；如果收到急件而收信人不在办公室时，应电话告知。

向上级汇报工作时的礼仪

一、遵守约定的时间

下级应在与上级约定的汇报时间准时到达。如果确实出于某种原因无法准时赶到，应提早告知上级，待见到上级时，应当面道歉。

二、注意进门礼仪

到上级办公室汇报工作，不能直接破门而入，即使办公室的门是敞开的，也不能贸然进入，需要以适当的方式告知上级有人来了。因此，在到达上级办公室时，应站在办公室外轻轻地敲门并通报自己的姓名，等听到上级的招呼后再进去。进入办公室后，先向上级问好，在上级的邀请下可以就座，应注意坐姿的规范，询问是否可以开

项目五 服务礼仪——专业的职业技能

始汇报。如果上级未指示就座，则不可贸然入座，应站在上级的对面，注意自己的姿态，做到文雅大方，彬彬有礼。

三、注意汇报过程的礼仪

◆ 要做到实事求是。汇报工作要实事求是，对于工作中的缺点不能隐瞒不报。

◆ 控制好节奏、时间和详略。汇报过程中要观察上级的神情和反应，汇报一般控制在15～30分钟，并留一些时间让上级提问，以此确定上级对汇报内容的关注重点，也会让上级感到你是个懂礼貌的人。

◆ 注意汇报时的语言。汇报时用语要准确，句子要简练，语速要适中，音量要适度。汇报时语言应力求自然朴实，做到言简意赅，不能信口开河、华而不实。要注意避免口头禅的出现，如"嗯""啊""这个""那个"等。说话不能过快但也不能过慢，慢慢吞吞的语速会让人感到不耐烦、心不在焉。说话音量太低，会被认为汇报者胆怯，从而降低汇报的说服力；说话音量太大，会给上级留下强词夺理的不好印象。

◆ 学会婉转恰当地拒绝上级。如果布置的任务超出自己的能力和职权范围，或者自己确实不愿意接受，作为下级，应该学会如何去拒绝上级，这就需要掌握拒绝上级又不会让上级因为被拒绝而感到不快的技巧。如果当时不能决定，要争取更多的时间思考，特别是面对一个复杂的问题，更需要争取充分的时间考虑。这时候你可以说："这件事情对我来说太重要了，能否多给我一些时间好好考虑一下？"如果不赞同上级的建议，不能保持沉默，应向上级直接给出适当的理由。

四、注意离开时的礼仪

汇报结束后，不能匆匆离开，必须注意相应的礼仪。如告知上级自己的汇报已经结束，征求上级是否还有其他指示或任务，如果没有则可以告辞离开办公室。离开时应面向办公室将门轻轻地关上，如果办公室的门原来是敞开的，则可以保持原样不必关上。

拓展知识二 📖

敬茶礼节

我国讲究以茶待客，自古就有一套完整的茶礼节。

一、敬茶前

◆ 洗干净双手。

◆ 选好茶具、茶叶，准备好茶勺、托盘等。茶具的选择要有针对性，才能把茶本身的品质、香味和口感发挥出来。花茶一般常用瓷壶冲泡，或直接用瓷杯进行冲泡和饮用；绿茶一般用盖碗冲泡，如果品饮的是名优绿茶如龙井茶等，那么最适宜用玻璃杯冲泡，可以看到茶叶和水的交融，别有情趣；紫砂壶因其较好的透气性和保温作用，特别适宜冲泡乌龙茶和普洱茶。品饮绿茶类名茶或其他细嫩绿茶，茶杯宜小不宜大，用大杯则水量多、热量大，茶叶容易被"烫熟"，对茶汤的色、香、味会有一定影响。出于环保和卫生的要求，一般不用一次性纸杯或塑料杯。茶具要干净卫生，上面不可有缺口或裂痕。茶壶、茶叶罐、托盘都应保持洁净，从茶叶罐里取茶叶要用专用的茶勺，不可用手抓取；准备好托盘，擦干净托盘并在里面垫上一块干净的小毛巾。

◆ 根据情况泡好茶。中国习俗讲究"浅茶满酒"，倒茶只要七八分满即可，一般应在工作间或办公室等地方先把茶泡好。泡茶时注意根据茶的种类确定水的温度，一般乌龙茶、普洱茶等宜用沸水，绿茶的水温则不宜太高，一般七、八十度即可。

二、敬茶时

◆ 敬茶。等客人入座、主客双方寒暄完毕，工作人员应用托盘将茶水送给客人，托盘一般应举在胸前稍偏向一侧，但不可靠在身体上，以免呼吸的气息正对茶杯。敬茶时要用双手，将茶杯放在客人面前的茶几或桌子上，茶杯的杯把一般朝客人右手的方向，并用右手示意客人用茶，或用语言明示客人"请用茶"。如要给客人上点心，应该先上点心后上茶。上茶时要遵循先客后主的原则。

◆ 注意事项。敬茶时动作要轻要稳，不可使茶具发出响声，也不可将茶具放在文件上。如果不小心将茶水溅了出来，要立刻用托盘里的小毛巾轻轻擦去。如果没有托盘时，茶杯应放在小杯碟上，可一手托着小杯碟底部，一手轻扶茶杯的杯身，双手递上。如果是茶杯应拿在杯把上，如果是玻璃杯则应握在杯子的下半部分，手指不能碰触到杯口。使用有盖的茶杯(或茶碗)给客人敬茶后，或给客人的茶杯续水之后，可将盖子大半搭在杯上，这样，客人就能够从杯子与盖子的缝隙中看到杯中已盛有热水，避免不慎被烫，之后客人可按自己的意愿将盖子完全盖上或打开。

模块二　外部服务礼仪

礼仪故事

马上就到

李萌是××物业服务公司的新员工，被分配在客服中心工作，负责来访业主的接待和客服中心电话的转接。一天，业主王先生在上午9时打电话到客服中心，投诉自己家里的卫生间天花板漏水的问题。因楼上业主已经离家上班，电话里不能解决该问题，因此，李萌与业主相约中午12点30分在客服中心与工程部章经理碰头，同时请楼上业主回家开门，以便工程维修人员进去查看。中午12时，王先生提前半小时来到了客服中心，李萌马上联系章经理，而此时章经理正在用中餐，得知情况后告诉李萌他马上赶到客服中心，请王先生稍等。李萌将情况告诉了王先生，正说着电话铃声响起，李萌匆匆地用手指了指旁边的椅子就转身接听电话去了。这时王先生面有不悦。此时在客服中心当班的小方见此情形，赶快过来请王先生就座，并为他递上一杯温水，并告诉他章经理和楼上业主马上就到，缓解了王先生的不悦之情。

外部服务礼仪是指工作人员与外部服务对象在交往过程中应遵循的一系列行为规范。物业外部服务礼仪，是指员工与业主或其他服务对象在服务过程中应当遵循的一系列礼仪规范。

一、办公室接待礼仪

掌握必要的接待礼仪，无论对来访客人的办事、学习、交流、合作调研，还是借此展示良好的组织形象，都有积极的意义。接待工作一般由办公室负责，办公室接待人员的精神面貌、工作作风、专业程度、待客礼节是一个组织的形象和门面，在一定程度上体现了组织的管理水平。

办公室接待主要包括日常公务接待、来访接待、电话接待。公务接待是上下级之间、平行单位之间开展公务活动时进行的事务性接待。来访接待是与其他单位之间为了交流信息、沟通感情、增进友谊而进行拜访时的接待。电话接待是指通过接听电话向合作伙伴、服务对象提供帮助、进行事务或礼节性交流的接待。

(一) 办公室接待原则

1. 热情相待原则

对来访的客人，无论职位高低、熟悉与否都要一视同仁，表现出热情、真诚之意。要主动与客人问候、打招呼、寒暄。要以对方为中心，把自己的其他事务放在第二位，要认真接待、专心服务。如果接待工作和自己的其他工作有冲突，或有几批客人同时需要接待时，应及时报告上级，尽量做好统筹安排，不能顾此失彼。

2. 耐心细致原则

接待来访客人时要细心，讲究善始善终。多站在来访者的角度考虑问题，注意接待的细节，兼顾来访者的特殊要求，善于观察来访者态度的细微变化，尽可能为其提供帮助并解决问题。

3. 规范有序原则

办公室要建有并不断完善接待制度，使接待工作制度化、规范化，让接待工作进行起来得心应手。同时要对接待人员进行礼仪知识、接待流程、服务技能、规章制度等的培训，提高员工的接待水准，提升组织的整体形象。

4. 合理节俭原则

办公室应该合理地使用接待经费，对必要的开支，绝不吝啬；对无关紧要的支出，要合理节俭，不能铺张浪费。

(二) 形象礼仪

办公室每位工作人员都应高标准、严要求地遵守形象礼仪规范，通过良好的个人形象来维护组织良好的整体形象。办公室工作人员在工作时的形象应当是严肃、庄重的，切不可标新立异、奇装异服、华丽妖艳。男女职员都应着职业装或组织配置的工作服。服饰要整洁、端庄、得体、高雅，不能有破损、掉扣、开线等，服装与鞋袜、饰物等搭配合理。女性职员着装一定要适合周围环境。男士要每天剃须、修面，女士要化妆，但要尽量淡雅、自然，要保持口气清新。工作中举止稳重、大方、自然、有风度，站立、行走、就座时姿态规范、精神饱满，表情、手势等恰到好处，上班不迟到、不早退。

(三) 办公室接待礼仪

1. 接待准备

(1) 环境场所准备。如果有专门的接待室或会议室，一要提前做好清洁卫生工作，保持桌椅沙发的整洁；二要根据季节气候情况开窗或开空调，进行室内空气或温度的调节；三要对需要使用的设备设施进行检查，发现问题及时修整；四要根据要求布置好场地，摆放好桌椅、沙发，布置好绿色植物、盆栽或鲜花等。如果没有专门的接待室或会议室，应将办公室进行整理，做到桌椅摆放有序，用品、资料放置整齐，适宜待客。如要安排实地考察的应准备好相关场所及设施用品等。

(2) 设施用品准备。准备好接待客人用的茶叶、茶具、开水、烟灰缸等，视来访者的实际情况还可以准备水果、饮料、点心和香烟等物品。如有座谈、会议活动，则应准备好需用的设施及用品，如电脑、投影仪、话筒、水笔、铅笔、便签等。

(3) 了解掌握信息。接到来访接待任务后，办公室人员要主动与对方联系，掌握来访者的单位、姓名、职务、人数、性别、来访目的与要求、到达的时间、交通工具、是否需要接机接站、活动方式、行程安排等信息，还要确定对方的联系人，便于及时沟通情况。若有任何变化，要在第一时间汇报上级，并立即着手调整接待方案。

(4) 制定接待方案。根据来访者的职务、目的、活动时间、要求以及其他信息，确定接待规格，拟定详细的接待方案，报分管上级或主要负责人审批。

(5) 落实接待方案。接待方案确定后，要严格按照方案有序进行，通知相关人员做好各项准备工作，明确接待人员的职责和具体任务，使各个接待环节衔接妥当。如需准备汇报材料，要提前检查；宣传报道时应统一口径，掌握分寸，并报上级有关部门批准。

2. 访客接待

在办公室接待的客人各有不同，应根据来客的实际情况，有礼有节地分别对待。

(1) 一般客人来访时。当客人来到时，应从座位上站起身，主动迎上前去问候、打招呼，将客人引领到会客室或公共接待区，并为其提供茶水、饮料或点心等(见图5-1)，及时联系访问对象，尽快让他们见面。如果在办公室接待一般的来访者，谈话时应少说多听，最好不要隔着办公桌与来人说话。同时应注意说话声音不能过大，以免影响周围同事。在交谈过程中应始终面带微笑。与访客商谈工作时必须客观，不能臆测。注意语气语调和用词，以免言语不当，失礼于人，引起客人的不愉快。当客人离开时，应将客人送至门口或电梯口，并礼貌地与其告别。

(a)

(b)

图5-1　茶水服务

(2) 约见领导时。如果来访者要求与上级见面，通常应先与领导沟通，征得其同意并依据其指令，将客人迎领至办公室或会客室。引导客人时，接待人员不能走在客人的正前方，应走在客人的左前方或右前方，并与客人保持约1米左右的距离，身体侧向客人，不能把背影留给客人(见图5-2)。引领客人的同时，还可以适当寒暄，也可以介绍一下本单位的概况，不应只顾低头走路。在进上级办公室之前，应先轻轻敲门，得到允许后方可进入，切不可贸然闯入。进入办公室后，应先向上级点头致意，再把客人介绍给上级。介绍完毕后接待人员离开上级办公室，离开时要注意礼节和自身的姿势与动作，做到礼貌、大方、自然。出门后应面向房门轻轻地把门带上，切忌关门用力过重。

(a)　　　　　　　　　　　　　　　(b)

图5-2　迎领服务

(3) 预约客人的接待。如果客人是预先约定好的，那么根据事先确定好的接待计划，以相应的接待规格和程序进行接待。如果需要提供接站、接机服务，应提前安排与客人身份相当或联络密切的人员前去迎接。接待人员应提前到达车站、机场恭候客人。若出于某种原因，原定的接待人员不能前往，前去迎接者应向客人做出礼貌的解释。

(4) 未预约客人的接待。对未曾预约或第一次登门的客人，可委婉地问明其身份和来意，根据其要求和组织的实际情况灵活处理。如果访问对象不在，接待者应表示歉意并提供其他帮助，如询问能否由其他工作人员代理访问，或明确告知对方访问对象的去向、返回时间等，询问客人是否愿意等候。如果客人不能等候，可以请客留下姓名、单位、联系方式等，以便进一步联系沟通。如果访问对象不能马上与客人见面，接待人员应向访客说明情况，请客人在会客室或办公室等候，其间可向客人提供茶水、点心、杂志等。如果客人并没有指定的访问对象，应先详细了解对方的来意，然后联络相关部门或人员处理。对客人提出的要求要认真考虑，不能立即答复的应诚恳地向客人说明原因，或向有关部门汇报请示后再答复；遇到确实无法办理的事情不可生硬地向客人说"不行"，这样会令客人难堪。

3. 相应安排

如有需要应提前准备好交通工具及食宿。不要等客人到了才匆忙准备，那样会因让对方久等而误事。帮客人办理好一切手续并将其领进房间，介绍住处的服务、设施，将活动的计划、日程安排等相关材料交于对方。接待人员将客人送到目的地后，不要立即离去，应稍作停留，与客人热情交谈，谈话内容要让客人感到满意，比如客人参加活动的背景材料、当地风土人情、城市特点等，但不宜久留，应让其早些休息。道别时，接待人员要将下次联系的时间、会面地点、方式等告诉客人。

二、前台接待服务礼仪

前台接待服务在物业整体服务工作中所起的作用和地位至关重要。它既是物业公司对内、对外联系的总渠道，又是枢纽，是物业服务工作的指挥中心。在对外联络方面组织客源、想方设法为业主提供热情周到的服务，使业主感到满意并留下深刻的印象，提高组织的美誉度，增加社会效益和经济效益。前台服务工作如此重要，因此要求服务人员精通业务、行动敏捷、训练有素、准确无误。

(一) 形象礼仪

前台接待人员要品貌端正，举止大方，口齿清楚，具有一定的文化素养，服饰要完好、整洁、端庄得体、高雅，服装与鞋袜、饰物等搭配合理。女性应避免佩戴过于夸张或有碍工作的饰品，要求仪容端庄大方、精神饱满，化妆尽量淡雅，站立、走路、就座时要符合礼仪规范的要求，姿态自然、面带微笑，不允许抱肩、叉腰、弯腿或倚物，禁止与异性、熟人、业主或同事聊天、逗乐等。

(二) 服务礼仪

前台员工如果接待的是前来公司的访客，可以按上述办公室接待服务规程开展接待工作。下文重点介绍对业主的接待服务。

1. 热情欢迎

当业主抵达客服中心或前台接待处时，服务人员应遵循"三二一"原则：业主离服务台3米远时，服务人员应予以目光的注视；离服务台2米远时，服务人员应面露微笑；离服务台1米远时，服务人员应主动表示热情欢迎，问候业主："您好！王先生""早上好！李阿姨""您好!欢迎光临!""欢迎光临，请问您找哪位？""您需要我提供什么帮助？"等，并致15度鞠躬礼或点头礼。凡因公务需要入楼的人员，应验看出入证，应使用敬语"请出示您的出入证件，好吗？"并指明公务办理方位。如果是购房看房顾客登门，应热情欢迎，并要主动说："请问，您要我提供什么帮助？"如果对方有不明之处，应尽可能礼貌地解答清楚，并指明售楼处方位，然后向对方做自我介绍，如果有名片，可送予对方。当服务人员就座时，看到业主到来应立即起立，向业主表示欢迎后可以请其入座。如果没有座位，服务人员应陪同业主一起站立，直到服务结束。当业主较集中到达时，要尽可能让每一位业主都能看到热情的笑容和听到亲切的问候声。

2. 主动服务

欢迎问候完毕，服务人员应立即主动询问业主的需要，根据来客身份的不同、来访目的的不同，灵活对待并马上为其提供帮助。

(1) 接待服务高峰时段业主较多时，要按顺序依次办理，注意"接一顾二招呼三"，即手里接待一个，嘴里招呼一个，通过眼神、表情等向第三个传递信息，使对方感受到尊重，不被冷落。

(2) 业主对物业服务有意见陈述或有服务需求时，要以真诚的态度表示欢迎、妥善处理；在业主说话时应凝神倾听(见图5-3)，绝不能与客人争辩或反驳，对业主的问题要耐心回答，做到百问不厌、有问必答、用词恰当、简明扼要；不能推托、怠慢、不理睬客人，遇到自己不清楚的问题，应请业主稍候，请教有关部门或人员后再回答，忌用"也许""大概""可能"等模糊语言应付业主，也不能简单地回答"不行""不知道"；当业主要找的相关人员不在或出于种种原因不能马上接见时，要向对方说明理由与等待时间；若愿意等待，应主动为其奉上茶水、杂志等；如不能等待，应请业主留下电话、地址，明确事由后，确认由工作人员联系对方；对敏感性政治问题或超出业务范围不便回答的问题，应表示歉意。

图5-3　与业主沟通时倾听

(3) 业主较多时，要做到忙而不乱、井然有序，应先问先答、急问快答，使不同的业主都能得到适当的接待和满意的答复。

(4) 服务过程中需要业主配合帮助时要注意礼貌，"请"字当头，"谢谢"收尾。知道业主的姓氏后应用尊称称呼对方，让业主感受到热情、亲切和尊重。

(5) 给业主递送单据、证件时，应上身前倾，将单据、证件文字正对业主双手递上；若需要请业主签字，应把笔套打开，笔尖对着自己，右手递单子，左手送笔(见图5-4)。

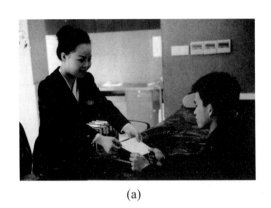

(a)   (b)

图5-4　递送物品

3. 业主离开时

当业主离开时，服务人员如果没有其他工作应将其送到大门口或电梯门口并道别，如"再见""您走好""欢迎再来"等。如果送到大门口，应等业主乘坐交通工具离开视线后，服务人员才可以返回；如果送至电梯口，应等业主进入电梯并开始运行后方可转身离开。

4. 服务结束后

(1) 服务结束后，工作人员要及时做好相关资料的完善、整理、汇报、存档等工作，以便在下次接待时能有针对性地提供服务。

(2) 根据业主的需求，如有必要应做好后续跟进服务，以便了解服务工作的实施情况和业主的满意度，如有偏差应及时与业主沟通并及时调整。

三、会所服务礼仪

会所拥有各种休闲健身的设施和场所，有为业主提供的游乐服务项目，是物业品质和服务质量的重要体现。因此，会所服务人员应该向业主提供高品位的优质服务。

(一) 形象礼仪

会所服务人员的形象要符合礼仪规范要求，具体与前文所述的前台接待服务员相同。

(二) 服务礼仪

1. 准备工作

上班前要准时做好一切准备工作，正点开放；下班后要清理到位，做到善始善终。

2. 迎候礼宾

(1) 欢迎。业主到达会所时，服务人员应站立迎候，按"三二一"原则做到"四到"，即客到、微笑到、敬语到、致礼到。见到业主或客人时应使用敬语称呼，要有得体的问候；语气要谦敬，不可粗鲁无礼或急呼高叫；作为服务人员，不应主动向对方做自我介绍或主动与对方握手；如对方有主动握手的表现，不应回避，握手时宜趋前躬身，表示恭敬。

(2) 引领。对要去各功能室活动的业主，服务人员应主动热情地招呼，交代清楚并引领到位，依据活动的特点和要求为业主提供服务。一般服务完毕后服务人员可以离开活动场所，如果业主有需要时再及时提供服务，但不宜离开的项目则必须在场，切记不可离开。

3. 服务操作

需要业主登记时，应恭敬请求，并说："请在这里登记"；售票、开票、收费等环节要注意语言、手势、表情等方面的礼节；在钱、票、计时等方面如与业主发生不一致时，要耐心查对，和气解释，绝不可发生争吵；凡遇业主不按规则办事时，应婉言提示，即使对方不听规劝，也要语言温和谦敬或主动多做服务，切不可态度急躁，语言失敬，更不可因此与客人发生争吵；与客人谈话应恭敬站立，不可坐着答问；与客人谈话要以业务答询为内容，不可自己主动闲谈一些与业务无关的事项；凡客人询问业务内容应实事求是回答，凡非业务询问则应婉言回避。

4. 送别礼节

业主离开会所时，要有道别礼节用语，如"再见""欢迎再来""请走好"。如有必要，要送业主到会所外。

四、秩序维护员服务礼仪

秩序维护员往往是业主与物业服务企业接触最多的岗位之一，秩序维护服务也是业主了解物业企业、判断物业服务品质的主要环节。因此，秩序维护应达到形象良好、行动敏捷、训练有素、礼貌周全等方面的要求。

(一) 形象礼仪

秩序维护员在不同的岗位上，都应做到仪容端庄大方、精神饱满，发型、面容符合礼仪要求；都应按要求穿着制服，做到整洁、大方，不能有破损、掉扣、开线，服装与鞋袜、饰物等搭配合理；安全装备完好有效，佩戴、使用、保管规范；站立、行走、就座、手势、表情均合乎礼仪规范，姿态自然、面带微笑(特殊情况除外)，不允许抱肩、叉腰、弯腿或倚物，禁止与异性、熟人、业主或同事之间聊天、逗乐等。该岗位形象的总体要求：环境整洁、仪容整洁、服务周到、礼貌热情。

(二) 服务礼仪

1. 道闸或门岗服务礼仪

(1) 进车写卡。①站姿、站位：站姿呈工作状态立正式或挎立式。身体微侧向汽车通道一方，关注车辆进入情况。值岗时不得擅自离开站位。②迎候礼节：汽车行至拦截坡前时，值岗人员应问候欢迎并致礼表示迎接，再侧身取车辆进入计时卡。③迎卡姿势：目视司机，右手将计时卡递交司机，以左手平指示意，要求动作规范，彬彬有礼。④让进礼节：递卡后，值岗人员双臂应按规定动作行让进礼，体现出对来车乘员的热情接待与礼遇。

(2) 出车验卡收费。①站姿、站位：值岗人员呈工作状态站姿，身体微侧向车来方向。②出车致礼：车停拦截坡前时，值岗人员应向司机立正敬礼，并准备接卡、计时收费。③验卡收费：验卡时，值岗人员以右手接卡，熟练地验卡、计时收费，并应向司机报明收费数据，如"您的车计费停车××分钟，请交停车费××元"。示意放行车辆时，值岗人员应平伸左臂，注目出车。

(3) 无须验卡收费进出车辆时，可按进出车迎让和送别礼节操作。

(4) 行人出入、问询服务。①行人出入时，应遵循如前所列的"三二一"原则，表示热情的欢迎与问候，应行注目、点头、致意、鞠躬等迎送礼节。如有贵宾、领导人员、业主陪同客人出入，应敬礼致候(见图5-5)。②凡遇询问，应先向问询者敬礼，然后认真准确地回答相关问题，秩序维护员应熟知物业内路段和楼号单元等信息；与询问者交谈时，应注意使用各种敬语，细节部分可以参考前台服务的礼仪规范。③如果业主需要进出物业，应根据实际情况为其开启道闸、开门等；如果其他人员需要进入物业，应问清来者姓名、单位、来访目的、被访者姓名等信息，先与被访者联系沟通，然后按被访者意见办理，如有需要应做好访客登记工作。④如果业主或其他人员携带物品离开物业，应根据相关规定查验出门单等，查验过程中要注意语气、措辞、态度、表情、肢体动作等，做到礼节到位、操作规范。⑤业主经过或离开门岗时，应主动问候、告别或道谢，目送业主离开(见图5-6)。

(a)

(b)

图5-5　门岗服务一

图5-6　门岗服务二

(5) 岗务交接。岗务换岗交接，应按规定的交接礼节进行：先由接岗人敬礼，交岗人还礼(见图5-7)；双方致礼后，交岗人应报明岗上业务情况，然后撤岗，与接岗人易位。

(6) 值岗禁忌。值岗人员不可仪容不整、精神懈怠，不可擅自离岗、扎堆聊天，不可在岗时做其他与岗位无关的事情，不可让闲杂人员在岗位附近逗留，除交接岗务外，其他事务不宜在岗亭内外办理，如需办理，在不影响岗务的情况下离岗到他处办理。

(a)

(b)

图5-7　门岗交接

2.巡逻服务礼仪

(1) 站姿与走姿。流动岗保安人员在流动值勤中，经常做站姿与走姿的交替形态。站姿、走姿要规范、端正、精神，不得松垮、随便、散漫、懈怠(见图5-8)，不可做散步式、溜达式、消闲式、呆滞式。走路时一般要靠右行走，做到两人成行、三人成列。

(2) 与业主相遇时，应遵循如前所述的"三二一"原则，主动问候并致15度鞠躬礼或敬礼；如果道路或空间较狭窄时，应主动侧让；如果正在工作时，应暂停手中的任务(特殊情况除外)，等业主离开后再继续工作。

(a)   (b)

图5-8 巡逻服务

(3) 巡逻过程中可以根据实际情况为业主提供服务。①业主提拿行李物品较多时，可以主动为其提供小推车服务，也可以帮助他们将物品送至目的地，但是服务的前提是要事先征得业主的同意。在帮助业主提拿或装运物品时，要轻拿轻放，切忌随地乱丢、叠放或重压。②对于老人、儿童、残障人士，在征得他们的同意后可以给予必要的帮助，以示关心照顾。如果需要也可以引领新业主或访客到其要去的地方。③凡发现有可疑的人与现象，应有礼貌地查询或查看。如见有陌生人从楼内进出，应上前询问："先生(小姐)，请问你找谁？"；如见有人携物品从楼内走出，应先判明有无可疑之处，如有可疑，应上前询问："先生(小姐)，请留步，请问你带的是什么东西？可否让我看一下"等。盘查往往会引起对方的反感，若盘查无疑点应立即表示歉意"对不起，耽误您了！"，如被查者有不满情绪，应再次道歉"实在对不起，给你添麻烦了"。一般不说"这是公司的规定""这是例行公事"等，以免使业主或客人更加不愉快。

3. 车辆服务礼仪

(1) 进入车辆服务。①当业主驾车或乘车抵达时，应立即主动迎上，引导车辆停妥(见图5-9)；接着一手拉开车门，一手挡住车门框的上沿，以免客人碰头(见图5-10)。如果是信仰佛教或伊斯兰教的宾客，因教规习俗，不能为其护顶。如遇雨雪天，要撑伞迎接，以防业主被淋湿；若业主自己带有雨伞，应为其提供保管服务，将雨伞放在专设的伞架上，或为其提供摆放雨伞的塑料袋。②进入物业装、卸货物车辆或其他车辆，应按以下程序操作：示意停车、指示分流车辆放行。示意停车时应注意的操作规范：向来车前方伸出左臂，上扬左掌与臂成直角，五指并拢，按交警停车指示姿势操作。指示行车的操作规范(见图5-11)：手向前伸一臂，另一臂同时向行车方向示意摆动；对于可进入停靠的车辆，应在指示入行后，敬礼并致问候语"欢迎光临"，并按时间情况进行分流操作。③对于暂时无车位而无法进入的车辆，应做说明"区内暂无车位，请停靠在对面车场，多谢合作"或"暂时无法入区，请稍候为您安排，谢谢"。④业主或客人发生行车纠纷、争执时，秩序维护员应及时、规范、有效地进行处理。如因区内暂无车位，来车不服从指挥要强行入区时，应按劝说、解释、请求谅解的原则处理，尽可能避免争吵，语言上应多道歉、多劝慰，如"实在暂无车位，谢谢合作，请稍候""对不起，暂时无法入区，我会尽快为您安排。"等。值班人员应做到"你火我不火，你急我客气，你吵我道歉"。如遇到无法劝说、不听行车指挥、强行进入的车辆，应报告上级处理。

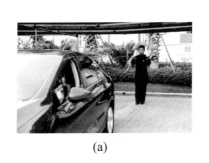

(a)　　　　　　　　　　　　　　(b)

图5-9　引导车辆停车

图5-10　护顶服务

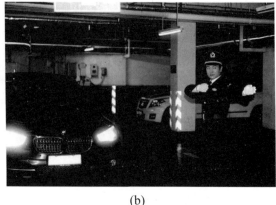

(a)   (b)

图5-11　车辆行车手势

(2) 停车服务。当业主或客户停好车时，应提醒他们关门、关车、关灯，锁好车门，带好自己的行李物品，特别是贵重物品不要遗忘在车上；如果车辆停在临时车位上，应请车主留下电话号码以便联系；平时在巡视过程中发现问题应及时与车主联系沟通。

(3) 如遇业主乘坐出租车，应提醒他不要将物品遗留在车内；帮助业主记下车牌号码，以便有问题时能及时查找联络。遇到业主和司机发生纠纷，应及时关注并机智处理。

(4) 车主离开时，要根据情况提供引导服务。乘车人数较多时要把车辆引导到容易上车的位置，并为客人拉车门，请客上车。看清客人已坐好后，再轻关车门，微笑道别："谢谢光临，欢迎下次再来，再见！"并挥手致意，目送离去。

五、工程技术员服务礼仪

工程技术人员往往需要上门为业主提供水电、家用设施的维护、保养、修缮等工作，其职业形象和礼仪水平影响着物业服务的整体形象和服务质量。因此，要求工程技术人员具备热情主动的服务意识，掌握礼貌和善的服务方式，达到周到完美的服务效果。

(一) 形象礼仪

工程技术员在职业形象上应和其他岗位员工一样，做到仪容仪表端庄大方、精神饱满，仪态规范自然，不可借维修作业为由，衣装不整、仪容不雅地登门修缮。

(二) 服务礼仪

1. 准备工作

接到维修任务单后，应及时准备用品和工具，尽快前往维修，不可拖延不办。若因故不能及时维修，应向业主说明原因或提供另外解决的途径方法等，如业主有意见时应及时向上级汇报、请示。

2. 操作服务礼仪

(1) 登门礼节。维修人员上门修缮时应注意登门礼节。应先按门铃或用中指叩门(见图5-12)，不可长时间按铃或敲门，更不可以不停或无礼地砸门、拍门。主人开门后，应和蔼地做自我介绍："我是××物业公司工程部的维修员×××，先生(小姐、太太)，您需要维修×××，这是我的工作证和修理任务单。"然后出示相关证件，得到业主同意后再进门。

(a)

(b)

图5-12　维修人员到业主家的进门礼节

(2) 维修服务。维修工作要做到"快、好、省"三字要求，尽可能在节约成本的同时确保维修效率和效果。如果不能及时修复应向业主说明情况，征得业主同意后采取其他措施或修理方式；涉及维修费用应先向业主报明损坏程度、配件价格、维修预算工时、报价根据等，修理完毕应请业主签单；如在报价收费时业主有疑问或出现还价、拒缴现象，应耐心解释；出现重大的不可解决的费用收缴问题，不可在业主中吵闹，要上报管理人员解决。

(3) 维修服务中应注意的问题。严禁酒后登门工作，在业主家中不可吸烟、哼唱、吃零食或互相说笑等。

3. 结束离别

上门维修时应尽可能保持业主家中清洁，要佩带工作用布、塑料鞋套等保洁用具；若不可保持，则应向业主通报，工作完毕后及时清扫干净。

六、保洁员服务礼仪

(一) 形象礼仪

保洁员在职业形象上应和其他岗位员工一样，做到仪容仪表端庄大方、精神饱满，仪态规范自然(见图5-13)，在工作中注意礼貌服务、文明操作。

图5-13　保洁员职业形象

(二) 服务礼仪

1. 准备工作

每天进行保洁工作前，保洁员都应提前准备好清洁器具和用品，详细了解清洁保养的具体要求及相关的注意事项，准时前往工作区域开展保洁工作，不可无故拖延。同时在进入工作场所之前必须按要求换上工作服，佩戴好工作牌，整理好个人仪表仪容，将私人物品存放在自己的更衣柜内。

2. 服务礼节

(1) 物业公共区域保洁服务礼仪。①在公共区域进行保洁服务时，保洁员应按保洁质量标准和服务规程进行操作。②业务操作时如遇过往行人，应暂停手中的工作，礼让为先，灵活退让；若有碍他人时，应使用"请当心、对不起、打扰您了、请这边走、谢谢"等礼貌用语，同时以手势示意行人通过。③如与业主、客人相遇应有礼貌地问候、打招呼或点头示意。④凡遇客人询问，要恭敬礼貌地对答，指点路径时要按规定礼节手势示意方向；当业主或客人有疑难时，要主动热情地给予帮助，可主动表示"我能为您做什么吗？""请稍候，我为您打听一下""请找××，他会帮您解决"等。⑤如果发现形迹可疑人员，要有防范意识，但用语一定要注意礼节，如"请问先生(小姐)您找谁?""请问有什么事让我帮助"等,如有需要可以报知秩序维护员处理。

(2) 物业私有区域保洁服务礼仪。①登门礼节。保洁员需要进入业主寓所或其他私有场所服务时应注意登门礼节。应先按门铃或用中指叩门,叩门节奏要轻缓,不可用全手掌或拳头砸门,不可长时间按铃或敲门。听到回应后,要说明来意,得到允许后方可进门,未经主人允许,严禁擅自进入。主人开门后,保洁员应做自我介绍"先生(小姐、太太),您好!我是××物业保洁人员×××,是来做清洁保养服务的。""打扰您了,请问门外××可以扫走吗?"等。②征得业主同意后,按清洁保养操作规程为业主提供服务。③进入业主家或其他清洁场所的员工,不得随身携带私人物品进入房间如钱包、梳子、首饰、化妆品等。④在清洁完毕后,要告知业主清洁工作已做完,并询问是否需要补充清洁项目、对服务是否满意等。⑤离开清洁场所时,要注意关好门窗,如业主在场要注意告别时的礼节礼貌。

七、绿化员服务礼仪

(一) 形象礼仪

绿化员在职业形象上应和其他岗位员工一样,做到仪容仪表端庄大方、精神饱满,仪态规范自然,在工作中注意礼貌服务、文明操作。

(二) 服务礼仪

1. 准备工作

每天工作前,绿化员都应提前准备好清洁器具和用品,详细了解绿化维护与保养的具体要求及当天班次的工作任务,准时前往工作区域开展工作,不可无故拖延。在进入工作场所前须按要求换上工作服,佩戴好工作牌,整理好个人仪表仪容。

2. 服务礼节

在工作中绿化员应按绿化质量标准和相关服务规程进行操作。在操作时如遇到业主、客人或其他过往行人,应有礼貌地问候、打招呼或点头示意,并暂停手中的工作,靠边礼让;若有碍他人时,应使用礼貌用语表示歉意;若遇客人询问或业主有困难时,要恭敬礼貌地对答并给予帮助,态度要主动,表情要和蔼,语言、手势要规范,如"我能为您做什么吗?""请稍候,我帮您打听一下。"等;如发现形迹可疑人员,可做礼节性盘问,如"请问先生(小姐)您找谁?""请问有什么事让我帮助"等,如有需要应报知秩序维护人员或上级领导。工作期间做到不与同事闲谈,不在公共场所大声喧哗或呼叫,不与业主过分亲近,不将个人私事或公司纠纷向他人申诉,等等。

八、管理人员服务礼仪

要求下属员工的服务礼仪,作为管理人员必须自己先做到。因此,管理人员的礼仪要求可以参考上述岗位员工的服务礼仪,在此不再赘述。

复习思考题

一、名词解释

办公室礼仪　物业服务文书

二、判断题

1. 服务礼仪,是指服务人员在为服务对象提供服务的过程中应遵循的一系列行为规范。根据服务对象的不同,服务礼仪可分为内部服务礼仪和外部服务礼仪。(　　)

2. 一个组织决策层办公室的布置一般要求:一要相对宽敞,二要相对封闭,三要方便工作,四要特色鲜明。(　　)

3. 前台是一张有表情的面孔,是体现组织形象、实力的门户,所以前台要结合坐向方位、行业要求等因素综合设计,要给人一种亲切感,使服务对象或合作伙伴产生良好的第一印象。(　　)

4. 乘电梯时应尽量不要攀谈,不要大声喧哗和吵闹,也不要议论公事或私事。(　　)

5. 乘电梯时,物业服务人员都应自己先进电梯。(　　)

6. 使用楼梯或自动扶梯上下楼时,都应男士在前、女士在后,幼者在前,长者在后。(　　)

7. 乘坐自动扶梯或上下楼梯时,应靠左侧站立,以便让有急事的人从右侧超越。(　　)

8. 进他人办公室前应先敲门,征得同意后方可进入,如果办公室的门是敞开的,则可以直接进入。(　　)

9. 在办公区域洗手间是公共空间,因此需要注意礼仪,不可谈论公事或议论他人。(　　)

10. 当业主或客人驾车、乘车抵达时,秩序维护员应立即迎上,引导车辆停妥并要为其护顶。(　　)

11. 工程技术人员由于经常需要对设备设施进行维护保养,故在个人形象上可以不做要求。(　　)

12. 对于暂时无车位而无法进入的车辆,秩序维护员应做耐心说明、解释,不

能与车主发生纠纷、争执，如遇到无法劝说、不听指挥、强行进入的车辆，应报告上级处理。（　　）

13. 要求下属员工的礼仪规范，作为管理人员必须自己先做到。（　　）

三、多项选择题

1. 内部服务礼仪一般可以称为办公室礼仪，包括办公环境的布置维护、文书档案的撰写整理_____等。

A. 办公设备的使用维护

B. 与业主的沟通

C. 内部人际关系的处理

D. 与相关政府部门的联系

E. 与其他企业的横向联系

2. 办公环境布置应遵循_____等基本原则。

A. 功能性　　　　B. 前瞻性　　　　C. 文化性

D. 舒适性　　　　E. 节能环保性

3. 拜访他人之前应做好_____等方面的准备工作。

A. 预先约定　　　B. 物品准备　　　C. 服饰与仪表

D. 同行人员　　　E. 资金费用

4. 在物业服务文书的写作、发送过程中，应注意_____等礼仪。

A. 辞藻华丽　　　B. 遵从格式　　　C. 撰写规范

D. 签发签收　　　E. 发送及时

5. 在办公室接待客人时应遵循_____等基本原则。

A. 高端奢华　　　B. 热情相待　　　C. 耐心细致

D. 规范有序　　　E. 合理节俭

四、思考题

1. 与上级相处的基本礼仪。

2. 与下级相处的基本礼仪。

3. 与异性同事相处的基本礼仪。

4. 物业服务企业办公设备使用礼仪。

5. 办公室接待访客的基本礼仪。

6. 物业服务企业前台员工对业主的接待服务规程与礼仪要求。

7. 业主前往物业会所进行活动时，服务人员应如何接待？

8. 物业服务人员在物业公共区域遇见业主或客人时应怎样做？

9. 保洁员在物业公共区域进行保洁作业时应注意哪些服务礼仪？

10. 保洁员为业主提供私有空间保洁作业时应注意哪些服务礼节？

能力训练

一、办公室访客接待服务

(一) 训练时间：1课时

(二) 训练目的：掌握办公室接待服务礼仪规范

(三) 训练要求

1. 明确办公室接待服务的礼仪要求；

2. 能按规范完成一般的接待工作；

3. 能有效处理特殊问题。

(四) 训练步骤

1. 教师先讲解或通过提问的方式，讲清楚办公室接待服务的流程与礼仪要求。

2. 由教师和学生分别扮演服务人员与访客进行示范操作。

3. 通过提问、复述等方式考查学生的理解掌握程度。

4. 学生两人一组进行模拟练习。

5. 学生总结训练的感受和体会，教师现场答疑。

6. 教师对训练情况进行点评，指出练习中的精彩表现和不足之处。

二、前台业主接待服务

(一) 训练时间：1课时

(二) 训练目的：掌握前台对业主的接待服务礼仪

(三) 训练要求

1. 明确前台接待服务的礼仪要求；

2. 能按规范完成一般业主的接待工作；

3. 能有效处理特殊问题。

(四) 训练步骤

1. 教师先讲解或通过提问的方式，讲清楚前台业主接待服务的流程与礼仪要求。

2. 由教师和学生分别扮演服务人员与业主进行示范操作。

3. 通过提问、复述等方式考查学生的理解掌握程度。

4. 学生两人一组进行模拟练习。

5. 学生总结训练的感受和体会，教师现场答疑。

6. 教师对训练情况进行点评，指出练习中的精彩表现和不足之处。

项目六
国际礼仪与我国部分少数民族礼俗
——宽阔的视野

学习目标

知识目标

● 理解国际礼仪的基本原则，了解涉外活动中的礼宾次序；

● 掌握会见、会谈、签字仪式的场地布置及接待规范；

● 掌握世界主要国家、地区、民族的风土人情知识和习俗礼仪。

素质与能力目标

● 懂得并运用相关的国际礼仪及操作规范，能依据国际礼仪和习俗禁忌，有效地开展各项物业服务与管理活动，使自己具备"国际人"的基本素养，不断提升物业服务水准。

随着我国改革开放的进一步深入和经济的全球化发展，国际交往日益频繁，物业服务企业的服务对象不仅仅局限于国人或国内的各种组织，会越来越多地涉及外国友人和外国组织。与此相适应，物业服务人员就需要有"国际人"的胸怀和视野，主动了解和掌握各项涉外礼仪规范，确保在不断扩展的涉外交往活动中，展现中华民族的良好形象，展现礼仪之邦的大国风范和殷勤好客的接待水准。掌握世界主要国家、地区、民族的风土人情知识，掌握它们的习俗礼仪，懂得并运用相关的国际礼仪及操作规范，才能使服务工作顺利开展，为业主或客户提供完美、贴心的服务。

模块一　国际接待礼仪

礼仪故事

总理生气了

1962年，周恩来总理到西郊机场为西哈努克及其夫人送行。亲王的飞机刚起飞，我国参加欢送的列队便自行散开，准备返回，而这时周总理却依然笔直地站在原地未动，并要求身边的工作人员立即把那些离去的同志请回来。这次周总理发了脾气，他严厉地批评道："你们怎么搞的，没有一点儿礼貌！各国外交使节站在那里，飞机还没有飞远，你们倒先走了。这样对来访贵宾有失礼仪之邦的美誉。"当天下午，周总理就把外交部礼宾司和国务院机关事务管理局的负责人找去，要他们立即在《礼宾工作条例》中加上一条，即今后到机场为贵宾送行，须等到飞机起飞，绕场一周，双翼摆动三次表示谢意后，送行者方可离开。

一、国际礼仪

国际礼仪是人们在国际交往中必须遵守并运用的共同性的礼仪与习俗规范，是国际交往的行为准则，其最重要的精神在于尊重他人、尊重环境、尊重生命。国际礼仪重在表达礼貌、友善与助人，强调"求同存异"与"遵守惯例"。

(一) 国际礼仪的基本原则

1. 注重形象

在国际交往中，形象是一种效益，形象是一种宣传，形象是一种教养，形象是一种服务。注重个人形象，不仅是因为它能反映一个人的精神面貌与生活态度，体现一个人的品位和教养，更重要的是因为个人形象往往能够折射出中华民族的整体形象。每一个人在参与国际交往时，都必须清醒地意识到自己在外国人眼里，通常代表的不是个人，而是代表自己的国家、自己的民族、自己所在的集体。因此，必须时刻注意维护自身形象，做到言行举止从容得体、优雅端正。除此之外，还应具有维护整体形象的意识，对自己的同胞、组织、国家和民族不得妄自菲薄、自我贬低、随意指责，应该怀以敬意，维护组织声誉和祖国尊严。对任何交往对象都要一视同仁，给予平等的尊重与友好，在尊重他人的同时做到尊重自我，因为只有自尊才能赢得别人的尊重。

2. 遵时守约

"言必信、行必果"不仅是中国人的行为准则，也是国际通用的行为准则。说话要有诚信，承诺必须兑现，这是已被公认的建立良好的人际关系的基本前提。所以，在涉外交往中，应该注意以下三点：首先慎于承诺，即不要轻易承诺；其次有诺必践，对于已经做出的约定，务必要认真遵守；最后一旦不能如期履行承诺，必须尽早向相关人员通报解释、说明原委，并郑重向对方致以歉意，主动承担由此给对方带来的损失，在力所能及的范围内，采取一切可行的补救性措施。遵守时间是信守承诺的一种具体体现，因为在现代社会中，时间就是金钱、时间就是效率、时间就是生命，这已经成为衡量评价一个人文明程度的重要标准之一。不遵守时间，被认为是对交往对象的不尊重。遵守时间的具体要求有三点：一是要有约在先，二是要如约而行，三是要适可而止。

3. 求同存异

"同"是指国际交往的惯例，即国际交往礼仪的"共性"；"异"是指各个国家与民族在礼仪习俗方面的差异，是国际交往礼仪的"个性"，即所谓的"十里不同风、百里不同俗、千里不同情"。因此在国际交往中既要遵守约定俗成的普遍性的习俗规范，又要自觉学习各国不同的风土人情，并且在必要的时候要提前了解和掌握交往对象的礼仪习俗，以示尊重。比如，中国传统礼节往往是外在的、热情奔放的，比如欣赏相声时的哄堂大笑，观看京剧时的起哄叫好；西方礼节往往是内敛庄重的，侧重内心的倾听和情感的交流，如欣赏音乐会时的沉静，面对艺术品时的深思。但方式的不同并不能掩盖观众发自内心对表演者和艺术家的尊重、喜爱、赞赏之情，礼仪外在形式的区别并不能割断人性、人情的交流和传递，在这一点上是共通的。

4. 尊重隐私

在与国际友人打交道时，一定要充分尊重对方的个人隐私权。在言谈交流中，对于可能涉及对方个人隐私的一切问题，都应该自觉地、有意识地予以回避。不可按照我国的习惯，打破砂锅问到底，否则有可能造成对方不快，甚至还会影响双方的关系。此外，还应该注意不要随意传播和泄露包括自己在内的其他人的隐私，要自觉尊重所有人的隐私。比如，不可在公共场合随意整理衣饰、化妆或补妆。一般而言，在国际交往中，收入、年龄、婚恋状态、身体状况、家庭情况、个人经历、宗教信仰、政治立场以及行为动向等方面皆属于个人隐私，要自觉避免与外国人交谈。

5. 女士优先

"女士优先"是国际社会中公认的一条重要的礼仪原则，其核心思想是：在一切社交场合，男士都有义务自觉地以自己的实际行动去尊重妇女、照顾妇女、体谅妇女、关心妇女、保护妇女，而且要想方设法、尽心竭力地去为妇女排忧解难。这是因为妇女被视为人类的母亲，对妇女处处照顾，就是对人类的母亲表示感恩之意。倘若因为男士的不慎，使妇女陷于尴尬、困难的处境，便意味着男士的失职。人们一致认为，只有尊重妇女，才具有绅士风度；反之，则是一个缺乏修养的莽夫粗汉。在现实生活中，女士优先具体体现在：女士下车，男士应主动为其开门；进室内，让女士先进，男士应帮其脱大衣，让其先入座；上车或乘电梯，让女士先上先下；在路上行走，男士放慢步伐，与女士并进，并走在有车辆行驶的一侧，保护女士安全；在女士面前，男士不应说脏话、开无聊的玩笑；在发言时，讲话者提及听众，应以"女士们、先生们"作为开头语，等等。

6. 以右为尊

在正式的国际交往中，当需要将人们进行并排时，应遵循"以右为尊"的国际礼仪的惯例，即以右为上，以左为下；以右为尊，以左为卑；以右为客，以左为主。例如，宾主正式会晤时，主人往往会安排来宾在自己右侧的尊贵位置上就座；宴请用餐时，主人会请主宾坐在自己右手边。这是国际交往中确定礼宾次序的主要指导性原则。

7. 入乡随俗

在国际交往中，"入国而问禁，入乡而问俗，入门而问讳"是人人须知的一项常识。"入乡随俗"是指在涉外交往中，要真正做到尊重交往对象，就必须尊重对方所独有的风俗习惯。身为东道主时，应遵循"主随客便"；当身处异国他乡时，则应遵循"客随主便"。这两方面对加深双方之间的理解与沟通，以及更好地、恰如其分地向外国友人表达我方的尊重、友好之意均起到促进作用。所以，涉外人员必须充分地了解交往对象的礼仪与习俗，特别是相关的禁忌，做到知己知彼、规范使用。因此，每到一个国家或接待来自其他国家的业主或客人，都要事先了解该国的礼俗，即使相当熟悉的友人，也应注意基本的礼仪规范，在交往中相互尊重、谨慎从事，不能不拘小节或超过限度。如美国人有三大忌：一是忌有人问他年龄；二是忌问他所买东西的价钱；三是忌在见面时说"你长胖了"。前两忌是因为个人私事，不喜欢他人干涉，后一忌是因为美国人有"瘦富胖穷"的观念。

8. 不卑不亢

国际交往中人与人、国与国之间应是平等的关系。中国人与外国人交往时应不卑不亢，这也是国际礼仪的重要原则。国际礼仪中的不卑不亢原则，最重要的是保持人格平等，因为"卑"和"亢"都是置对方或置自身于不平等位置上的交往态度。"卑"有损自身人格甚至国格；"亢"则显得虚张声势，也有伤对方的自尊。要做到"不卑不亢"应注意：第一，不能对对方有金钱与物质利益上的希望和企图，"心底无私天地宽"，双方的人格才能平等互利。我方无所企求而心地坦然，对对方无须戒备则轻松自如，这样的交往自然分不出尊卑。要有为国家和民族争气的精神，这种精神在涉外交往中尤其重要。第二，实事求是，不过谦，不说过头话。以宴请为例，中国人请客，即使是相当丰盛的一桌，主人也会对客人说："今天没什么好菜，请随便吃点儿"。西方人则相反，不管饭菜质量如何，主人都要自我夸赞："这是本地最好的饭店""这是我的拿手好菜"，目的在于表示诚意。中国人到别人家做客经常客气有余，主人问客人是否再添饭，客人说不用，实际上也许并未吃饱。西方人作为宾客赴宴，说不吃不喝时则是真的，绝不是客气。所以，在国际交往中，客气与谦虚都不能过分。

(二) 礼宾次序

所谓礼宾次序，就是依照国际惯例，对参与国际交往的国家、团体和个人的位次按某些规定和惯例所排的先后次序，以突出来访者或贵宾的身份。一般来说，礼宾次序体现东道主对各国宾客所给予的礼遇，在一些国际性的活动或会议上则表示各国主权平等的地位。礼宾次序安排不当或不符合国际惯例，会引起不必要的矛盾与争端，甚至影响国家间的友好关系。因此在组织涉外活动时，一定要重视礼宾次序，既要做到大体上平衡，又要综合考虑客人的身份、职务、威望、资历、年龄及国家间的关系等。我国在涉外活动中的礼宾次序，一般有按身份与职务、按字母顺序和按时间排列三种方法。

1. 按身份与职务的高低排列

这是礼宾次序排列的主要根据。一般的官方活动，经常是按身份与职务的高低安排礼宾次序。如按国家元首、副元首、政府总理(首相)、副总理(副首相)、部长、副部长等顺序排列。各国提供的正式名单或正式通知是确定职务的依据。由于各国的国家体制不同，部门之间的职务高低不尽相同，因此要根据各国的规定，按相当的级别和官衔进行安排。

2. 按字母或者笔画顺序排列

多边活动的各方或参加者不便按身份与职务的高低排列的，可采用按字母顺序或笔画顺序排列的方法，这是一种给予各方和个人最平等机会的方法，在公关活动的排次中被广泛运用。在国际会议上，公布与会者名单、悬挂与会国国旗、安排座位等均按各国国名的英文拼写字母的顺序排列。联合国大会的席次也按英文字母排列，但为了避免一些国家总是占据前排席位，因此每年抽签一次，决定本年度大会席位从哪个字母开始排列，以便让各国都有机会排在前列。在国际体育比赛中，体育代表团名称的排列、开幕式出场的顺序一般也按国名字母顺序排列(东道国一般排在最后)。

按字母顺序排列，就是将所有参加活动的组织或个人按其名称或姓名的组合字母顺序依次排列，如Beijing列Shanghai之前，Dow Chemical Ltd列Shell Chemical Company之前。如果第一个字母相同，则依第二个字母；第二个字母相同，依第三个字母，以此类推。一般涉外公关活动按英语字母顺序排列居多，也可视具体情况按法语、西班牙语等其他语种的字母顺序排列，但不能一次按两种或两种以上语种的字母顺序排列。

如果活动参加各方及成员均是华人，一般应按汉字的笔画顺序排列，而不按拼音字母顺序排列。汉字笔画顺序的排列相对复杂，一般以组织名称或姓名的第一个字的笔画多寡依次排列，如"丁"字两画，"王"字四画，"丁"列"王"字前。假如笔画相同，可按横、竖、撇、捺等笔顺先后排列，如"李"字与"肖"字均为七画，"李"字的第一笔是"横"，而"肖"字的第一笔是"竖"，因此"李"字列"肖"字前；第一笔笔顺相同，可依第二笔，以此类推。假如笔画相同，笔顺又相同，则按字形结构排列，先左右结构，后上下结构，再整体结构。如果两个组织名称的第一个字相同，可依第二个字，排列方法同上，第二个字又相同，可依第三个字，以此类推。而姓名的排列先后则略有不同，如果同姓，应该先依单名和双名，不论笔画多少，单名都在双名前，如"王冀"列"王乙山"前，同是单名，则如同上述方法先按笔画，后按笔顺，再按字形结构的顺序排出先后；同是双名，则先依第一个名，后依第二个名，排列方法仍同上述。不论按字母顺序还是笔画顺序排列，最要紧的是，不能使字母的组合及名称和姓名的用字出现差错。

3. 按时间顺序排列

在一些国家举行的多边活动中，东道国对同等身份的外国代表团，按时间顺序排列礼宾次序，主要分为以下4种情况。

(1) 按派遣国给东道国的通知中组成代表团的日期排列。

(2) 按代表团抵达活动地点的时间先后次序排列。

(3) 按派遣国决定应邀派遣代表团，参加该项活动的答复时间先后次序排列。

(4) 在实际工作中，遇到的情况往往比较复杂，所以礼宾次序不能按一种方法排列，而是几种方法的交叉使用，顾全其他因素。如在某一多边国际性活动中，对与会代表团礼宾次序的排列，首先是按正式代表团的规格，即代表团团长的身份高低来确定；在同级代表团中则按派遣国确定代表团组成日期的先后来确定；对同级和同时收到通知的代表团，则按国名英文字母顺序排列。

二、迎送礼仪

(一) 官方迎送

各国对外国国家元首、政府首脑的正式访问，往往都举行隆重的迎送仪式。对军方领导人的访问，也会举行一定的欢迎仪式，如安排检阅仪仗队等。对其他人员的访问，一般不举行欢迎仪式。然而，对应邀前来访问者，无论是官方人士、专业代表团还是民间团体、知名人士，在他们抵离时，都应安排身份相当的人员前往机场(车站、码头)迎送。

1. 确定迎送规格

对来宾的迎送规格，各国做法不尽相同。确定迎送规格，主要依据来访者的身份和访问目的，适当考虑两国关系，同时要注意国际惯例，综合平衡。主要迎送人通常都要与来宾的身份相当，但出于各种原因(例如国家体制不同，当事人年高不便出面，临时身体不适或不在当地等)，不可能完全对等时，可灵活变通，由职位相当的人士或由副职出面。总之，主人身份要与客人相差不大，同客人对口对等为宜。当事人不能出面时，无论做何种处理，应从礼貌出发，向对方做出解释。当然也有从发展两国关系或当前政治需要出发，安排较大的迎送场面和给予较高的礼遇的情况。然而，为了避免造成厚此薄彼的印象，若非有特殊需要，仍要注重国际惯例，保持必要的平衡。

2. 掌握抵达和离开的时间

必须准确掌握来宾乘坐的交通工具(飞机、火车、船舶)及抵离时间，及早通知有关单位和全体迎送人员。由于各种不可抗因素，出现延误抵达或行程取消等情况，应及时通知。一般大城市的机场离市区比较远，因此既要顺利地接送客人，又不过多耽误迎送人员的时间，就要准确掌握抵离时间。迎接人员应在飞机(火车、船舶)抵达之前到达机场(车站、码头)；送行时则应在客人登机之前抵达(离去时如有欢送仪式，则应在仪式开始之前到达)，或从客人下榻酒店一直护送至机场(车站、码头)。如客人乘坐飞机离开，应提醒其按航空公司规定的时间抵达机场办理有关手续，也可以由接待人员为重要贵宾提前代办手续。

3. 献花

如果安排献花，须用鲜花，并注意保持花束整洁、鲜艳，一般忌用菊花、杜鹃花、石竹花等，当然根据客人对鲜花的喜好和禁忌来安排，效果会更好。有的国家习惯送花环，或者送一二枝名贵的兰花、玫瑰花等。通常由儿童或女青年在参加迎送的主要领导人与客人握手之后，将花献上。有的国家由女主人向女宾献花。

4. 介绍

客人与迎接人员见面时，互相介绍。通常先将前来欢迎的人员介绍给来宾，可由礼宾或公关人员或其他接待人员介绍，也可以由欢迎人员中身份最高者介绍。客人初到，一般较拘谨，主人宜主动与客人寒暄。

5. 陪车

客人抵达后，从机场(车站、码头)到住地，以及访问结束，由住地到机场(车站、码头)，有时安排主人陪同乘车，也有不陪同乘车的。如果主人陪车，应请客人坐在主人的右侧。如是三排座的轿车，译员坐在主人前面的加座上；如是两排座的轿车，译员坐在司机旁边。上车时，最好客人从右侧门上车，主人从左侧门上车，避免从客人座前穿过。遇客人先上车，坐到了主人的位置上，则不必请客人挪动位置。

(二) 民间团体、一般客人的迎送

此类迎送，在礼仪安排上，具有更多的灵活性，固定程序较少，机动余地较大。在迎送方式上，不必拘泥于常规俗套，除了安排迎送、宴会外，还可以采取座谈交流、报告演讲、打球下棋、歌舞表演、吟诗作画、艺术展览等灵活多样的活动形式。

1. 对民间团体的迎送

根据客人的身份、地位，安排对口部门、对等身份的人员前往接待。对身份、地位高的客人，应事先在机场(车站、码头)安排贵宾休息室，准备好茶水饮料，尽可能在客人抵达前将住宿房号和乘车号码告知来宾；也可打印好住宿、用餐、乘车安排表，在客人到达时，发到每一位来宾的手中，或通过对方的联络人员转达。

2. 对一般客人的迎接

如果客人是熟人，则可不必介绍，仅上前握手，互致问候；如果客人是首次前来，又不认识，接待人员应提前做好信息收集，主动上前问询，并做自我介绍；如果迎接大批客人，可事先准备特定的标志，如小旗或迎接牌等，让客人从远处就能看到，方便客人前来接洽。各项工作中需要注意的事项有以下几方面。

(1) 指派专人协助办理出(入)境及机票(车、船票)和行李提取或托运手续等事宜。

(2) 客人抵达住处后，不要马上安排活动，应留给客人稍作休整的时间。

(3) 整个迎送活动安排要让客人有"宾至如归"的感觉，不能出现冷淡、粗心或怠慢客人的情形。

三、会见、会谈、签字仪式礼仪

(一) 会见礼仪

会见，国际上又称接见或拜会，是国际交往中经常采用的礼宾活动形式。凡身份高的人士会见身份低的，或是主人会见客人，这种会见，一般称为接见或召见。凡身份低的人士会见身份高的，或是客人会见主人，一般称为拜会或拜见。拜见君主，又称谒见、觐见。我国不做上述区分，一律统称会见。接见或拜会后的回访，称回拜。

会见就其内容来说，有礼节性的、政治性的和事务性的或兼而有之。礼节性的会见时间较短，话题较为广泛；政治性会见一般涉及双边关系、国际局势等重大问题；事务性会见一般包含外交交涉、业务商谈等。

会见在国际上通常安排在会客厅、会见厅或办公室，座位按"U"字形排列，一般是主宾、主人席安排在面对正门的位置，主、宾双方分两边而坐，主人在左，来宾就座于主人右侧。译员、记录员坐在主人和主宾后面。主、宾双方陪同人员分别在主人、主宾一侧按身份高低就座。一排座位不够，可在后排加座，如图6-1所示。

(a)

(b)

(c)

图6-1　会见座次安排

(二) 会谈礼仪

会谈是指双方或多方就某些重大的政治、经济、文化、军事等共同关心的问题交换意见，也可以洽谈公务，就具体业务进行谈判。一般来说，会谈的内容较为正式，政治性或专业性较强，要特别注意保密。

正式会谈中的礼宾次序讲究多边或双边平等。双边会谈通常用长方形、椭圆形或圆形桌子和扶手椅，按客方出席会谈人数的多少，将会谈长桌按横"一"字形或竖"一"字形摆放。主、宾双方相对而坐，参与会谈的其他人员则按照"右高左低"的原则，分别坐在主宾或主人的左右两侧。有时为了便于沟通，按照"主随客便"的原则，主方座次对应客方安排。桌子的中线尽量与正门的中轴线对齐。桌子两侧的扶手椅对称摆放，主人与主宾桌椅居中相对摆放，座椅两侧的空档应比其他座椅要宽一些。为烘托会谈的气氛，可以在会谈桌的纵中轴线上摆放鲜花，摆放要符合规范，高度应小于35厘米，以不挡住主宾视线为准，如图6-2所示。

(a)

(b)

图6-2　会谈台型布置

会谈长桌呈横"一"字形摆放时，主人应背门就座，客人面门就座，如图6-3所示。若呈竖"一"字形摆放时，以进门方向为参照，客人座位在右侧，主人座位在左侧，译员座位安排在主持会谈的主人或主宾的右侧，记录员一般安排在后侧。如果参加会谈的人数较多，可在后排另行布置桌椅就座；如果参加会谈的人数较少，也可安排在会谈桌前就座，如图6-4所示。多边会谈，一般采用圆桌和方桌，也可将座位摆成圆形、方形等；小范围会谈，可只摆沙发或圈椅，双方座位按有桌会谈安排即可，如图6-5所示。

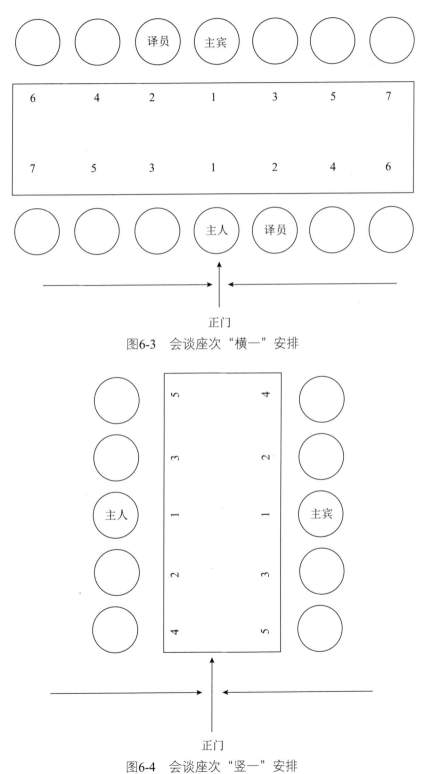

图6-3 会谈座次"横一"安排

图6-4 会谈座次"竖一"安排

图6-5　多边会谈座次安排

(三) 签字仪式礼仪

国与国之间就政治、经济、军事、文化、科技等某一领域的相互关系达成协议、缔结条约、协定公约时，往往举行专门的签字仪式，双方互签互换正式文本。在我国和世界不少国家以及国内有关地区、部门的重要文件、协议的签署有时也举行签字仪式。

1. 中国的签字仪式礼仪

我国举行的签字仪式，一般在签字厅内设置一张长方桌，桌面覆盖深绿色的台呢，桌后放两把椅子，签字人员的座位顺序为"主左客右"。座前摆放各自的文本，上端分别放置签字文具，中间摆放一个旗架，以悬挂签字双方的国旗，如图6-6所示。双方参加人员进入签字厅，签字人员入座时，其他人员按身份顺序排列于各自的签字人员座位后方，双方助签人员分别站在各自签字人员外侧，协助翻揭文本，指明签字处，在本国保存的文本上签字后，由助签人员互相传递文本，签字人员在对方保存的文本上签字，然后由双方签字人交换文本，相互握手。

2. 外国的签字仪式礼仪

国外的签字仪式略有不同。有的国家安排的仪式设两张方桌，双方人员各坐一方，双方国旗分别悬挂在各自的签字桌上，参加人员坐在签字桌对面。有的国家虽然也是安排一张长方桌为签字桌，但双方参加仪式人员坐在签字桌前方两侧，双方国旗挂在签字桌的后面。如有三四个国家参加签字仪式，其签字仪式也大体如上所述，只是相应增添签字人员座位、签字用具和国旗等。至于多边条约，通常仅设一个座位，先由公约保存国代表签字，然后由各缔约国代表依一定的次序轮流在公约上签字。

(a)

背板或横幅

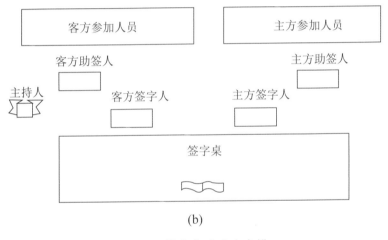

(b)

图6-6　签字仪式座次安排

3.会见、会谈、签字仪式的相关要求

(1) 准确掌握会见、会谈、签字仪式的时间、地点和参加人员的名单，及早通知有关人员和单位做好准备安排。主人应提前抵达。

(2) 会见、会谈场所应安排足够的座位。如果双方人数较多，厅室面积大，应安装扩音器，事先安排好座位图，现场放置中外文座位卡。

(3) 如有合影，事先安排好合影图，合影地点选择在会标或背景墙前，人数众多时应准备梯架。合影图一般由主人居中，按礼宾次序，以主人右手为上，主客双方间隔排列，第一排常设有座席。一般来说，两端均由主方人员把边。

(4) 会见、会谈招待用的饮料，各国不尽相同。我国一般只备茶水和矿泉水。若会见、会谈时间过长，可上咖啡或红茶。

四、国旗悬挂、乘车礼仪

(一) 国旗悬挂

国旗是一个国家的象征和标志，人们往往通过悬挂国旗，表示对本国的热爱或对他国的尊重。在一个主权国家的领土上，一般不得随意悬挂他国国旗。就我国而言，悬挂他国国旗有以下几种情况：外国国家元首和政府首脑正式来访；举行重大的国际性会议展览、体育赛事；政治性文艺演出、企业开工庆典；外国常驻我国的代表机构。不少国家对悬挂外国国旗都有专门的规定，就我国而言，通常不宜悬挂与我国没有建交国家的国旗。

按国际关系准则，一国元首、政府首脑在他国领土上访问，在其住所及交通工具上悬挂国旗(或元首旗)是一种外交特权。东道国在接待来访的外国元首、政府首脑时，在隆重的场合，在贵宾下榻的宾馆，乘坐的汽车上悬挂对方(或双方)的国旗(或元首旗)是一种礼遇。根据国际公约，一个国家的外交代表，在所驻国境内有权在其办公处、官邸、使馆区以及交通工具上悬挂本国国旗。

悬挂双方国旗，根据"以右为尊"的礼则，两国国旗并列悬挂，以旗本身面向为准，右方为客方国旗，左方为本国国旗，图6-7所示的角度正好相反。汽车上挂旗，则以汽车行进方向为准，驾驶员左手为主方，右手为客方。所谓主客，不以活动举行所在国为依据，而以举办活动的主人为依据。例如，外国代表团来访，东道国举行的欢迎宴会，东道国为主人；答谢宴会，来访者是主人。也有个别国家，把本国国旗挂在上首。多边活动中，则按组委会规定的礼宾次序排列，一般以国家名字的字母顺序排列居多。出于礼貌，东道国国旗一般排在最后，如图6-8所示。

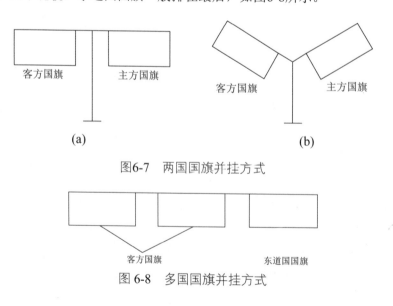

(a) (b)

图6-7　两国国旗并挂方式

图 6-8　多国国旗并挂方式

国旗不能倒挂，一些国家的国旗出于文字和图案的原因，也不能竖挂或反挂，在正式场合悬挂国旗宜以正面(即旗套在旗的右方)面向观众。如果旗是挂在墙壁上的，避免交叉挂和竖挂。不同国家的国旗，如果比例不同，用同样尺寸制作，两面旗帜放在一起，就会显得大小不一。因此，并排悬挂不同比例的国旗，应将其中一面略放大或缩小，以使各面国旗的面积大致相同。

(二) 乘车礼仪

乘车礼仪主要是指人们在乘车时，在上下车辆和在车上就座过程中，对于先后及尊卑次序的规范要求。

1. 座次安排

根据驾驶者的不同，车上座次排列的尊卑也有所区别。

(1) 主人亲自驾驶。由主人亲自驾车时，一般遵循"前排为上，后排为下，以右为尊"的乘车原则。由主人驾车时，双排五座轿车座次由尊到卑依次是：副驾驶座，后排右座，后排左座，后排中座，如图6-9所示。乘坐主人驾驶的车辆时，车辆前排座位不能空着，一定要有人坐在前排空位处以示相伴，表示对主人的尊重；由先生驾驶车辆时，其夫人一般应坐在副驾驶座上；由主人驾车送其友人夫妇回家时，其友人之中的男士，一定要坐在副驾驶座上，与主人相伴，而不宜陪同自己的夫人坐在后排，那将是失礼之举。

(2) 专职司机驾驶。由专职司机驾车时，通常讲究"后排为上，前排为下，右尊左卑"的乘车原则。专职司机驾车时，双排五座轿车最尊贵的座位是后排与司机座位成对角线的位置，即后排右座。其余座位的尊卑次序是：后排左座，后排中座，副驾驶座，如图6-9所示。从安全性、舒适度来考虑，后排中座一般不做安排。

(3) 其他情况。涉外活动中，主、宾双方同车时，可请客人坐在主人右侧，随行人员(如译员、警卫、随从等)坐在副驾驶座。如果宾主乘坐不同车辆，以车队形式行进时，依照礼仪规范，主人的车应行驶在前，是为了开道和带路，客人的车辆居后。它们各自的先后顺序，按照由尊到卑从前往后排列。不过车队的最后一辆车一定为主方车辆，这起到殿后的作用，防止客方的车辆掉队。在现实生活中不是每一个人都懂得座位的尊卑，如果不是重大正式的礼仪性场合，对于轿车上的座次，不宜过分地墨守成规。如果对方所坐座位并非尊座，也没有必要进行纠正，嘉宾坐在哪里，就应认定那里是上座，遵循"主随客便"原则。

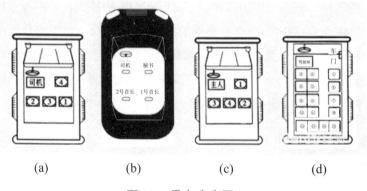

(a) (b) (c) (d)

图6-9　乘车座次图

2. 上下车顺序

按照一般的礼仪规范要求，位高者、女士、宾客先上车、后下车，具体可分为以下几种情况。

(1) 主人亲自驾驶。由主人亲自驾车时，出于对位高者、女士、客人的尊重与照顾，不论何种车型，主人最好后上车、先下车。

(2) 专职司机驾驶。①乘坐由专职司机驾驶的双排轿车，如果分前后排就座时，一般坐于前排者，应后上车、先下车，以便照顾坐于后排者。如果与其他人同坐于后一排时，应请位高者、女士、宾客从右侧车门先上车，自己再从车后绕到左侧车门后上车；下车时，则应自己先从左侧下车，再从车后绕到右侧车门，帮助对方下车。如果车辆停于闹市，左侧车门不宜开启，乘客都应从右门上车，应当里座先上，外座后上；下车时，则应外座先下，里座后下，以方便易行为宜。②乘坐折叠座位的轿车。为了上下车方便，坐在折叠座位上的人，应当最后上车、最先下车，给别人提供方便。③乘坐多排座轿车时，通常应以距离车门的远近为序。上车时，距车门最远者先上，其他人随后由远及近依次上车；下车时，距车门最近者先下，其他人随后由近及远依次而下。

3. 举止礼仪

女士上车前应先背对车门，款款地坐下，待坐稳后，头和身体进入车内，最后再将并拢的双腿一并收入车内，然后转身，面对行车正前方向，同时调整坐姿，整理衣裙，坐好后，两脚亦应靠拢，下车时应待车门打开后，转身面对车门，同时将并拢的双腿慢慢移出车外，等双脚同时落地再缓缓地将身体移出车外。男士以右后座为例，上车时首先将头和左脚伸入车内，右手扶着前座椅背，身体往内让臀部慢慢坐下，同时缩起右脚进入车内。下车时，先将右脚伸出车外，踏至地面踩稳，左手扶着前座椅背，右手轻扶车门边缘以支撑身体，然后移出身体，迈出左脚，慢慢起身。

接待人员应树立帮助客人上下车的意识。上车时，接待人员首先为客人打开轿车的右侧后门，并以手臂遮挡车门上框，提醒客人注意。等客人坐好后，方可关门，不要夹到客人的身体或衣物。抵达目的地时，接待人员应首先下车为客人开车门，用手挡住车门上框，协助其下车。汽车行驶过程中，接待人员还应向宾客介绍活动安排、沿途景致等，如果客人显示出疲乏之态，则不宜交谈，可让其休息一会儿。车内不允许吸烟、脱鞋，接待时不宜听收音机或播放音乐。

拓展知识一

迎来送往——领导人访问的迎宾礼仪

迎宾安排在很多国家有严格固定的程序要求，一般来说是依照惯例甚至法律而行的。大多数国家派正部级代表去机场迎接外国领导人，元首或者政府首脑随后再举行正式的欢迎仪式。虽然各国都会按照自己过往的习俗来确定欢迎方式，但自从联合国成立以来，国家主权平等成为共识，外交礼仪上对于"平等"与"对等"的讲究更为重要，因此形成一套通用的礼仪。例如，为进行国事访问的国家元首所举行的欢迎仪式往往包括鸣放礼炮21响、军乐团奏两国国歌、检阅陆海空三军仪仗队、检阅分列式。为进行正式访问的政府首脑举行的欢迎仪式同元首的国事访问大体相同，主要区别是礼炮鸣放为19响。

礼炮鸣放21响是国际传统，来历也颇为有趣。早在公元400多年以前，英国战舰上只能放21门炮，行驶在公海上，如果遇到友好国家的船只，为了表示敬意和解除武装，全部放炮。如果到一个国家加水加油，也要先将炮全部鸣放，此后逐渐演变为国家元首访问的鸣炮传统。因为单数象征吉祥，所以迎接外国政府首脑到访时就改为鸣放礼炮19响。

除此之外，最有趣的要数各国欢迎仪式中不同的民族习惯。俄罗斯人喜欢用面包和盐招待客人，新西兰毛利族人要和来访的领导人碰鼻子，摩洛哥人会端上一盘蜜枣请客人享用。在英国，欢迎仪式的焦点是从英国皇家骑兵卫队阅兵场到白金汉宫1.6公里的王室马车队伍，外国领导人会与女王夫妇坐上由黄金装饰的王室马车。

模块二　主要国家或地区习俗礼仪与禁忌

一、亚洲主要国家或地区礼仪习俗与禁忌

(一) 中国香港、澳门、台湾地区

中国香港、澳门、台湾地区的居民95%以上是炎黄子孙，是我们的骨肉同胞，他

们中绝大多数仍继承中华传统礼仪习俗，姓氏称谓、婚丧礼仪、宗教信仰、节庆风俗、饮食习惯等基本与广东、福建相似，同时受西方文化的影响，礼仪的形式与内容呈现中西合璧之态。

1. 礼节礼貌

中国香港、澳门、台湾地区通行的礼节为握手礼，因有些人参禅信佛，故也有见人行合十礼的。港、澳、台同胞在接受服务员斟酒、倒茶时行叩指礼，即把手指弯曲，以指尖轻轻叩打桌面以示对他人的谢意，这种礼节源于叩头礼。港、澳、台同胞一般比较勤勉、守时。与他们交往时要注意做到不能使他们觉得丢面子，与他们谈话进入正题前要说些客套话，以表示对他们的热情友好和真诚欢迎。

香港男士在正式场合一般都穿西装，女士穿套装(裙、裤)，平时穿着追求个性、时尚。澳门人在正规场合西装革履，平时穿着随意，讲究时尚与舒适，不太穿凉鞋、雨鞋，喜欢穿球鞋、皮鞋。台湾人在正规场合，男士西装革履，女士裙裾飘飘，闲暇时人们喜欢穿着运动服和休闲服参与健身娱乐、饮宴应酬等，台北女性流行穿旗袍，原住民则以短衣短裤作为日常服装。

2. 饮食习惯

港、澳、台同胞的饮食习惯和内地基本相仿。许多人回内地探亲访友、旅游观光时喜欢吃家乡菜和各地传统的风味小吃。一般喜欢品尝有特色的名菜、名点，饮用"龙井""铁观音"等名茶。

香港人的饮食特点是讲究菜肴鲜、嫩、爽、滑，注重菜肴的营养成分。口味喜清淡，偏爱甜味。以米为主食，也喜欢吃面食。爱吃鱼、虾、蟹等海鲜及鸡、鸭、蛋类、猪肉、牛肉、羊肉等；喜欢茭白、油菜、西红柿、黄瓜、柿子椒等新鲜蔬菜，爱吃香蕉、菠萝、西瓜、柑橘、洋桃、荔枝、龙眼等水果；偏爱煎、烧、烩、炸等烹调方法制作的菜肴。我国八大菜系中，最喜爱粤菜、闽菜。喜欢饮用鸡尾酒、啤酒、果酒等。

澳门人的饮食"以中为主，中葡结合"。出于传统习惯和节省时间的考虑，澳门人早餐和午餐常用"饮茶"来代替，虽说饮茶，事实上澳门人喝茶时还搭配各类点心和粥粉面饭。澳门还有不少葡萄牙人喜爱的食品，如"威虾酱""喳咋"和"牛油糕"等。

台湾人在饮食上讲究清淡，喜爱甜味，与江浙一带的口味相近。台湾人的饮食很杂，不具有明显的特色，但追求精致与营养。台湾人非常注重宴席的氛围，虽不劝酒，但真喝起酒来还是相当豪爽的。

3. 节庆习俗

我国香港、澳门和台湾地区按照中国传统，欢度农历节日，如春节、元宵节、端午节、中秋节等。过节时要祭神、祭祖，其形式规矩保留传统、讲究颇多。当然，由于受西方文化的影响，不少人也过西方的节日，如圣诞节、感恩节等。

4. 主要禁忌

逢年过节时，香港人习惯讲"恭喜发财"，而不愿说"新年快乐"或"节日快乐"，因为"快乐"的谐音与"快落"相似。澳门人也特别忌讳"落"字，尤其是做买卖和上年纪的人，更不喜欢听"快落"之类的话。香港人有喜"8"厌"4"的习惯，这是因为香港人大多讲粤语，其中"8"与"发"谐音，人们为讨吉利，故特别喜欢数字"8"；而"4"与"死"谐音，因此人们尽可能避免或少用"4"这个数字，在遇到非说不可的场合，就用"两双"或"两个二"来代替。台湾人有"送巾断根""送巾离根"的说法，按照习俗，办完丧事后送手巾给吊丧者作为留念，其含义是让吊丧者与死者断绝往来。因此平时切勿将手巾赠人。此外，台湾人吃饭时忌把筷子插在饭碗中央，忌用筷子敲碗；忌拔白发、拔脚毛、夜晚洗烫头发等。

（二）日本

日本古称大和，后正式定名为日本国，具有"日出之国"的意思，是亚洲大陆东缘太平洋西北部的一个岛国。樱花是日本的国花，日本人酷爱樱花，日本在世界上享有"樱花之国"的美誉。

1. 礼节礼貌

日本人的特点是勤劳、守信，他们重礼貌，彬彬有礼，遵守时间，工作和生活节奏快，集体荣誉感强。

鞠躬礼是日本人的传统礼节。在日常交往中，初次见面要鞠躬、脱帽、眼睛向下，鞠躬时弯腰的幅度有大有小，一般在30度至90度之间。在日常生活和国际交往中，日本人一般是互相握手问好，见面时的礼貌用语为"拜托您了""请多关照"等。日本人对坐姿很有讲究。在"榻榻米"上，正规的坐法叫"正座"，即双膝并拢跪地，臀部压在脚跟。较轻松的坐法是男性盘腿坐、女性横坐。日本人拜访他人时一般避开清晨、深夜及用餐等时间。在进日本式房屋时，要先脱鞋，脱下的鞋要整齐放好，鞋尖向着房门的方向。日本人注意穿着，在正式场合一般穿礼服。和服是日本传统的民族服装，多在出席隆重的社交场合或节庆时穿着。

2. 饮食习惯

日本饮食通常称为料理，以精致、健康著称。主食以大米为主，多搭配海鲜、蔬菜，比较清淡，较少油腻。典型的日本料理有寿司、拉面、生鱼片、铁板烧、酱汤等，此外还有饭团和便当，其中以生鱼片最著名。日本人特别喜欢喝茶，讲究"和、敬、清、寂"四规的茶道，有一整套点茶、泡茶、献茶、饮茶的具体方法。

3. 节庆习俗

日本有一些节日与中国相同，且庆祝方式也与中国近似，比如元旦、农历五月初五的端午节、农历八月十五的中秋节等。除此之外，日本还有富有自己民族特色的传统节日。每年1月15日是成人节，是满20岁青年的节日，女子过成人节时都穿民族服装"和服"。3月3日是偶人节，也叫桃花节，是女孩子的节日，凡有女孩子的家庭，长辈要送给女孩小偶人。3月中旬到4月中旬是郊游赏花的樱花节，在此期间日本各地的樱花盛开，男女老少纷纷参加游园赏花活动，并饮酒跳舞，迎接春天的到来。7月1日至8月21日是登山节，此时富士山最为热闹。11月15日的七五三节是一个祭日，凡有5岁男孩和3岁、7岁女孩的人家，一定让孩子身着和服到神社参拜，求神灵保佑孩子健康成长。最隆重的节日是过年，一般从12月13日就开始准备，到次年的2月8日结束，在此期间要吃年糕、拜年、祭年神、挂年绳，也有给孩子压岁钱的习惯。

4. 主要禁忌

日本人在日常行为中有许多讲究，如高声说话、定睛凝视他人、手插在衣袋里以及用手指人，都会被认为是对人不恭敬；在交换名片时，忌讳从后裤兜掏出名片或将名片装入后裤兜；忌三人并排合影，认为被夹在中间者会遭遇不幸；避免寄信时倒贴邮票，因为它暗示断交。到日本人家里做客应预约在先，非请莫进，非请莫坐；忌讳窥视卧室，不得翻弄除书报以外的东西；忌讳在众人面前接吻、拥抱。在颜色方面，不喜欢紫色，认为它代表悲伤；最忌讳绿色，认为它是不祥之色；忌讳带有荷花的图案，因为荷花为祭奠用花；一般人不能使用菊花图案，因为菊花为皇室专用。在数字方面，日本人最忌讳"4"和"42"，因为"4"与"死"发音相同，"42"的发音是"死"的动词，因此房号、车号、礼品数应尽量避免用"4"或"42"开头或结尾；"9"和"6"也是不受欢迎的数字，"9"与"苦"同音，"6"是"强盗"的标记；"13"也是应当回避的数字。不能单独送梳子，因为日语中"梳子"和"苦死"谐音。

(三) 韩国

韩国也称大韩民国，古称高丽，位于朝鲜半岛的南部。20世纪后期，韩国一跃成为实现经济腾飞的代表国家，声扬四海。热情好客的民族特性、美丽的自然景观与璀璨的文化遗产，都是韩国的珍贵财富。

1. 礼节礼貌

韩国人初次见面时，常以交换名片的方式来相识。若与长辈握手，要以左手轻置于其右手之上，躬身相握，以示恭敬。韩国人深受儒教的影响，有重男轻女的传统，聚会致辞时以"先生们、女士们"开头；出门、上车时妇女要让男子先行。宴会上主人非常热情，敬菜要敬二次，对主人的第一次、第二次敬菜宜推让，第三次才接受。韩国人喜欢互相斟酒，喝交杯酒；妇女要给男性斟酒，而不给其他女性斟酒；拒喝主人所斟之酒是不礼貌的。用餐时不可先于长者动筷子。男子见面时可打招呼，相互行鞠躬礼并握手；而女性见面时通常不握手，只行鞠躬礼。如果应邀去韩国人家里做客，按习惯要带一束鲜花或一份小礼物，用双手奉上，受赠者不能当面把礼物打开。

进入室内时，要将鞋子脱掉，留在门口。

2. 节庆习俗

韩国的节日与我国的传统节日非常相似，如春节、清明节、端午节和中秋节等。正月初一过春节，全家人团聚在一起守岁迎新年。正月十五上元节，人人都要喝"耳明酒"、吃"药饭"(在米饭里加枣、蜜、栗子)等。五月初五端午节，妇女要用菖蒲煎水洗头，用菖蒲根削成发簪将盘起的头发别在脑后，并刻上"福""寿"二字以驱邪避祸。八月十五中秋节，白天要到祖坟上祭奠，晚上家人共赏明月。

3. 饮食习惯

韩国人以米饭为主食，菜肴以炖、煮、烤为主。韩国人不喜欢吃带甜酸味的热菜，偏爱凉辣，饮食清淡；喜欢各种鱼类，包括生拌鱼肉、鱼虾酱；喜食牛肉、鸡肉，尤其是狗肉，不太喜欢羊肉；最喜欢凉拌蔬菜和泡菜，爱食汤饭。汤是韩国人每餐必不可少的，他们爱喝清汤、酱汤和海带汤，有时汤中要放肉类或海鲜，简单时放些油、加点豆芽即可。韩国男人以好喝酒著称。

4. 主要禁忌

韩国人迷信生辰八字，夫妻双方的生辰八字不能相克；数字上喜单不喜双，但婚期要择双日；忌讳数字"4"，因为韩语中的"4"与"死"同音，不吉利。许多楼房的编号严禁出现"4"，医院、军队绝对不用"4"来编号。交接东西要用右手，认为"右尊左卑"。逢年过节忌讳讲不吉利的话，更不能生气吵架。忌到别人家剪指甲，吃饭时忌戴帽子，不宜把盘中的菜吃得精光。未征得同意，不能在长辈、上级面前抽烟。交谈中不宜询问男主人妻子的情况。

(四) 泰国

泰国位于中南半岛中部，正式名称是泰王国，自称孟泰，泰语中"孟"是国家的意思，"泰"是自由的意思，因此"泰国"即自由之国。佛教是泰国的国教，全国人口的90%以上信奉佛教。男子年满20岁后，都要出家一次，必须经过三个月至一年的僧侣生活，国王也不例外。泰国盛产大象，尤以白象寓意吉祥，敬之如神，故泰国又有"白象国"之称。

1. 礼节礼貌

泰国人热情友好，总是以微笑迎客，故有"微笑土地"的美誉。见面时行合十礼，双手举的高度不同表示的意义也不同，一般双手举得越高表示越尊敬对方。晚辈见长辈，要双手合十举过前额，长辈还礼双手可不过胸；朋友相见，一般合十于鼻尖处，稍稍低头。泰国人也行跪拜礼，但要在特定场合，如平民、官员，甚至总理拜见国王及其近亲时要跪拜；泰国人不分身份、地位的高低，拜见高僧须下跪，即便此人是自己的儿子、父母也要跪拜于地。握手礼只在政府官员、学者和知识分子中盛行，男女之间不行握手礼。泰国人进庙烧香拜佛时须脱帽、脱鞋，以表示对神佛的尊敬。进入寺庙要穿戴整齐，背心、短裤或袒胸露背者是严禁入内的。如有长辈在座，晚辈只能坐在地上或蹲跪，以免高于长辈的头部。

2. 饮食习惯

泰国人的主食为稻米，副食主要是鱼和蔬菜。早餐多吃西餐，午餐和晚餐爱吃中餐。泰国人爱吃中国的广东菜和四川菜，喜欢酸辣口味，而且越辣越好；喜欢在菜肴中添加鱼露、味精，不爱吃牛肉及红烧食物。泰国人爱喝啤酒、苏打水和白兰地。喝咖啡和红茶时，爱吃小蛋糕和干点心。

3. 节庆习俗

泰国的传统节日主要有宋干节、华人春节、万佛节、水灯节等。宋干节是泰国的新年，时间为公历4月13至15日，宋干节有求雨、祈丰收的意义。节日里有很多活动，如浴佛、堆沙、泼水等，其中浴佛最为隆重，泼水最为开心热闹。万佛节是农历3月15日，善男信女要在清晨到佛寺施斋拜佛。水灯节在泰历12月15日，晚上在河边放河灯，场面非常壮美，节日期间还要进行选美比赛，优胜者冠以"水灯皇后"之称。

4. 主要禁忌

别人坐着时切忌将物品越过其头顶，因为泰国人非常重视头部，认为头是智慧之所在，神圣不可侵犯，所以不可随便触摸小孩子的头部。泰国人认为左手不干净，行握手礼或接递东西时都要使用右手。忌讳睡觉时头朝西，因为日落西方象征着死亡。忌用脚把东西踢给别人，也忌用脚踢门。妇女就座时腿要并拢，否则被视为没有教养。不要随便踩踏泰国人的门槛，因为他们认为门槛下住着善神。泰国人认为夜间不能开窗户，否则恶神会闯入屋内。

(五) 马来西亚

马来西亚位于东南亚，介于太平洋和印度洋之间，国土被南中国海分隔成东、西两部分。马来西亚是一个多民族的国家，各民族都保留着许多独特的文化习俗，伊斯兰教为国教。

1. 礼节礼貌

去马来西亚人家中做客应注意举止得体，尊重长者。如果双方都是穆斯林，主、宾双方应用伊斯兰教特定的问候语打招呼，进门时除非得到主人的许可，客人必须把鞋脱在门口或楼梯口。进屋后，双方互相问候和握手，握手时双手仅仅触摸一下，然后把手放到额前，以表示诚心。对年长者不能直接称呼"你"，而应称呼"先生""夫人"或"女士"。如果席地而坐，男子最好盘腿，女子则要跪坐，不得伸直腿，上了年纪的妇女可以像男人一样盘腿而坐。黄昏时登门拜访是不受欢迎的，因为这时穆斯林都要做祷告，晚上拜访通常应在20：30以后。马来西亚并不禁止一夫多妻制，所以不要随便闲谈他人的家务事。

2. 饮食习惯

马来西亚人用餐时习惯用手取食，因此在用餐前须把手洗干净。进餐时必须用右手，否则会被视为不礼貌。如不得已需要使用左手用餐或取餐具，应先向他人道歉。用餐时一般不坐在椅子上，而是把食物放在席子上，围坐而食。伊斯兰教信徒禁酒，招待客人一般不用酒，饮料多为热茶、白开水或椰汁。马来西亚人有咀嚼槟榔的习惯，客人来访，主人除了热情招呼外，最先向宾客表示殷勤和诚意的礼节就是奉上槟榔盘，请客人共嚼槟榔。

3. 节庆习俗

马来西亚有许多节日，据不完全统计，节日和庆典约有上百个，其中政府规定性节日有10个左右。开斋节：斋月过后的第一天，是马来西亚人的春节，是全国最重要的节日。当天，人们相互登门拜访，家家户户都准备了丰富的糕点招待来访的客人。大宝森节：从1月下旬到2月初，是印度教徒对印度神穆卢干王举行的奉献礼，每个信徒都带着枷锁(一种雕工精细的木框，上面有尖刺与钩子、鲜花及水果)向印度神许愿。国庆节：又名"独立节"，在公历8月31日，首都举行盛大的庆祝游行活动和文艺演出，学生们可以免费看电影。马来西亚节：在每年9月，举行为期两周的庆祝活动，目的是对马来西亚传统文化如手工艺品和美食的欣赏及文化意识的复兴。

4. 主要禁忌

在马来西亚，除皇室成员外，一般不穿黄色衣饰；不得穿短裤、短裙进入清真寺。忌讳摸头，认为摸头是对人的一种侵犯和侮辱；通常男士不主动与女士握手；握手、打招呼或馈赠礼品时，千万不可用左手。在和马来西亚人交谈时，不要把双手贴在臀部，因为这种方式表示发怒；习惯用右手抓饭进食，只有在西式的宴会上，才使用刀叉和勺子；喜好辣食，信奉伊斯兰教的人忌食猪肉，不饮烈性酒，即便在正式场合也不敬酒。

(六) 印度

印度是南亚次大陆的大国，其人口数量居世界第二位，国旗中央的法轮，被称为神圣的"阿育王法轮"，象征真理与道德，代表了印度古老的文明。国花为荷花，印度各族人民自称"婆罗多"，意为"月亮"。

1. 礼节礼貌

印度人相见或分别时，有时握手，有时也用传统的合十礼。到印度的寺庙或居民住宅，进门要脱鞋。晚辈对长辈行礼是弯腰摸长者的脚；妻子送丈夫出门时，最高的礼节是摸脚跟和吻脚。迎接贵宾时，主人献上花环，套在客人的颈上，花环的大小视客人身份而异。印度人在交谈时，用摇头或歪头表示"是"，点头表示"不是"。许多印度妇女在她们额部靠近两眉中间涂饰一个彩色的圆点，印度人称之为"贡姆贡姆"，即"吉祥点"。在印度教里，"吉祥点"表示女子的婚嫁状况，而现今已成为印度妇女美容化妆的一部分，其颜色以红色居多，亦有黄、绿、紫等颜色，视衣着和肤色而定。

2. 饮食习惯

印度人以米饭为主食，在做饭的时候，他们喜欢加入各种香料，尤其是辛辣类香料，如咖喱粉等。印度人食素的特别多，且社会地位越高的人越忌荤腥。红茶是他们的主要饮料，在喝茶时，往往将其斟入盘子，用舌头舔饮。

3. 节庆习俗

印度的节庆很多。独立日在8月15日，庆祝印度实现国家独立。"洒红节"也称泼水节，在印历12月举行。众多节日中以"屠妖节"最为隆重，它是印历的新年，在印历8月见不到月亮后的第15天举行(大约在公历10月下旬或11月上旬)。

4. 主要禁忌

印度人把牛作为神圣之物，他们认为牛的乳汁抚育了孩童，牛耕种土地获得粮食养育了成人，所以印度人不仅忌食牛肉，而且忌用牛皮做的东西。在印度，蛇也被认为是神圣的，视杀蛇为触犯神灵。忌用澡盆给孩子洗澡，认为盆中之水是"死水"。印度人不喜欢别人拿他们的照片，除非他们自愿。印度教徒忌讳众人在同一盘中进食，也不吃别人接触过的食物。忌用左手握手和递取东西，忌讳在上年纪的印度人面前吸烟。

二、欧洲主要国家或地区礼仪习俗与禁忌

(一) 英国

英国位于欧洲西部，是世界上工业革命开展得最早的国家。在英国，85%的居民是英格兰人，多数居民信奉基督教，国歌为《神佑女王》，国花为蔷薇花。

1. 礼节礼貌

英国人矜持、守礼，十分重视个人教养，男士追求绅士风度，女人向往淑女形象，社交中处处表现出"女士优先"的原则。初次见面，人们一般握手问好，不行拥抱礼，男士进屋要脱帽向主人致意。英国人习惯低声讲话，"请、谢谢、请原谅、您好、再见"等礼貌用语常挂嘴边。上年纪的英国人，喜欢别人称呼其世袭的爵位或荣誉头衔，至少要郑重其事地称之为"阁下"或"先生""小姐""夫人"。在正式场合，穿着十分庄重、保守，不轻易逾越传统。英国男子讲究天天刮脸，留胡须者往往令人反感。

2. 饮食习惯

英国人用餐十分讲究。通常一日四餐：早餐、午餐、下午茶和晚餐。早餐爱喝麦片粥，吃咸肉、鸡蛋、面包、果酱等。午餐通常在下午一点钟左右，有各种熟肉、沙拉、面包、饼干、干酪、黄油等。晚餐常作为正餐，有汤、鱼、肉类、蔬菜、布丁、黄油、甜食、水果以及各种酒和咖啡。英国人进餐时爱喝啤酒、葡萄酒、香槟酒，还喜欢饮威士忌等烈性酒。英国人爱喝茶，早晨要喝"被窝茶"，午后喝"下午茶"，晚餐后也要喝"晚饭茶"，一般以红茶为主。

3. 节庆习俗

在英国，国庆和新年最热闹。国庆定在英国女王生日那天。除夕之夜全家团聚庆祝新年，大家举杯畅饮，欢快地唱"辞岁歌"。餐后必须瓶中留酒，盘中留肉，象征来年富裕有余。在苏格兰，人们会拿着一块煤炭去拜年，把煤块放在亲友家的炉子里，并说一些吉利话。

4. 主要禁忌

英国人普遍忌讳数字"13"，所以请客时总是避免宾主共13人，重要的活动也不安排在13日，饭店一律没有13号房间。他们还忌讳数字"3"，忌讳用打火机或同一根火柴同时为三个人点烟。英国人认为"星期五"是个不吉利的日子，如果星期五又恰逢13日，会被称为"黑色星期五"。在相聚时，英国人忌交叉握手，忌架起二郎腿；站立交谈时，不可背手或手插口袋里。英国人忌讳弄撒食盐，认为这样表示要与朋友断交；吃饭时忌刀叉碰响水杯；忌用人像作为商品装饰图案；忌用大象图案，认为大象是蠢笨的象征；把孔雀看作淫鸟、祸鸟；忌送百合花，认为百合花意味着死亡。

（二）法国

法国位于欧洲大陆西部，是世界闻名的"奶酪之国""浪漫之都"，首都巴黎享有"世界花都"之美誉，居民多数信奉天主教，国歌为《马赛曲》，国花为鸢尾花。

1. 礼节礼貌

法国人见面礼节有握手、亲吻、拥抱三种方式，初次见面一般行握手礼，并互致问候。法国人性格开朗、直率，谈吐风趣，待人热情，乐观向上。法国人讲究衣着，出入社交场合时都打扮得十分正式。法国巴黎的女子，被认为是世界上最爱美的女性，早、中、晚的服饰都要变化，连化妆也有早、中、晚之分。法国人的时间观念很强，人们在出席宴会、参加重大活动时不迟到，也不提前，一般都准时到达。应邀到法国人家中进餐时，可以送上几束不加捆扎的鲜花，但不要送菊花。

2. 饮食习惯

法国菜是世界三大菜系之一，法国大餐被誉为"欧洲之冠"。法国人喜食蜗牛、蛙腿、牡蛎、鹅肝、奶酪等。兔肉、各种肉肠和猪血汤、海鲜品、鱼类、水果也是法国人的最爱。法国还是名酒白兰地、香槟的故乡，红酒等酿酒业闻名遐迩，法国人有"饮酒冠军"的美称。法国人喜欢喝咖啡，一般下午四五点钟或晚餐后喝咖啡。在诸多的饮料中，法国人非常喜欢喝矿泉水，视矿泉水为生命之水。

3. 节庆习俗

法国最隆重热闹的节日是1月1日的元旦，这天，亲友们团聚在一起，互赠礼品，共贺新年。除夕之夜，法国人有喝光家中存酒的传统，如有剩酒，视为来年将有厄运。每年2月2日是法国的圣蜡节，这既是一个宗教节日，也是美食节，最受欢迎的食物是鸡蛋饼。4月1日的愚人节，最早就起源于法国。7月14日是法国的国庆节，节日当天，巴黎香榭丽舍大道上会举行盛大的阅兵仪式和焰火晚会。

4. 主要禁忌

法国人忌送水仙，认为水仙代表"无情"；红色或黄色的花都被视为不吉利的颜色，黄色的花还含有不忠诚的意思。法国人忌讳灰绿色，因为这是希特勒法西斯侵略军所穿军服的颜色，也不喜欢紫色，偏爱天蓝色或淡蓝色。对于数字，法国人不喜欢"13"，认为不吉祥；但认为"3"代表神圣、幸运、吉祥。法国人忌吃狗肉和杀狗，认为杀狗会遭七年厄运。忌仙鹤图案，认为它是蠢汉和淫妇的象征。

(三) 德国

德国位于欧洲中部，居民多是德意志人，其中一半是基督徒。德国有"啤酒之国"的美称，国歌为《德意志之歌》，国花为矢车菊。

1. 礼节礼貌

德国人在待人接物方面严谨矜持，态度诚恳坦率。称呼德国人时不要直呼其名，应在称呼前加上头衔。德国人重视人情往来，看重礼节。初次见面，一般不需要送礼物；第二次见面时，必须送礼物，否则会被认为是失礼。做客时一般要带小礼物给主人，鲜花、红酒、点心或巧克力是常选之物。对于客人的礼物，主人不仅要收下，而且要表示谢意和高兴，不能推迟或拒收。德国人注重服饰礼仪，出席各种社交场合时，男士穿着礼服，女士穿着长裙。

2. 饮食习惯

香肠、火腿和面包是德国人离不开的基本食品，德国人一般把午餐看作正餐，午餐的主食是面包、蛋糕、面条、米饭；副食为土豆、鸡鸭、瘦猪肉等。晚餐以吃冷餐为主。德国菜肴偏清淡、酸甜；少有肥腻、辛辣的食品。很多德国人都不喜欢吃羊肉以及鱼类等海味食品。德国人爱喝酒，而且讲究与菜肴的搭配，德国人喝啤酒堪称海量，人均啤酒销量居世界第一。

3. 节庆习俗

1月1日是德国新年，有举行攀木头比赛的传统，谁攀得快，谁就是"新年英雄"。"慕尼黑啤酒节"举世闻名，从每年9月的最后一周至10月的第一周，持续半个月，节日期间人人举杯开怀畅饮。基尔帆船周始于一百多年前，最初为帆船节，后来增加了各种文艺活动，现已成为国际性的活动周。

4. 主要禁忌

德国人忌送玫瑰花，而蔷薇、菊花只能在特定场合送。对于颜色，德国人忌茶色、红色、深蓝色。德国人对礼品包装很讲究，忌用白色、黑色、咖啡色的包装纸，更不能用丝带作为装饰。德国人忌讳在宴会上谈生意，因为商业机密是不宜在公共场合探讨的。德国人一般认为黑猫、公羊、仙鹤、孔雀等动物是不吉利的，所以送礼品要避免这类图案。

(四) 俄罗斯

俄罗斯是世界上面积最大的国家，地跨欧、亚两个大洲，东正教是其国教，地理位置涉及寒带、亚寒带和温带三个气候带。国歌为《俄罗斯，我们神圣的祖国》，国花为向日葵。

1. 礼节礼貌

俄罗斯人性格开朗、豪放，见面和告别时行握手礼，熟人之间还行拥抱礼、亲吻礼，特别是亲朋好友，要在脸颊上按左、右、左的顺序连吻三下。俄罗斯人十分好客，有向客人敬献盐和面包的习俗。俄罗斯人重视礼仪，出席正式场合，如参加舞会、听音乐会、看歌剧时，男士西装革履，女士则穿上自己最好的衣服。俄罗斯人酷爱鲜花，平时做客时，可以送鲜花给主人。

2. 饮食习惯

俄罗斯人以西餐为主，主食为面包，尤其喜欢黑面包；土豆也是俄罗斯人最喜欢的食物之一。俄罗斯人爱吃带酸味的食品，汤、面包、牛奶要吃酸的，口味较咸、较油腻。偏爱牛、羊肉，喜生冷食物，白菜、洋葱、西红柿、萝卜、黄瓜、葛芭、生菜等多制成沙拉或布丁。俄罗斯人酷爱饮酒，尤其是伏特加酒；平时多饮红茶，且加奶加糖。

3. 节庆习俗

许多俄罗斯节日都与宗教有关，如圣诞节、洗礼节、圣灵降临节、谢肉节、清明节、旧历年等。圣诞节是俄罗斯最热闹的节日，男人们通宵饮伏特加酒。当电视广播里传出克里姆林宫的12下钟声后，男女老少互祝新年快乐。洗礼节是俄罗斯东正教节日，为公历1月19日，这一天往往举行入教仪式。1月18日是占卜日，女孩子在这一天晚上要占卜自己的终身大事。

4. 主要禁忌

俄罗斯人忌讳打碎镜子，因为这意味着灵魂的毁灭，生活将遭遇不幸。而打碎杯子和碗，特别是盘子和碟子，则意味着富贵和幸福。对于数字，俄罗斯人忌讳"13"和"666"。俄罗斯人赠送鲜花时喜欢选择单数。俄罗斯人有左手主凶的观念，所以握手、递送物品时不可伸出左手，甚至上班、出门离家时，最好不要左脚先迈出门。

(五) 西班牙

西班牙位于欧洲西南部，是近代史上一个重要的文化发源地，它是文艺复兴时期欧洲最强大的国家，96%的居民信奉天主教。国歌为《皇家进行曲》，国花为石榴花。

1. 礼貌礼节

受拉丁文化的影响，西班牙人在待人接物方面大都显得性格开朗、热情奔放、诚实爽快、淳朴豁达。如行见面礼时，男士之间通常要相互搂抱对方的肩膀；妇女之间则不仅要相互拥抱，还要互吻对方的双颊。只有在官方活动中，西班牙人才行握手礼。西班牙人认为本国的语言是世界上最优美、最重要的语言，因此与西班牙人进行交往时，会讲西班牙语会大受对方的欢迎，得到特殊关照。在公务或商务活动中，西班牙人讲究互换名片，假如对方递上名片，不回敬是极其失礼的。西班牙人十分健谈，因而聊天成为西班牙人与朋友相处时的主要活动方式和休息方式。西班牙人的时间观念不太强，因为他们的生活十分清闲。

2. 饮食习惯

西班牙人对于吃喝极其讲究，日常饮食以面食为主，爱吃鱼肉、羊肉、牛肉、猪肉以及虾、蟹，对于猪的内脏也能接受。西班牙人不爱吃油腻、过咸的菜肴，口味酸辣，鲜嫩菜肴大受欢迎，喝汤时一定要喝冷汤。在酒水方面，西班牙人爱喝矿泉水、咖啡、啤酒和葡萄酒。西班牙人通常以午餐作为正餐，而早餐与晚餐则较为简单。吃午餐时，西班牙人往往要全家人聚在一起，因此西班牙的大部分机关单位13：30至16：30为午休时间，停止办公或营业，专供人们回家聚餐。

3. 节庆习俗

西班牙以节日多而出名，绝大多数的节庆活动都带有浓重的宗教色彩。1月1日是西班牙新年，西班牙人在除夕之夜要喝蒜瓣汤，并在新年钟声敲响时每人吃上12粒葡萄，为了祈求来年遂心如愿，预祝自己在新的一年的12个月里，月月诸事顺利。1月6日"三王节"是传说中东方三王向圣婴耶稣献礼的日子，这一天父母要向未成年子女赠送礼品，为了迎接节日到来，前一天政府都组织盛大的彩车游行。7月7日的奔牛节的正式名称为"圣·费尔明节"，奔牛节的起源与西班牙斗牛传统有关。10月12日是西班牙国庆节。

4. 主要禁忌

不能送西班牙人菊花或大丽花，因为两者被视为死亡的化身。在数字方面，西班牙人非常忌讳"13""666"和"星期五"，他们认为碰上这类数字或日期，往往会使灾难或厄运临头。他们也不喜欢山水、亭台和楼阁。与西班牙人交谈，不宜非议天主教和斗牛活动，不宜涉及国内的政治纠纷、恐怖主义活动或民族问题。元旦当日，西班牙人认为小孩子打架、骂人或啼哭，都是不祥的预兆。

三、美洲、大洋洲、非洲主要国家或地区礼仪习俗与禁忌

（一）美国

美国全称为美利坚合众国，国土横跨整个北美洲大陆，面积仅次于俄罗斯、加拿大和中国，排名世界第四。美国是一个多元文化和多元民族的国家，以白人为主，有大量移民，被誉为"民族熔炉"。国歌为《星条旗》，国花为玫瑰花。

1. 礼节礼貌

见面时，美国人一般行点头、微笑礼，或者只向对方"嗨"上一声；在非正式的场合，美国人甚至连国际上最为通行的握手礼也省略不用；非亲朋好友间，一般不主动与对方亲吻、拥抱。在非官方的正式交往中称呼别人时，美国人喜欢交往对象直呼其名，以示双方关系密切，一般不喜欢称呼官衔或是以"阁下"相称；他们乐于用称呼能反映其成就与地位的学衔、职称，如"博士""教授""律师""法官""医生"等。美国人穿着崇尚自然，偏爱宽松，体现个性。拜访美国人时，进门要脱下帽子和外套。女性不宜穿黑色皮裙，不要随便在男士面前脱下自己的鞋子，或者撩动自己裙子的下摆。

2. 饮食习惯

在一般情况下，美国人以肉食为主，最爱牛肉、鸡肉、鱼肉，火鸡肉亦受其欢迎。若非穆斯林或犹太教徒，通常不禁食猪肉，食羊肉者极少。美国人喜食"生""冷""淡"的食物，不刻意讲究形式与排场，强调营养搭配。美国人不吃狗肉、猫肉、蛇肉、鸽子肉，动物的头、爪、内脏以及生蒜、韭菜、皮蛋等。美国人的饮食日趋简便与快捷，热狗、炸鸡、土豆片、三明治、汉堡包、面包圈、比萨饼、冰淇淋等，老少皆宜，是其平日餐桌的主角。美国人爱喝的饮料有冰水、矿泉水、红茶、咖啡、可乐与葡萄酒。新鲜的牛奶、果汁也是他们每日必饮之物。

3. 节庆习俗

美国的节日比较多。7月4日为美国独立日，即美国的国庆节。2月14日为情人节，在这一天，恋人之间都要互赠卡片和鲜花。5月第二个星期日为母亲节，6月第三个星期日为父亲节，都是美国的法定节日。11月第四个星期四是感恩节，也叫火鸡节，是美洲特有的节日，这一天是家人团聚、亲朋欢聚的日子，还要进行化装游行、劳作比赛、体育比赛、戏剧表演等活动。12月25日为圣诞节，是美国最盛大的节日，

平安夜全城通宵欢庆，教徒们跟随教堂唱诗班挨户唱圣诞颂歌，装饰圣诞树，吃圣诞蛋糕。

4. 主要禁忌

蝙蝠被美国人视为吸血鬼与凶神，他们忌讳黑色，最讨厌的数字是"13"和"3"，不喜欢星期五。忌讳在公共场合或他人面前下蹲或是双腿叉开而坐。忌用下列体态语：盯视他人，冲着别人伸舌头，用食指指点交往对象，用食指横在喉头前。不宜送给美国人的礼品有香烟、香水、内衣、药品以及广告用品。跟美国人相处，与之保持适当的距离是必要的，不得侵入其私人空间。忌讳他人打探个人隐私，询问收入、年龄、婚恋、健康状况、籍贯、住址、种族等，都是不礼貌的。美国人大都认定"胖人穷，瘦人富"，所以他们不喜欢听别人说自己"长胖了"。与美国黑人交谈时，要少提"黑"这个词，也不能打听对方的祖居之地。

(二) 加拿大

加拿大是北美洲最北的一个国家，为全世界面积第二大的国家，多个城市被评为世界上最适宜居住的地方之一。加拿大人喜欢现代艺术，酷爱体育运动，尤其是冬季冰雪运动。枫树是加拿大的国树，加拿大素有"枫叶之国"的美誉。国歌为《啊！加拿大》，国花为枫叶。

1. 礼节礼貌

关系普通者一般握手致意作为见面礼节；亲友、熟人、恋人或夫妻之间以拥抱或亲吻作为见面礼节，分别时也行握手礼。与加拿大人交往时，只有在正式场合，才会连名带姓一并加以称呼，并且冠以"先生""小姐""夫人"之类的尊称；一般场合下，加拿大人往往喜欢直呼其名，而略去其姓；父子之间互称其名是常见之事；对于交往对象的头衔、学位、职务，只有在官方活动中才会使用。加拿大人着装以欧式为主，上班时一般穿着西服、套裙；参加社交活动时，往往要穿礼服或时装；在休闲场合，穿着舒适自由；每逢节假日，尤其是传统节日，大都有穿着民族服装的习惯。枫叶被加拿大人视为友谊的象征，常用不同形状的枫叶作为纪念品赠送友人。

2. 饮食习惯

加拿大人对法式菜肴较为偏爱，并以面包、牛肉、鸡肉、鸡蛋、土豆、西红柿等作为日常之食物。加拿大人的口味比较清淡，爱吃酸甜之物。在烹制菜肴时极少直接加入调料，而是习惯将调味品放在餐桌上，由用餐者各取所需，自行添加。从总体上讲，他们以肉食为主，特别爱吃奶酪和黄油。加拿大人特别爱吃烤制的食品，用餐后有吃水果的习惯。在饮品方面，他们喜欢咖啡、红茶、牛奶、果汁、矿泉水，爱喝清汤、麦片粥。他们忌食肥肉、动物内脏、腐乳、虾酱、鱼露，以及其他一切带有腥味、怪味的食物，不太喜欢吃动物的脚爪和偏辣的菜肴。加拿大人一日三餐中最重视的是晚餐。

3. 节庆习俗

7月1日是加拿大的国庆日。1月1日是元旦，人们将瑞雪作为吉祥的征兆，有些地方的居民在新年期间，不但不铲平阻塞交通的积雪，还将雪堆积在住宅四周，筑成雪岭，认为这样就可以防止妖魔鬼怪的侵入。枫糖节：加拿大盛产枫树，每年三、四月间，加拿大国内几千个生产枫糖的农场装饰一新，披上节日的盛装，吸引了无数的旅游者。冬季狂欢节从每年2月份的第一个周末起，为期10天，狂欢节规模盛大，活动内容丰富多彩。

4. 主要禁忌

白色的百合花主要用于悼念死者，因其与死亡相关，所以绝对不可以将其作为礼物送给加拿大人。"13"被视为"厄运"之数，"星期五"则是灾难的象征，加拿大人深为忌讳。按照传统习俗，打破玻璃，请人吃饭时将盐撒了，从梯子底下经过，都是不吉利的事情，应避免发生。与加拿大人交谈时，不要插嘴打断对方或强词夺理；需要指示方向或介绍某人时，忌讳用食指指点，而是代之以五指并拢、掌心向上的手势；与加拿大土著居民交往时，不宜将其称为"印第安人"或"爱斯基摩人"。

(三) 澳大利亚

澳大利亚是世界上最大的海岛及单一国家的大陆，四面环海，拥有很多特有的动植物和自然景观。澳大利亚是一个移民国家，奉行多元文化，大多数居民信奉基督教。国歌为《澳大利亚，前进》，国花为金合欢花。

1. 礼节礼貌

澳大利亚的社交礼俗亦英亦美，但以英为主，人情味浓。见面时习惯于握手问好，且握手时非常热烈，彼此称呼名字。关系亲密的男性相见时，可拍拍对方的后背；女性密友相逢时，通常行亲吻礼。除此之外，澳大利亚人见面时还行拥抱礼、合十礼、鞠躬礼、拱手礼。土著居民见面的礼节是行勾手礼。澳大利亚人谦恭随和，乐于同他人交往，礼貌用语不绝于耳，口头上的礼节既文雅又繁复，即使不相识的人走过，也会点头示意或打招呼。喜欢请别人到家中做客，重视礼尚往来，到别人家去做客后，一定会致电或写信表示感谢。澳大利亚人注意遵守时间并珍惜时间，崇尚自信、自强。

2. 饮食习惯

澳大利亚人的饮食习惯与英国人相差不多，一般人们喜欢英式西餐，口味清淡，不喜油腻，忌食辣味，不少澳大利亚人不吃酸味的食物。大部分人爱吃牛、羊肉，并喜爱吃新鲜蔬菜和水果，以及煎蛋、炒蛋、火腿、鱼、虾等。澳大利亚人一般不吃狗肉、猫肉、蛇肉，不吃动物的头、爪和内脏，厌恶添加了味精的食物。澳大利亚人对中餐很感兴趣，喜爱中国的淮扬菜、浙菜、沪菜和京菜。不论吃西餐还是中餐，习惯将调味品放在餐桌上自行调味。澳大利亚人爱喝的饮料则是牛奶、咖啡、啤酒和矿泉水，也喜欢饮红茶、香片、花茶等。

3. 节庆习俗

澳大利亚主要有圣诞节、国庆日、退伍军人节和节礼日等节日。1月26日是澳大利亚的国庆日。4月25日为退伍军人节，为纪念在第一次世界大战中死难的官兵。12月25日为圣诞节，正值澳大利亚的盛夏季节，商店橱窗里的冰雪装饰物、圣诞老人和夏季的流光溢彩，成为澳大利亚圣诞节的特色。12月26日为节礼日，当天人们常常赠送礼物给辛勤奔波的邮递员。

4. 主要禁忌

澳大利亚人忌讳兔子及兔子图案，认为碰到兔子可能是厄运降临的预兆；忌送菊花、杜鹃花、石竹花和黄颜色的花。澳大利亚人对于数字"13"和"星期五"反感至极。人际交往中，爱好娱乐的澳大利亚人有邀请友人一同外出游玩的习惯，拒绝此类邀请被认为是不给面子；澳大利亚人忌讳在星期五有人向他们(尤其对妇女)眨眼，看不起在公共场所大声喧哗者，尤其是在门外高声叫喊，对自谦的客套话也十分反感。

(四) 新西兰

新西兰位于太平洋西南部，是个岛屿国家，气候宜人、环境清新、风景优美、旅游胜地遍布、森林资源丰富、地表景观富于变化，人们生活水平也相当高。国歌为《上帝保护新西兰》，国花为银蕨。

1. 礼节礼貌

新西兰的社交礼俗具有鲜明的欧洲特色，尤其是英国特色。见面礼节主要有三种：一是最多采用的握手礼；二是对尊者、长者所行的鞠躬礼；三是路遇他人(包括陌生者)向对方所行的注目礼。新西兰人奉行平等主义，在一般社交场合，他们反对讲身份、摆架子，各行各业的人均会对自己的职业引以为荣，在称呼上习惯直呼其名，称呼官衔往往令人侧目。毛利人是新西兰的土著居民，淳朴好客、能歌善舞，保留着传统的迎宾习俗。当远方客人来访，毛利人致以"碰鼻礼"，也称"洪吉"，他们认为人的灵气在头部，通过接触鼻尖可与别人相通。因此，碰鼻次数越多，时间越长，说明礼遇规格越高。

2. 饮食习惯

新西兰人习惯吃英国西餐，口味比较清淡，爱吃牛肉、羊肉、猪肉、鸡、鸭、蛋品、野味、鱼、虾等；蔬菜方面爱吃西红柿、芋头、南瓜、土豆、青菜、辣椒、菜花等；调料方面爱用咖喱、番茄酱、味精、胡椒粉等。新西兰人比较爱吃炒、煎、烤、炸等烹调方式制作的菜肴。新西兰人爱喝浓茶，特别是红茶，有"一日六饮"的习惯，即每天要喝六次茶，分别是早茶、早餐茶、午餐茶、下午茶、晚餐茶和晚茶。每逢循例饮茶时，他们都会按部就班、一丝不苟。新西兰人喜爱喝酒，不论是威士忌之类的烈性酒，还是啤酒或葡萄酒。据新西兰法律规定：在特许售酒的餐馆里，只准出售葡萄酒。在极少数准许销售烈性酒的餐馆里，顾客只能在购买了一份正餐之后，才可以买到一杯烈性酒。

3. 节庆习俗

新西兰的主要节日有元旦、国庆节、复活节和圣诞节。1月1日为元旦，在这一天人们会穿上新买的衣服，和亲朋好友们一起促膝长谈，互相祝贺。2月6日为国庆日。复活节在每年的4月初左右。节日前夕，商店里摆满了制作与包装精美的彩蛋，节日里人们会互送礼物，复活节的礼物是跟春天和再生联系在一起的，比如鸡蛋、小兔子、鲜花，鲜花中百合花送得最多。12月25日是圣诞节。

4. 主要禁忌

新西兰人讨厌数字"13"和"星期五"，尤其讨厌"黑色星期五"。反对干涉他人的个人自由。对于交往对象的政治立场、宗教信仰、职务等，他们一律主张不闻不问，特别要避免谈及国内种族问题。土著毛利人信奉祖先和各种神灵，相信灵魂不灭，因此对拍照、摄像十分忌讳；在新西兰禁止男女同场活动，即便是看电影也要分场，男士不准观看女士专场，女士也不准观看男士专场。

(五) 南非

南非的全称是南非共和国，位于非洲大陆的最南端，有"彩虹之国"的美誉。南非居民可分为黑人、白人、有色人和亚洲人(主要是印度人与华人)四大种族，黄金、钻石的生产量均占世界首位。国歌为《上帝保佑非洲》，国花是帝王花。

1. 礼节礼貌

南非社交礼仪可以概括为"黑白分明""英式为主"。在社交场合南非人常用的见面礼节是握手礼，称呼主要用"先生""小姐""夫人"。在黑人部族中仍保留着传统风俗，如以鸵鸟毛或孔雀毛赠予贵宾，客人应将这些珍贵的羽毛插在自己的帽子上或头发上。南非人的着装普遍较为西化，在正式场合下，讲究着装端庄、严谨，穿着样式保守、色彩偏深的套装或裙装；日常生活中，大多穿休闲装，并对色彩艳丽的衣服更为偏爱。黑人部族还保留穿着本民族服装的习惯，不同部族的黑人在着装上会有自己的特点。

2. 饮食习惯

南非当地白人一般以西餐为主，经常吃牛肉、鸡肉、鸡蛋和面包，爱喝咖啡与红茶；黑人喜欢吃牛肉、羊肉，一般不吃猪肉、鱼肉，主食是玉米、薯类、豆类，不喜生食，爱吃熟食。南非最著名的饮料是被称为"南非国饮"的"如宝茶"。在南非黑人家里做客，主人一般送上刚挤出的牛奶或羊奶，有时还会献上以高粱自制而成的、风味独特的啤酒，遇到这种情况，一定要多喝，最好一饮而尽。

3. 节庆习俗

1月1日是元旦，人们会在全国各地共同欢度佳节，举行各种文艺表演来庆祝新年。3月21日是南非的人权日，当天南非人会哀悼当年的开荒者，互相讲述当年的开荒历史。4月27是南非的自由日，也是南非的国庆日，每个民族都以自己独特的庆祝方式来纪念。5月31日是南非的共和国日，届时举国欢庆，唱歌、跳舞等。6月16日是青年节，专门为青少年举行适合他们的活动，有的还会专门举行成人仪式。

4. 主要禁忌

南非人忌讳数字"13"和"星期五"，尽量避免在"13日"与"星期五"同为一天的时候外出。不要提及肤色不同，这是南非人最大的禁忌。忌讳外人对南非黑人的祖先在言行上表现出失敬。与南非人交谈要注意以下4点：不要非议黑人的古老习俗；不要评论不同部族或派别之间的关系及矛盾；不要为白人评功摆好；不要为对方生了男孩而表示恭贺。在与当地人交谈或碰面的时候，不能目不转睛地瞪着对方，因为他们认为被瞪看的人将遭到灾祸或被死神找上。与南非人握手时如果握得有气无力，表示毫无诚心、虚情假意，他们认为用力的程度跟对方的好意成正比。在许多黑人部族里妇女的地位比较低下，被视为神圣宝地的一些地方，如火堆、牲口棚等处是禁止妇女接近的。

(六) 埃及

埃及的全称是阿拉伯埃及共和国，位于非洲东部，地跨亚、非两洲，是中东人口最多的国家，也是非洲人口第二大国，伊斯兰教为国教。埃及是古代四大文明古国之一，境内拥有很多的名胜古迹，例如国际知名的金字塔、狮身人面像、帝王谷。

1. 礼节礼貌

埃及人最常用的见面礼节是握手礼，最常用的问候是"祝你平安""真主保佑你"。在埃及，学生称老师为"爸爸""妈妈"，老年人将年轻人称为"儿子""女儿"，穆斯林之间互称"兄弟"，虽然两者并没有血缘关系，只是表示尊敬或亲切。与埃及人打交道应注意三点：一是事先要预约；二是穆斯林家中的女性，尤其是女主人是不待客的；三是就座之后，切勿将足底朝外，更不要朝向对方。埃及人的着装早已与国际潮流同步，然而伊斯兰教徒或年长者的着装观念依旧保守，着装传统主要是长衣、长裤、长裙。

2. 饮食习惯

埃及人的主食为不发酵的面饼，爱吃鸡肉、鸭肉、羊肉、土豆、萝卜、豌豆、茄子、南瓜、西红柿、洋葱等，不喜油腻、口味清淡，爱吃甜香味食品。在饮品上，埃及人喜爱酸奶、茶和咖啡。对于主人所倒的茶水，客人必须喝完，要是杯中剩下一些茶水是触犯埃及人禁忌的。

3. 节庆习俗

2月28日是埃及的独立日。3月12日(伊斯兰教历)是穆罕默德诞辰，又叫圣纪节，人们在这一天会准备很多好吃的东西，并且互相传颂穆罕默德生前的事迹。7月23日是国庆日，10月6日是建军节。10月1日至3日是埃及的斋戒结束欢庆日，各个机构、商店都会休假。

4. 主要禁忌

埃及人忌讳数字"13"，喜欢数字"5"和"7"，认为"5"会带来吉祥，"7"则意味着完美。埃及人忌黑色、蓝色和黄色，认为黑色是不祥的颜色，蓝色是恶魔，黄色是不幸的象征。埃及人最喜欢被称为"吉祥之色"的绿色与"快乐之色"的红色。埃及人不穿绘有星星、猪、狗、猫以及熊猫图案的衣服。埃及人忌喝酒、食猪肉、海味和各种动物的内脏以及奇形怪状的食物。埃及人吃饭时不与人谈话，喝热汤及饮料时不可发出声响，食物入口后不可复出，而且忌讳用左手触摸食具和食品。与埃及人交谈时，不要称道埃及人的物品，他们会认为你想索要；切勿夸奖埃及妇女身材窈窕，因为埃及人以体态丰腴为美；不要与埃及人讨论宗教纠纷或中东政局。

拓展知识二

伊斯兰的饮食规定

关于可食用的食物，安拉在《古兰经》中说："信仰安拉的人们啊！你们可以吃我所供给你们的佳美食物，你们应感谢安拉，如果你们只崇拜他。"关于食物的禁忌，安拉在《古兰经》中说："他只禁止你们吃自死物、血液、猪肉以及诵非安拉之名而宰的动物。信仰安拉的人们啊！饮酒、赌博、拜偶像、求签属于恶魔的行为，故应远离。" 伊斯兰饮食规定以佳美为原则，所谓"佳美"除一般通常理解的色、形、味或营养滋补外，更主要的是指该食物的"洁净与性格"，穆斯林是非常讲究"卫生与卫性"的，正可谓"食以养性"。凡食草类动物其性善，其食洁，如牛、羊、驼等。而尖齿、獠牙的食肉类动物或食腐尸、腐食之动物其性贪、恶，其食污，如猪、狗、乌鸦等。猪是牲畜中最不爱清洁的东西，不像牛羊那样选择食物，因此猪常患各种疾病并传染，导致不少食猪肉者得病甚至死亡，故猪肉是益少害多的。古代医学家一致认为猪肉是许多疾病的根源，现代医学借显微镜等科学仪器的帮助，进一步证明了猪肉中的寄生虫是许多疾病的根源。所以为了穆斯林的健康，避免疾病的传播，在伊斯兰教教义中有了"不可食用猪肉"的规定。

为什么一个火不能连续点三个人的烟

西方人特别是英国人忌讳用打火机或同一根火柴为三个人点烟，往往在为第二个人点完烟后要灭了打火机重新给第三个人再点，或重新再燃一根火柴为第三个人点烟。其中的缘由，主要是因为第二次世界大战时期，盟军守卫阵地的几个士兵在抽烟，当一个士兵划亮了一根火柴给第一个战友点烟时，德军端起了枪，给第二个战友点烟的时候，德军进行了瞄准，给第三个战友点烟时，德军开枪击中第三个战友，第三个战友因此牺牲，所以一个火不能连续点三次烟便形成礼仪禁忌而保留下来。

模块三　我国部分少数民族习俗礼仪

礼仪故事 📊📈 **被求婚的员工**

某酒店住进了一个少数民族团队，团队中美丽的少女们各戴着一个很漂亮的鸡冠帽。有个酒店男员工感觉与他们接触之后较为熟悉了，出于好奇，用手摸了一下其中一名少女的帽子，结果闹到族长那里，族长认为男员工爱上了那位少女，在向她求婚。后经酒店领导出面调解，两者才以兄妹相称。原来，这个少数民族在历史上曾在夜里遭到外族的入侵，恰巧一只公鸡鸣叫，唤醒了人们，才避免了一场灭族之灾。之后，为了纪念这只公鸡，村里美丽的少女都戴上鸡冠帽，男子一触摸就表示求婚。因此在与少数民族的交往中，应了解并尊重少数民族的风俗习惯，不做他们忌讳的事，这样才有利于各民族之间平等友好地交往。

一、藏族

藏族主要分布在我国西藏自治区，其余分布在青海、甘肃、四川、云南等地。藏族人多信奉喇嘛教。敬献"哈达"是藏族对客人最普遍、最隆重的礼节，敬献的哈达越长越宽，礼节就越隆重。对尊者、长辈献哈达的时候要双手举过头，身体略向前倾，把哈达捧到座前；对平辈，只要把哈达送到对方手里或手腕上就行；对晚辈或下属，就系在他们的脖子上。不鞠躬或用单手送，都是不礼貌的。接受哈达的人最好做与献哈达的人一样的姿势，并表示谢意。

藏民在见面打招呼时，点头吐舌表示亲切问候，受礼者应微笑点头为礼。有客人来拜访，藏民等候在帐外目迎贵客光临。藏民见到长者或尊敬的客人，要脱帽躬身45度，帽子拿在手上接近地面；见到平辈，头稍低就行，帽子拿在胸前，以示礼貌。男女分坐，并习惯男坐左女坐右。

藏民对客人有敬献奶茶、酥油茶和青稞酒的礼俗。到藏民家里做客，主人要敬三杯青稞酒，不管客人会不会喝酒，都要用无名指蘸酒弹一下。如果客人不喝、不弹，主人会立即端起酒边唱边跳，前来劝酒。如果客人酒量小，可以喝一口，就让添酒；连喝两口酒后，由主人添满杯，客人一饮而尽。这样，客人喝得不多，主人也很满意。按照藏族习俗，主人敬献酥油茶，客人不能拒绝，至少要喝三碗，喝得越多越受欢迎。

敬酥油茶的礼仪是：客人坐在藏式方桌边，女主人拿一只镶着银边的小木碗放在客人面前，接着提壶或热水瓶给客人倒上满碗酥油茶，主客开始聊天；等女主人再提壶，客人就可以端起碗来，轻轻地往碗里吹一圈，然后呷上一口，并说些称赞茶打得好的话；等女主人第三次提壶时，客人呷上第二口；客人准备告辞，可以多喝几口，但不能喝干，碗底一定要留点儿漂着油酥花的茶底。

藏民最忌讳别人用手抚摸佛像、经书、佛珠和护身符等圣物，认为这是触犯禁规，对人畜不利。

二、维吾尔族

维吾尔族人主要居住在新疆维吾尔自治区，信奉伊斯兰教。维吾尔族人非常重视礼貌，接待见面时习惯把手按在胸部中央，把身体前倾30度或握手，并连声说："您好。"客人席地而坐，不要双腿直伸脚底朝人；院落的大门忌朝西开，忌讳睡觉时头朝东脚朝西，所以在给他们分配房间、安放卧具和枕头时，要特别注意；忌随便走近灶台、水缸等。

维吾尔族人讲究卫生，经常在自来水龙头下直接冲洗手、脸。到维吾尔族家里做客，进门前和用餐前女主人要用水壶给客人冲洗双手，一般洗三次。维吾尔族人习惯一人专用茶杯，住宿期间也不换；当第一次给茶杯的时候，要当着本人的面，把茶杯消毒后再用。

在屋里就座的时候，要跪坐，忌双腿直伸、脚底朝人。吃完饭有长者领着做"都瓦"的时候，忌东张西望或站起来。

在饮食方面，维吾尔族人喜欢喝奶茶、吃馕，喜欢吃拉面和包子以及"炖整羊""涮羊肉""烤羊肉串""羊、牛肉锅贴"。烤羊肉串是这个民族最出名的风味小吃。维吾尔族人每餐必喝葡萄酒，酒量大。忌讳吃猪肉、狗肉、骡肉、鸽子。

在着装方面，衣忌短小，上衣一般过膝，裤脚到脚面，最忌户外穿着短裤。

肉孜节、古尔邦节是维吾尔族传统的盛大节日，不管男女老幼都喜欢戴着四楞小花帽。他们最喜欢的体育技艺是高空走大绳。

三、蒙古族

蒙古族主要居住在内蒙古自治区，信仰喇嘛教，牧民爱穿长袍，头上戴帽或缠布，腰带上挂着鼻烟壶，脚穿皮靴，多住蒙古包。

蒙古族的传统礼节，主要有献哈达、递鼻烟壶、装烟和请安等，当然现在还有鞠躬礼和握手礼。献哈达的礼节和藏族一样。蒙古族牧民十分热情好客、讲究礼仪。请客人进入蒙古包时，总是立在门外西侧，右手放在胸部微微躬身，左手指门，请客人先走。客人跪坐后，主人按浅茶满酒的礼俗热情地敬献上奶茶和美酒，并把哈达托着献给客人。

当接过主人的奶酒，最得体的做法是按照蒙古人敬酒的方式，左手捧杯，用右手的无名指蘸一滴酒弹向头上方，表示先祭天，第二滴弹向地，表示祭地，第三滴弹向前方，表示祭祖先，随后把酒一饮而尽。如果客人不会喝酒，只要把酒杯恭敬地放在桌上就可以了。

招待来客的佳宴有手抓羊肉和全羊席。如果你是贵客，主人会设全羊席来款待你，表示主人对你的尊敬。蒙古人忌讳吃狗肉，不吃鱼虾等海味以及鸡鸭的内脏和肥肉。送客的时候，主人送客人到蒙包外面或本地边界。

路过蒙古包的时候，要轻骑慢行以免惊动畜群。进蒙古包前，要把马鞭子放在门外，否则，会被视为对主人的不敬。进门要从左边进，入包后在主人陪同下坐在右边；离包的时候要走原来的路线。出蒙古包后，不要立即上马上车，要走一段路，等主人回去后，再上马上车。如果蒙古包前左侧缚着一条绳子，绳子的一头埋在地下，说明蒙古包里有病人，主人不能待客。

那达慕大会是蒙古族的传统节目，一般在农历七、八月份举办，是蒙古族人民一年一度群众性的盛大集会。大年(春节)和小年(腊月二十三)是蒙古族比较重要的节日。

四、回族

回族约有1/3人口聚居在宁夏回族自治区，其余散居在全国各地。他们信奉伊斯兰教。回族人尊敬长者，居室里面忌放猪皮、猪鬃等制品。回族非常注意并尊重别人的自尊感，顾全别人面子，不喊外号。

"阿訇"是清真寺教务主持，非常受穆斯林和回族人的尊敬。在接待工作中，如果他们在祈祷，不能去打扰。

凡供人饮用的水井、泉眼，一律不允许牲畜饮水，也不允许任何人在附近洗脸或洗衣服。取水前一定要洗手，盛水容器中的剩水不能倒回井里。回族的日常饮食很注意卫生，凡有条件的地方，饭前、饭后都要用流动的水洗手。忌用左手递送物品。

在饮食方面，禁食猪、狗、驴、骡、马、猫及一切凶猛禽兽，禁食自死的牲畜、动物以及非伊斯兰教徒宰的牲畜，禁止抽烟、喝酒，禁止用食物开玩笑，不能用禁忌的东西做比喻(比如不能说某东西像血一样红)等，甚至在谈话中也忌带"猪"字或同音字；在信仰方面，禁止崇拜偶像等；在社会行为方面，禁止在背后诽谤别人和议论他人短处，禁止放高利贷、赌博等。一般实行族内通婚，但限制同族兄弟姐妹结婚。茶叶和红糖是回族人的节日佳品。

五、壮族

壮族是我国人口最多的少数民族，主要分布在广西壮族自治区以及云南、广东、贵州三省。壮族信仰多神教，崇拜巨石、老树、高山、土地，祖先崇拜占有主要地位。每家正屋都供奉着"天地亲师"的神位，有的还信奉佛教。

壮歌久负盛名，定期举办对歌赛歌的"歌圩"盛会；壮族刺绣、竹编以及"干栏"建筑艺术等名扬远近。

如果有客人来访，他们都会热情招待，由主人出面让座递烟，双手奉上茶；有客人在家，不可以大声讲话，进出要从客人身后绕行；和客人共餐，要两腿落地，与肩同宽，不能跷二郎腿。

饮食以大米、玉米、薯类等为主食，认为狗肉、野味是美味佳肴、珍品。用餐时须等最年长的老人入席后才能开饭，长辈未动的菜，晚辈不得先吃；给长辈和客人端茶、盛饭时，不能从别人面前递过去，必须绕到长辈、客人后侧，恭敬地双手递上；先吃完的要逐个对长辈、客人说"慢吃"再离席，晚辈不能落在全桌人之后吃完饭。宴请宾客时，壮族人极为注重礼节。坐席时，要请年老的客人与主家同辈老人坐正位，主人坐靠近中门一侧，客人在另一侧，年轻人要站在客人身旁，先给客人斟酒然后入座；给客人打饭时，饭勺不能碰锅沿发出响声，怕客人以为锅中饭少不敢吃饱。席上夹菜，要讲究规矩，无论荤菜素菜，每次夹菜，都由一席之主先夹最好的送到客人碟里。壮族人普遍喜欢喝酒，招待客人的餐桌上有酒才显得隆重。敬酒的习俗为"喝交杯"，其实并不用杯，而是用白瓷汤匙。龙州等地的妇女还有嚼槟榔的习俗，在有些地方槟榔仍是待客的必需品。壮族人不爱吃胡萝卜、西红柿、芹菜等。壮族人忌讳农历正月初一这天杀生，有的地区的青年妇女忌食牛肉和狗肉。

尊老爱幼是壮族的传统美德，路遇老人要主动打招呼、让路，在老人面前不跷二郎腿，不说污言秽语，不从老人面前跨来跨去。杀鸡时，鸡头、鸡翅必须敬给老人。

妇女生孩子的头三天(有的是头七天)忌讳外人入内，忌讳生孩子尚未满月的妇女到家里串门。壮族的住房有干栏式竹楼和地居式平房两种。登上壮族人家的竹楼，一般都要脱鞋。壮族人忌讳戴着斗笠和扛着锄头或其他农具的人进入自己家中，所以到了壮家门外要放下农具，脱掉斗笠、帽子。火塘、灶塘是壮族家庭最神圣的地方，禁止用脚踩踏火塘上的三脚架以及灶台。壮族青年结婚时，忌讳怀孕妇女参加，怀孕妇女尤其不能看新娘。怀孕妇女不能进入产妇家。家有产妇，要在门上悬挂袖子枝条或插一把刀，以示禁忌。不慎闯入产妇家者，必须给婴儿取一个名字，送婴儿一套衣服、一只鸡或相应的礼物，做孩子的干爹、干妈。

壮族是稻作民族，十分爱护青蛙，有些地方有专门的"敬蛙仪"，所以到壮族地区，严禁捕杀青蛙，也不要吃蛙肉。

六、满族

满族人大部分聚居在东北三省，以辽宁省最多。满族人非常注重礼节，平时见面都要行请安礼；如果遇到长辈，要请安后才能说话，以示尊敬。最隆重的礼节是抱见礼，也就是抱腰接面礼。一般亲友相见，不分男女都行这个礼，表示亲昵。满族人家里一般都有"万字炕"，西炕最尊贵，用来供奉祖宗，不能随意去坐。挂旗也是满族盛行的一种风俗。旗也叫门笺、窗笺。春节时每家都要在门楣上、窗户上贴上挂旗，有的还贴上对联，增加节日气氛。

满族以稻米面粉为主食，肉食以猪肉为主，常用白煮的方法烹制，如满族名菜"白肉血肠"。冬季寒冷，没有新鲜蔬菜，常以腌制的大白菜(即酸菜)为主要蔬菜。用酸菜熬白肉、粉条是满族入冬以后常吃的菜。

过节的时候，满族人吃"艾吉格悖"(饺子)，农历除夕时，要吃手扒肉等。他们还保留了饽饽、汤子、萨其马等有民族特殊风味的食品。

满族人接待客人，不避内眷，家庭女性成员都可参加对客人的敬酒等活动。给客人上菜必须成双成对，客人一旦接受妇女的敬酒，就必须喝干，否则被认为是不礼貌的。

满族最突出的禁忌是不准杀狗，禁吃狗肉，禁穿戴带有狗皮的衣帽。

满族信仰萨满教。祭天、祭神、祭祖先时，以猪和猪头为祭品。宰前要往猪耳朵内注酒，如猪的耳朵抖动，则认为神已接受，就可以宰了，俗称"领牲"。

七、朝鲜族

朝鲜族主要分布在东北三省，多聚居于吉林延边朝鲜族自治州，他们在服饰妆扮、生活起居、文体活动等方面都独具特色。朝鲜族是一个能歌善舞的民族，每逢节假日和喜庆日，朝鲜族群众就会载歌载舞、欢腾雀跃。不论男女老少，不仅能唱会跳，而且都酷爱传统的体育活动。老人在家庭和社会上处处受到尊敬，儿孙晚辈都以照顾体贴祖辈为荣。晚辈不能在长辈面前喝酒、吸烟。吸烟时，年轻人不得向老人借火，更不能接火，否则被认为一种不敬的行为。与长者同路时，年轻者必须走在长者后面，若有急事非超前不可，须向长者恭敬地说明理由；途中遇有长者迎面走来，年轻人应恭敬地站立路旁问安并让路。晚辈对长辈说话必须用敬语，平辈之间初次相见也用敬语。

朝鲜族人喜欢食米饭，擅长做米饭，用水、用火都十分讲究。各种用大米面做成的片糕、散状糕、发糕、打糕、冷面等也是朝鲜族的日常主食。咸菜是日常不可缺少的菜肴。朝鲜族泡菜做工精细、享有盛誉，有吃狗肉的习俗，常用一种叫"麻格里"的家酿米酒来招待客人。

餐桌上，匙箸、饭、汤的摆放都有固定的位置，如匙箸应摆在用餐者的右侧，饭摆在桌面的左侧，汤碗摆在右侧，带汤的菜肴摆在近处，不带汤的菜肴摆在其次的位置上，调味品摆在中心等。婚丧、佳节期间不杀狗、不食狗肉。

八、其他民族的习俗忌讳

(1) 彝族的禁忌。禁食狗、马、熊等动物；过年三天内禁忌新鲜蔬菜进屋，否则对祖先是最大的不敬；妇女忌食难产而死的家畜之肉；禁过年七天内推磨，不然会使家境贫困；忌用餐后把汤匙扣于碗盆的边沿上，因为这是给死人敬食的方式；忌讳女人跨过男人的衣物，更不能从男子身上、头上跨过；忌讳女客上楼；忌讳妇女送自己的首饰、衣物给别人，否则会影响生育和孩子的顺利成长。

(2) 傣族的禁忌。忌讳外人骑马、赶牛、挑担和蓬乱着头发进寨子；进入傣家竹楼，要把鞋脱在门外，而且在屋内走路要轻；不能坐在火塘上方或跨过火塘，不能进入主人内室，不能坐门槛；不能移动或用脚踏火塘上的三脚架；忌讳在家里吹口哨、剪指甲；不准用衣服当枕头或坐枕头；晒衣服时，上衣要晒在高处，裤子和裙子要晒在低处；进佛寺要脱鞋，忌讳摸小和尚的头以及佛像、戈矛、旗幡等一系列佛家圣物。

(3) 佤族的禁忌。不能骑马进寨，须在寨门口下马；忌别人摸头和耳朵；忌送人辣椒和鸡蛋；忌任意进入木鼓房；忌讳送给少女装饰品；忌讳客人在家里坐；若门前放一木杆，说明家里有病人，忌外人进入，也不准他人留在家里住宿；怀孕的妇女及其丈夫不能食用已祭神的食物和酒；家里妇女生小孩，当日不准外人进屋，屋里屋外不准烧肉吃；产妇未满月时，不许串门聊天；女人的旧衣碎布，千万不能撕下来补男人的衣物；女性不准随便乱抓男性的头发，男性不能触女性的脚；忌讳别人摸自己的头和耳朵；喝酒时必须先敬老人，并且先滴一点儿在地上再喝；给别人敬酒时，手要向前伸，手心向上；不能随便移动火塘烧用的"三脚石"，不能随便跨过家里的火塘，否则会得罪火神；屋里神龛处不能随意放东西，屋子的柱子四周不能挂衣物；室内主人塘前主位是房主人专坐位置，外人不能乱坐，外面的男人坐了被认为是污辱主人的妻子；杀鸡招待客人时，主人必须把鸡头敬给客人，以表示尊重；主人给客人食物时，客人一定要吃(少吃一点儿也可以)，否则是对主人不礼貌、不尊重，今后绝不允许跨进他家门。

(4) 苗族的禁忌。做客的时候不能去夹鸡头吃，客人一般也不能夹鸡肝、鸡杂和鸡腿，鸡肝、鸡杂要敬老年妇女，鸡腿则是留给小孩的；忌跨小孩头顶，否则孩子长不高；禁忌妇女与长辈同坐一条长凳；忌杀狗、打狗，不吃狗肉；不能坐苗家祖先神位的地方，不能用脚踩火炕上的三脚架；不许在家或夜间吹口哨；不能拍了灰吃火烤的糍粑；嬉闹时不许用绳带捆绑苗家人；遇门上悬挂草帽、树枝或婚丧祭日，不要进屋；路遇新婚夫妇，不要从中间穿过等。

(5) 哈萨克族的禁忌。年轻人不准当着老人的面喝酒；不准用手乱摸食物；绝对不准跨越或踏过餐布，不准坐在装有食物的箱子或其他用具上；忌讳当面数主人家的牲畜，不能跨过拴牲畜的绳子，也不能骑马进入羊群；忌讳别人当面赞美自己的孩子，尤其不能说"胖"，认为这样会给孩子带来不幸；忌客人在家门口下马或骑快马到家门口下马；忌食猪肉、狗肉、驴肉、骡肉和自死的畜禽肉及动物的血。

(6) 瑶家的禁忌。忌用脚踏火炉撑架，忌在火炉里烧有字的纸张；进入瑶家忌穿白鞋和戴白帽，因为象征丧事；忌坐门槛，穿草鞋不能上楼；不能坐主妇烧火的凳子；到木排上，忌"伞"，言及"雨伞"时，要说"雨遮"，因"伞"与"散"谐音；遇人伐木时，忌说"吃肉""死"之类不祥之语等。绝大部分瑶族人禁食猫肉和蛇肉。瑶族祭神，忌食狗、蛇、猫、蛙肉。

(7) 羌族的禁忌。妇女分娩时在门外挂柳单或背篓，忌外人入内；家有病人时在门上挂红纸条，忌外人来访；不能跨火塘或用脚踩三脚架，也不能在三脚架上烘烤鞋袜衣物；忌坐门槛和楼梯；饭后不把筷子横在碗上，也不能倒扣酒杯。

(8) 布依族的禁忌。到布依族人家做客，不得触动神龛和供桌，忌讳踩踏火塘边的三脚架。布依族人习惯以酒敬客，客人或多或少都应喝一点儿。布依族村寨的山神树和大罗汉树，禁止任何人触摸和砍伐。布依族人送礼必须送双数。

(9) 高山族的禁忌。高山族有许多关于狩猎、农耕、祭祀及其他方面的禁忌。如在捕鱼、出猎或祭祀期间，家里不能断火；祭祀期间不能吃鱼，不能打喷嚏；女人不能接触男人使用的猎具与武器；妇女怀孕后，禁忌用刀斧，不能吃猿、山猫、穿山甲和并蒂果实等；忌生双胞胎；忌见蛇、山猫、鼠、横死者及其葬地；忌吃动物头尾；禁忌男人接触女人专用的机织、麻织品、小锄及猪圈。

开斋节

开斋节是伊斯兰教三大宗教节日之一。伊斯兰教有其本身历法，以月球环绕地球的运行来计算，即阴历。但与中国农历不同，它没有用闰年来调整与阳历的同步关系。每年教历9月定为"斋月"即"莱麦丹月"。"莱麦丹月"为什么要封斋呢？穆罕默德40岁那年(希吉来历9月)，真主把《古兰经》的内容传授给了他。因此，视莱麦丹月为最尊贵、最吉庆、最快乐的月份。为了表示纪念，就在9月封斋一个月，起止日期主要看新月出现的日期而定。在斋月里要封斋，要求每个穆斯林在黎明后至落日前，戒饮、戒食、戒房事……其目的是让人们在斋月里认真地反省自己的罪过，使经济条件充裕的富人，亲自体验一下饥饿的痛苦。封斋第29日傍晚如见新月，次日即为开斋节；如不见，则再封一日，共为30日，第二日为开斋节，称为尔德节，在我国新疆地区也称为"肉孜节"。庆祝一个月的斋功圆满完成。

由于希吉来历是纯阴历，所以开斋节出现在每年的不同时期，如2014年开斋节是7月29日(星期二)，2015年开斋节是7月18日(星期六)。

开斋时，若是夏天，有条件的先吃水果，没有条件的喝一碗清水或盖碗茶，然后再吃饭。若在冬天，有的人讲究吃几个枣子后再吃饭。相传穆罕默德开斋时爱吃红枣，所以现在也有这种习惯。开斋节这天，人们早早起床、沐浴、燃香，衣冠整齐，到清真寺做礼拜，聆听教长讲经布道，然后去墓地"走坟"，缅怀"亡人"，以示不忘祖先。节日当天，人们在居住区域内，挨门串户地互致节日问候(俗称"拜节")，家家户户炸制"油香"和"馓子"食品，宰牛羊用来招待宾客亲朋，互相馈赠。

古尔邦节

古尔邦节又称为宰牲节，时间是伊斯兰教历12月10日，即朝觐期的最后一天。古尔邦节的宰牲，起源于关于古代先知易卜拉欣的故事。易卜拉欣独尊安拉并无比忠诚，他常以大量牛、羊、骆驼作为宰牲献礼，作为敬拜安拉的一种方式，人们对他无私的虔诚行为大惑不解。当时易卜拉欣老来无子，甚是烦恼，即向安拉祈祷：倘若安拉给他一子半女，即使以爱子做牺牲，他也决不痛惜。后来，他的妻子真生了一个儿子——伊斯玛仪。伊斯玛仪的出生，给他们带来了无尽的愉悦。光阴荏苒，他把许愿的事情忘记了。在伊斯玛仪长成一个英俊的少年的时候，安拉的考验来了。安拉几次在梦境中默示他履行诺言。于是，他先向爱子伊斯玛仪说明原委，并带他去麦加城米纳山谷，准备宰爱子以示对安拉忠诚。途中，恶魔易卜劣厮几次出现，教唆伊斯玛仪抗命逃走，伊斯玛仪拒绝魔鬼的诱惑，愤怒地抓起石块击向恶魔，最后顺从地躺在地上，遵从主命和其父的善举。正当易卜拉欣举刀时，天使吉卜利勒奉安拉之命降临，送来一只黑头羝羊以代替牺牲。安拉默示："易卜拉欣啊！你确已证实那个梦了。我必定要这样报酬行善的人们。这是明显的考验。"（《古兰经》37：104-106）。为纪念这一事件和感谢真主，先知穆罕默德继承了这一传统，列为朝觐功课礼仪之一。教法规定：凡经济条件宽裕的穆斯林，每年都要奉行宰牲礼仪。朝觐者在12月10日举行宰牲，其他各地的穆斯林从10日至12日，期限为3天，超过期限，宰牲无效。穆罕默德在麦加传播伊斯兰教时，真主降示："我确已赐你多福，故你应当为你的主而礼拜，并宰牲。"（《古兰经》108：1-2）。穆罕默德顺主命，效仿易卜拉欣宰牲献祭，于伊斯兰教历2年(633年)12月10日定制会礼，即宰牲节。宰牲与朝觐同义，目的是求接近真主。

"口袋房屋"与"万字炕"

一、口袋房屋

满族的大型宅院平面纵向长，横向短，布局类似三合院或四合院。大型住宅采用木构架，砖墙瓦顶，尺度宽阔，造型雄伟，装饰华美，用料考究。大门口设上马石，大门上装狮头铜门环、院心影壁、正房的前廊、窗棂、外墙面以及屋脊做各种花饰，明柱下设石刻柱础，等等，具有满族的传统特色，也显示出主人的社会地位和审美情趣。

满族传统住房的门窗也有特点，门是独扇的木板门，有木制的插销；内门是双扇木板门。外屋靠门侧有一个小窗，俗称"马窗"。每窗分上下两层，上层糊纸，可向内吊起；下层为竖着的二三格，装在窗框的榫槽，平时不开，但可随时摘下。窗棂格一般有方格形、梅花形、菱形等多种几何图案。糊窗所用的窗纸是一种叫"豁山"的纸，满语称为"摊他哈花上"，汉译为麻布纸或窗户纸，是用破衣败絮经水沤成氄绒，再在致密的芦帘上过滤摊匀，经日晒而成的。这种纸糊在窗户的外边，一方面可以避免窗棂中积沙，另一方面可避免窗纸因冷热不均而脱落。窗纸糊上后，还要淋以油，这样既可增加室内的亮度，又可以使窗纸经久耐用。满族的传统住宅一般三间房或五间房，多在最东面一间南侧开门，或在五间的东起第二间开门。整座房屋形似口袋，因此称为"口袋房"。

二、万字炕

"口袋房"进门的一间是灶房，西侧居室则是两间或三间相连。开门的一间称为"外屋""堂犀"；西面屋又称"上屋"，上屋里南、西、北三面筑有"兀"字形大土坯炕，称为"万字炕"，民间俗称"弯子炕"，也称为"蔓枝炕"。一般南、北炕为大炕，其长度与房屋的长度相等，俗称"连二炕"或"连三炕"；东端接伙房炉灶，西炕为窄炕，下通烟道。炕的用途不只是供人们寝卧，满族人在室内的大部分活动都是在炕上进行的：放上炕桌可以吃饭、读书、写字；妇女们在炕上做针线活、哄孩子；孩子们在炕上玩抓嘎拉哈等游戏、听老人讲故事；家中来了客人先请上炕坐，然后再敬烟、倒茶、谈话；不住人的北炕可以烘晾粮食；连老母鸡抱鸡雏都要放在炕上。

当然，三炕各有不同的使用习俗，南北炕也称"对面炕"，是人们起居坐卧的主要场所。南炕因在南窗下，冬季阳光可直射其上，比较暖和，在旧时老少几代同居一室的大家庭中，是家中长辈居住之处，其最热乎的"炕头儿"位置(靠近连炕锅灶的一侧)，供家中辈分最高的主人或尊贵的客人寝卧。北炕冬季阳光不易直射，较为阴冷些，往往晚辈住或用来存放粮食，北炕墙上供置放宗谱的谱匣。南炕梢一般放描金红柜，北炕梢陈设一只与炕同宽的长木箱，俗称檀箱，内放被褥和枕头。北炕上常放一张小炕桌，冬令时，常放一只泥制或铁制的火盆。西炕最重要，一般人不能坐，连贵宾挚友也不能坐。因为在西炕墙上端供着神圣的"窝萨库"——祖宗板。平时不许在上面任意踩踏或存放杂物，否则便是对祖宗的大不敬，会亵渎神灵，要遭到惩罚和报应。在满族人中，一直流行着一种观念：家中所有人在室内做任何事，都不应该对供在西墙上的"祖宗"有所隐瞒。为了便于让祖宗时刻监督后世子孙的家居言行，有必要将室内设置得宽敞些。另外，为了更好地在家中举行萨满活动，也需要有一个宽敞的舞台。

满族人住炕的习俗很有特点。按照民间的说法，室内"以西为尊，以南为大"，即西炕是祭祖祭神时陈设器具、摆放供物的地方，不得随意踩踏坐卧或放置不清洁、不吉利的物品。南炕温暖向阳，是家中的尊长寝居坐卧的地方，贵客来家，也要请到南炕上坐，如留宿亦住此炕。平日在炕上就寝时，方向和位置也有一定的规矩。无论睡南炕还是北炕，正式就寝时，头部都在炕沿一侧，身体垂直于炕沿方向，不许平行于炕沿方向睡，因为只有在室内停放死人时才顺着炕沿方向放。炕头的部位因距锅灶近比较温暖，都是家中的长者睡，如果来客人也要向炕头让。如果同一居室中住有老夫妻和结婚的儿子儿媳，则有两种住法。如果室内有分隔各间的固定"软间壁"(用木板糊纸制作)，老两口带未婚子女住里面，小两口住外间；如果室内无固定间隔，则老两口带未婚子女住南炕，小两口住北炕。住连二或连三炕的人家，如果室内无固定间壁，在子女长大后为避免不便，在炕中间房梁下的位置，设有与炕面同宽的"吊搭"，一般用薄木板或厚毡布做成，晚上临睡前放下，白天吊起，以作为同一铺炕上的间隔。另外，在炕沿上方的平行位置，设有长度与一间房宽大体相等的"幔竿子"，上挂幔帐，白天叠起，晚上临睡前放"吊搭"后，再放下幔帐，用以做南北炕之间的间隔，既可以起遮蔽作用，又能防风保暖。直至近些年在辽宁一些地区的农村满族人家的老房子里，仍可以看到这种幔竿子吊在屋中，与之有关的习俗，也可以算是满族"万字炕文化"的一个组成部分。

项目六　国际礼仪与我国部分少数民族礼俗——宽阔的视野

复习思考题

一、名词解释

国际礼仪　礼宾次序

二、选择题

1. 世界上有"微笑之国""佛教之国""黄袍佛国""大象之邦"等称呼的国家是(　　)。

A. 菲律宾　　　　B. 新加坡　　　　C. 马来西亚　　　　D. 泰国

2. 国际社会公认的"第一礼仪"是(　　)。

A. 女士优先　　　B. 尊重原则　　　C. 宽容原则　　　D. 友好原则

3. 与西方人交谈时可以谈论(　　)。

A. 年龄　　　　　B. 婚姻　　　　　C. 天气情况　　　　D. 收入

三、判断题

1. 下半旗的正规方法是：应首先将国旗升到旗杆顶，然后将其降至旗顶与杆顶之间的距离为旗杆全长的2/3处。(　　)

2. 信奉伊斯兰教的教徒忌食猪肉，禁止饮酒、赌博和偶像崇拜，忌用左手传递东西。对酒类、雕塑、女人照片、猪皮、猪鬃制品和带有猪、狗图案的礼品十分忌讳。(　　)

3. 在国际交往中，对待外方人士理应表示必要的关心，但考虑"热情有度"的因素，涉外人员对外方人士所表示的关心往往没必要"无微不至"，而应该有意识地加以限制。(　　)

四、案例分析题

习俗有别

某物业服务公司为接待一个重要的来自新疆的考察团，决定赠送每位客人一份小礼品作为纪念。于是，该公司订购制作了一批丝绸手帕，每个手帕上绣着不同的花草图案，十分美观大方。手帕装在特制的纸盒内，盒上印有公司的徽记，非常精致。客人抵达当日，接待人员带着盒装的丝绸手帕到机场迎接，致以热情、得体的欢迎词，并在车上将两盒包装精美的手帕作为礼品赠送给每位客人。中国丝织品闻名于世，想必会受到客人的喜欢。没想到礼品一发，却引来车上一片哗然、议论纷纷，有的人显露出很不高兴的样子，有的人还大声叫喊，极为气愤，甚至还有些伤感。接待人员不知所措，为什么好心好意送人家礼物，不但得不到感谢，还出现这般景象。

请分析上述案例中接待人员忽略了什么？请指出了解各个国家的风俗习惯对

服务工作有哪些益处？

能力训练

　　你所在的写字楼物业服务项目，要承接一次某公司(物业使用人)委托的泰国佛教团体来华研讨交流活动，具体情况如下：日程6天5晚；团队20人左右，其中佛教高僧5人；行程安排是与中国佛教协会的会见、签订加强两地佛教友好往来协议、参观著名寺院、禅修交流等。请你作为此次行程的策划人制订一份接待计划，内容包括：安排住宿餐饮，策划会见、签字仪式活动，联系寺院参观，需要注意的宗教习俗及禁忌礼仪等。要求：语言精练、活动安排合理、形式新颖、符合礼仪规范。

参考文献

[1] 邸胜南，王烨，宗文庙. 商务礼仪[M]. 北京：旅游教育出版社，2015.

[2] 雷明化，陆宇荣. 酒店服务礼仪[M]. 北京：中国人民大学出版社，2015.

[3] 杨梅，牟红. 旅游服务礼仪[M]. 上海：上海人民出版社，2015.

[4] 雷明化. 旅游服务礼仪[M]. 上海：华东师范大学出版社，2014.

[5] 罗树宁. 商务礼仪与实训[M]. 北京：化学工业出版社，2014.

[6] 陆季春，董华英，万芳. 现代商务礼仪[M]. 浙江：浙江大学出版社，2014.

[7] 龙丁玲. 物业服务沟通与礼仪[M]. 北京：清华大学出版社，北京交通大学出版社，2012.

[8] 彭蝶飞，李蓉. 酒店服务礼仪[M]. 上海：上海交通大学出版社，2011.

[9] 张秋垫. 酒店服务礼仪[M]. 浙江：浙江大学出版社，2009.

[10] 王晞，牟红. 旅游实用礼宾礼仪[M]. 重庆：重庆大学出版社，2004.

[11] www.findart.com.cn.